KB183076

나폴레온 힐
더 석세스

NAPOLEON HILL

나폴레온 힐
더 석세스

성공 잠재력을 깨워줄 퍼스널 파워를 얻는 법

나폴레온 힐 지음 | 이현 옮김

The Path to PERSONAL POWER

일러두기

• 규범 표기는 '멘틸'이나 사용 빈도와 어감을 고려하여 이 책에서는 '멘탈'로 표기하였다.

The Path to Personal Power
Copyright ⓒ 2017
By Napoleon Hill Foundation

Korean Translation Copyright ⓒ 2024 by Dasan Books Co., Ltd.
Korean edition is published by arrangement with Napoleon Hill Foundation
through Imprima Korea Agency.

이 책의 한국어판 저작권은 Imprima Korea Agency를 통한
Napoleon Hill Foundation과의 독점계약으로 다산북스에 있습니다.
저작권법에 의해 한국 내에서 보호를 받는 저작물이므로
무단전재와 무단복제를 금합니다.

서문

⋎

나폴레온 힐의 숨겨진 강의록을 공개하며

1908년 《밥 테일러 매거진Bob Taylor's Magazine》의 젊은 기자였던 나폴레온 힐은 '철강왕' 앤드루 카네기Andrew Carnegie를 인터뷰할 기회를 얻었다. 힐은 이 기적 같은 인터뷰로 성공철학을 정립해 가는 여정의 첫발을 내디뎠다. 힐의 삶과 책을 추앙하는 많은 사람에게 알려져 있듯, 카네기는 청년 힐에게 "앞으로 20년 정도 무보수로 인터뷰를 해서 미국의 위대한 인물들이 어떻게 성공했는지 책으로 써보라"고 제안했다.

힐은 이 어려운 제안을 수락했고, 500명 이상의 인물을 인터뷰하고 조사해 개인의 성취에 관한 과학을 주제로 논문을 썼다. 이 논문은 1928년 『나폴레온 힐 성공의 법칙』으로, 이후 1937년에 그 요약본인 『생각하라 그리고 부자가 되어라』로 출간되었다. 이 책들은 20세기부터 지금까지 가장 많이 읽히고 인정받는 성공철학의 고전이 되었다.

힐은 사망하기 8년 전인 1962년 '나폴레온 힐 재단'을 설립했다. 내가 속한 이 재단은 지금까지도 힐의 철학을 세상에 널리 알리고 있으며 힐의 저서가 50여 개 언어로 번역되어 전 세계에 출간되도록 길을 열었다. 또한 거기서 나오는 수익금을 장학금으로 사용하며 힐의 삶과 업적을 연구하고, 여러 기관에서 힐이 정립한 성공 원칙을 가르치는 등 비영리 자선 단체로서 활동을 이어나가고 있다. 2011년에는 1938년에 쓰인 『결국 당신은 이길 것이다』를 비롯한 세 편의 미발간 작품을 발굴하고 출간해서 큰 호응을 얻었다.

특히 이 책『나폴레온 힐 더 석세스』는 미국 사우스캐롤라이나주의 저명 인사인 윌리엄 플러머 제이컵스William Plumer Jacobs 박사의 간곡한 요청에 따라 1941년 힐이 작성한 성공학 강의 자료를 토대로 완성되었다. 제이컵스 박사는 미국 프레스비테리언대학교의 총장이자 제이컵스 출판사 소유주로, 인근 지역의 많은 공장주에게 비즈니스 컨설팅을 제공했던 인물이다.

제이컵스 박사는 한 해 전에 힐의 강연을 듣고 감명받아 그의 성공학 강의가 미국이 경제 공황의 여파에서 벗어나는 데 도움이 될 거라고 믿었다. 당시 힐 또한 많은 미국인이 1930년대의 시련에서 벗어나지 못한 채 정부의 경제적 지원에 지나치게 의존하고 있다고 믿었다. 그래서 30여 년에 걸쳐 체계화한 성공철학을 강연이라는 형태로 전수해 달라는 제이컵스 박사의 제안이 사람들에게 성공하는 방법을 더 쉽게 가르쳐줄 절호의 기회라고 생각했다.

이렇게 해서 힐은 성공학 강의 자료를 집필했다. 힐은 카네기가 첫

만남에서 "성공한 이들이 생각할 때 사용하는 힘이 바로 멘탈 다이너마이트다"라고 말한 것에 착안해 이 강의 자료의 제목을 '멘탈 다이너마이트'라고 붙였다. 그는 소책자 형식으로 총 열일곱 편을 집필했는데, 모두 카네기를 비롯한 성공한 인물들과의 대화에서 그가 깨달은 성공 원칙을 바탕으로 작성했다. 첫 책『나폴레온 힐 성공의 법칙』으로 성공학의 뼈대를 세웠다면, 이후 10년 넘게 연구를 지속하며 더 많은 사례를 덧붙여 온 덕분에 이 시리즈는 독자가 더 이해하기 쉽고 실제 자기 삶에 적용하기 수월하다는 장점이 있다. 특히 카네기와 나눈 인터뷰에서 따온 생생한 말들을 직접 수록했고, 이어서 미국의 성공한 인물들이 카네기의 원칙을 어떻게 적용했는지 구체적으로 제시했다.

힐의 '멘탈 다이너마이트' 책자와 강연 시리즈는 큰 호응을 얻었지만, 출간된 해 12월 7일 일본이 하와이 진주만을 공격해 미국이 2차 세계대전에 참전하게 된 탓에 비극적 운명을 맞았다. '멘탈 다이너마이트' 강의는 전쟁으로 연기되었고, 귀한 자료들은 힐의 금고 속에 보관된 채로 영원히 잊혀지는 듯했다.

이 시리즈의 첫 책인『나폴레온 힐 더 석세스』는 힐과 카네기가 제시한 원칙 가운데 가장 중요한 원칙을 중점적으로 다룬 세 강의를 한 권으로 정리한 것이다.

이 책을 위해 선정된 강의 자료들은 성공하기 위해 '퍼스널 파워'를 달성하고자 하는 사람이라면 누구라도 접근할 수 있을 뿐 아니라 반드시 습득해야 하는 원칙을 담고 있다. 즉 명확한 핵심 목표, 마스터 마인드 원칙, 보수 이상의 노력이 이 책에서 소개할 세 가지 원칙이다. 전 세계 수 많은 백만장자를 성공으로 이끈 가장 결정적인 이 원칙들을 이해하고 자기 삶에 적용하면, 자기 안에 잠재된 퍼스널 파워를 이끌어내어 오직 성공으로 향하는 길을 걷게 될 것이다.

돈 그린Don M. Green
나폴레온 힐 재단 전무이사

퍼스널 파워 Personal Power

당신을 성공으로 이끄는 진정한 자아의 힘을 말한다.

나폴레온 힐이 정립한 성공철학에서

최고로 여기는 원칙을 통해 기를 수 있는 역량이다.

오늘날에는 '포지션 파워Position Power'와 함께 리더십을 이루는

두 가지 힘 중 하나로, '내적으로 가지고 있는 힘'을

의미하는 용어로 쓰인다.

차례

1장 | 명확한 핵심 목표

분명하고 간절한 목표에 몰두하라

3장 | 보수 이상의 노력

먼저, 더 많이 주는 사람이 성공한다

생각하라!

페르시아의 왕 사이러스Cyrus의 비밀 고문이자 지혜로운 철학자인 크로이소스Croesus가 이렇게 말했다.

> "왕이시여, 인간사는 수레바퀴와 같아 계속 돌고 돌기 때문에 항상 운이 좋기만 한 사람은 없다는 것을 깨달았습니다."

인간의 운명을 좌지우지하는 인생의 수레바퀴라는 것이 있다. 이것은 각자의 마음과 생각의 힘으로 작동한다. '멘탈 다이너마이트'의 성공철학은 이 거대한 수레바퀴를 오직 자기 뜻에 따라 자유자재로 통제할 수 있도록 돕기 위해 정립되었다. 따라서 성공철학의 정수를 깨닫고 삶에 적용한다면 누구든지 자신이 원하거나 필요로 하는 것을 얻고 지속적인 행복을 누릴 수 있다.

명심하라, 이 철학을 공부하기 시작한 자여. 자기 마음의 주인이 되어 그것을 잘 사용한다면 '항상 운이 좋기만 한 사람은 없게 하는' 바로 그 수레바퀴가 '항상 불행하기만 한 사람도 없게' 해줄 것이다.

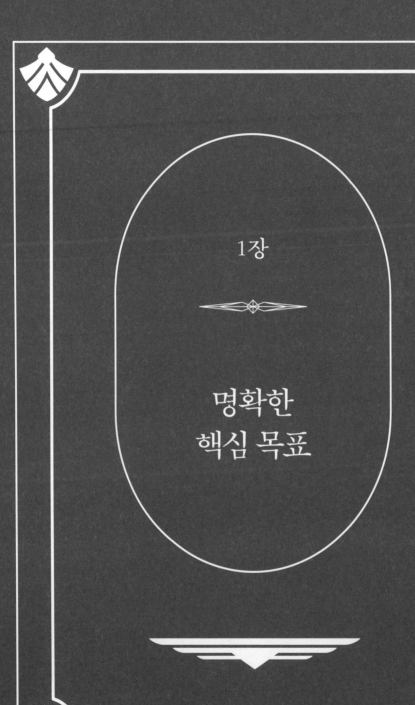

1장

명확한
핵심 목표

분명하고
간절한 목표에
몰두하라

The Path to

PERSONAL POWER

이 책에 정리된 원칙들을 읽어나가다 보면 당신은 굉장히 유용한 지식을 얻게 될 것이다. 어디에서도 쉽게 접할 수 없는 값진 내용이다. 앤드루 카네기를 비롯해 미국의 재계와 산업계를 이끈 위대한 지도자 500여 명의 정신에서 나온 소중한 지식이기 때문이다. 이 책에서 주로 소개할 인물들은 다음과 같다.

- 헨리 포드Henry Ford(포드 자동차 창업자)
- 토머스 에디슨Thomas A. Edison(세계 최고 발명가)
- 스튜어트 오스틴 와이어Stuart Austin Wier(정유 현장 건설 기술자)
- 사이러스 커티스Cyrus H. K. Curtis(미국 언론 재벌)
- 에드워드 보크Edward Bok(미국 최대 여성 잡지 편집장)

- 알렉산더 그레이엄 벨Dr. Alexander Graham Bell(전화 발명가)

- 엘머 게이츠Dr. Elmer R. Gates(과학자이자 특허왕)

- 존 워너메이커John Wanamaker(미국 최대 백화점 설립자)

- 제임스 힐James J. Hill(미국 최고 철도 회사 설립자)

- 에드윈 반스Edwin C. Barnes(토머스 에디슨의 동업자)

- 윌리엄 하워드 태프트William Howard Taft(미국 제27대 대통령)

- 찰스 슈와브Charles M. Schwab(US스틸 회장)

- 시어도어 루스벨트Theodore Roosevelt(미국 제26대 대통령)

- 엘버트 게리Elbert H. Gary(미국 철강협회 이사장)

- 찰스 스타인메츠Charles P. Steinmetz(전기공학자)

- 우드로 윌슨Woodrow Wilson(미국 제28대 대통령)

이제부터 당신은 미국 문명이 시작된 이래로 이 나라를 '가장 부유하고 자유로운 국가'로 만들어준 위인 500여 명이 교사로 있는 교실에 들어간다고 생각하면 된다. 직접 정리하려면 10년이 넘게 집중적으로 연구해야 할 성공과 번영의 원칙들을 이 책 한 권에서 얻는 특권을 누리게 될 것이다.

누구나 자유롭게 성공을 이룰 수 있는 세상에서 '자기 결정권'이라는 특권을 좇는 사람이라면 이 책으로 원하는 바를 충족하고 완전한 성공철학을 배울 수 있다. 천만금을 준다 해도 얻기 힘든 가르침을 받게 될 것이다. 이 책은 당신이 충분히 소화할 수 있는 방식으로 지식을 전달한다. 그러니 당신은 성공한 사람들이 이룬 성취의 비결을 배우겠다는 진실된 바람만 있으면 된다.

이 책은 모든 직업군에 속한 독자를 대상으로 저술했기에 일반적으로 학계가 지식을 전하는 형식과는 차이가 있다. 교육 수준이 높지 않은 사람이나 생계유지와 가족 부양 때문에 바쁜 사람도 가장 빠르고 간단한 방법으로 실용적인 지식을 얻을 수 있다. 아울러 성인뿐 아니라 청소년도 흥미를 가지고 교육 자료로 활용할 수 있도록 쉽게 썼다. 이 책에서 제시하는 성공 원칙은 성공한 500여 명의 실제 경험이라는 검증을 거쳤기에 모두 효과가 입증되었다.

이 책이 한두 시간 만에도 읽을 수 있을 정도로 쉬운 이유는 30여 년에 걸친 연구가 있었던 덕분이다. 게다가 그 연구는 성공한 인물들이 장기간 시행착오를 거쳐 축적한 경험을 바탕으로 한다.

책을 읽으면서 천천히 내용을 음미하고 당신의 것으로 소화하라. 다만 가장 중요한 부분은 이 책에 있지 않고 당신 마음속에 있다는 사실을 알아야 한다. 이 장의 주된 목적은 '무엇이 인생의 명확한 핵심 목표가 되어야 하는지'를 제시하는 것이 아니라 '명확한 핵심 목표를 성공을 향한 출발점으로 선택해야 하는 이유'를 깨닫게 하는 것이다.

읽으면서 인상 깊은 부분은 표시해 두고 시간이 날 때마다 다시 읽으면서 좀 더 자세히 살펴보라. 스터디 그룹을 만들어 이 책을 함께 읽고 분석해도 좋다. 스터디 그룹의 효과는 다음 장에서 말하는 '마스터 마인드Master Mind'에 관해 읽고 나면 더 분명해질 것이다.

당신은 이 책 어딘가에서 '다른 자기self'를 발견하게 될 것이다. 당신을 구속하던 모든 한계의 사슬을 벗어던지고 당신의 뇌에 잠들어 있는 거대한 힘과 그 힘을 깨우는 외부의 힘도 보게 될 것이다. 그 힘은 이 책을 읽고 생각하는 동안 번뜩이는 아이디어처럼 떠오를 것이다.

성공한 사람들이 끝내 꿈을 이루는 이유

성공 원칙은 모두 열일곱 가지다. 어떤 일에서든 자신의 목표를 달성하고자 하는 사람이라면 이 원칙을 적절히 결합해서 활용해야 한다.

그중에서 가장 중요한 원칙부터 알아보자. 이것을 자신의 삶에 적용하지 않고서 성공했다고 알려진 사람은 없다. 그 원칙은 바로 목표의 명확성이다. 누구든 영구적인 성공을 거둔 인물을 연구해 보면 그가 명확한 핵심 목표를 세웠음을 알 수 있다. 목표를 달성하기 위해 계획을 세우고, 생각과 노력의 많은 부분을 투자했다.

누구나 돈, 지위, 명예, 인정과 같이 삶에서 좋은 것들을 얻고 싶어한다. 하지만 대부분은 '소망하는' 단계를 넘어서지 못한다. 반면 삶에서 자신이 무엇을 원하는지 정확히 알고 그것을 손에 넣기로 결심한 사람은 단지 바라는 데서 그치지 않는다. 그는 '소망'을 '타오르는 열망'으로 키운 뒤 건전한 계획을 바탕으로 끊임없이 노력해 그 열망을 뒷받침한다.

가난에서 벗어나 부자가 되는 첫 번째 단계가 가장 어렵다. 자력으로 부를 얻기 위해서는 먼저 마음속에서 추구하는 대상에 대한 명확하고 간결한 그림을 그려야 한다. 그 그림이 커지거나 강화되어 강박적 수준에까지 이르면 어떤 숨겨진 자연법칙을 통해 잠재의식에 수용된다. 그때부터 당신은 마음속 그림에 상응하는 물리적인 방향으로 이끌리게 된다.

이 책에서 나는 '잠재의식'이라는 주제를 여러 번 다룰 예정이다. 잠재의식은 모든 뛰어난 성취를 이루는 데 아주 중요한 요인이기 때문이다.

누군가는 가방끈이 짧은데도 성공하고, 누군가는 많이 배웠음에도 실패하는 이유를 우리는 늘 궁금해했다. 자세히 살펴보면 위대한 성공은 목표에 대한 명확한 이해의 결과이자 긍정적인 마음가짐의 결과임을 알 수 있다. 그런 마음가짐을 가질 때 자연이 그의 목표를 그것에 상응하는 물질적이고 금전적인 무언가로 전환하도록 돕는다. 마음가짐은 당신의 생각과 계획에 힘을 실어주는 마음의 상태다.

한 사람의 마음가짐이 자신의 목표를 달성하는 데 필요한 물질적·금전적 요소들을 끌어오기까지 얼마나 오래 걸릴까? 그것은 그가 가진 열망의 성격과 정도 그리고 두려움과 의심, 스스로 정한 한계에서 자유로워지기 위한 통제력에 달려 있다.

그렇다면 이런 통제력은 어떻게 얻을까? 늘 깨어 있고 경계하면 얻을 수 있다. 마음에서 부정적인 생각을 모두 몰아내고, 무한한 지성이 들어와 당신을 올바른 길로 이끌도록 마음을 열어두어야 한다.

100달러를 원한다면 며칠 혹은 몇 시간, 아니 몇 분 만에 그에 상응하는 금전적인 무언가로 전환될 수 있다. 하지만 100만 달러에 대한 열망이 실현되려면 그것을 얻는 대가로 무엇을 내주는지에 따라 훨씬 더 오래 걸릴 수 있다. 그러니까 그 시간은 '목표한 것을 얻는 대가로 그에 상응하는 무언가를 내어주는 데 얼마나 걸리는가'에 달렸다.

주는 것과 얻는 것 사이에는 명확한 관계가 있다. 일반적으로 인간이 얻는 부와 물질은 그가 제공한 유용한 서비스가 낳은 결과다. 따라서 인간의 마음에 작용하는 지연법칙의 힘을 통해 명확한 핵심 목표를 실현하는 유일한 방법은 조화로운 정신으로 유용한 서비스를 제공해서 목표를 실현하는 요건을 갖추어나가는 것뿐이다.

잘 단련된 마음은 어떤 형태의 외적 혹은 인위적 도움이 없어도 명확한 핵심 목표를 유지하고 그에 따라 행동할 수 있다. 반대로 단련되지 않은 마음은 명확한 핵심 목표를 다룰 때 기댈 목발이 필요하다. 따라서 단련되지 않은 마음을 가진 사람이라면 핵심 목표를 모두 적은 후 그것을 매일 최소 한 번 이상 큰 소리로 읽는 습관을 들여라. 핵심 목표를 적으면 그 목표가 구체화될 수밖에 없다. 목표를 습관적으로 읽으면 그 구체적 목표를 마음에 새기게 되고, 그러면 마음속에서 잠재의식이 목표를 받아들여 따를 수 있다.

돈이 가진 장점은 단순히 그것을 소유하는 데 있는 것이 아니라 '그것을 어디에 사용하는가'에 있다. 일반적으로 스스로 돈을 번 사람은 그 과정에서 돈을 건설적으로 사용하는 데 필요한 지혜를 얻는다. 그런데 부유한 부모 밑에서 자라 어린 시절부터 부를 잇기 위해 노력할 필요가 없다고 느끼는 사람에게는 무슨 일이 벌어질까? 나는 이런 식으로 성장해서 부모가 이룬 정도의 사업적 감각과 성취를 보인 자식을 단 한 명도 보지 못했다. 돈을 소유해서 얻는 진정한 기쁨은 그것을 '선물'로 받을 때가 아니라 직접 벌 때 느낄 수 있다.

경제적으로 풍족한 나라에 사는 사람이라면 유용한 서비스를 제공하는 대가로 부를 일굴 기회를 더 많이 누린다. 이제 막 발전하는 국가라면 새로운 기회의 도로가 매일 깔린다. 지금 시작된 산업들이 발전하면 상상력과 기술, 진취성을 갖춘 청년들이 일할 분야가 펼쳐질 것이다. 사방에서 거대한 기회의 시대가 꽃피고 있다. 미래 인재에게 필요한 것이 있다면 상상력과 자립심, 진취성이다.

예를 들어 생명보험 분야에는 누구나 타인에게 유용한 서비스를 제공하고 재정적으로 자립할 수 있는 기회가 많다. 생명보험이라는 제도는 빠른 속도로 무수한 사람들이 저축하는 습관을 들이는 주요 수단이 되고 있다. 미래의 생명보험 설계사는 영업 사원일 뿐만 아니라 교사도 될 것이다. 사람들에게 보험에 대한 체계적인 투자를 통해 시간과 지출을 계획하는 법을 가르치기 때문이다.

이 분야에 주목하라. 위대한 미국의 경제 시스템을 떠받치는 주요 기둥 가운데 하나다. 생명보험 분야는 성직자나 교사만큼이나 유용한 서비스를 제공하는 일자리를 수십만 명에게 마련해 줄 것이다. 생명보험 분야 영업직은 대부분 학식이 높은 직업군에 못지않거나 그보다 더 나은 급여를 보장하는 가장 인정받는 직업 가운데 하나가 될 것이다. 생명보험 분야 영업은 일종의 과학이 되어 결국 대학교에서도 가르치게 될 것이다.

성공에 이르게 하는 근본 정신

한 사람의 성취는 타인과의 관계에 적용하는 철학에 달렸다. 누구든 원하는 지식을 얻는 대가로 무언가를 기꺼이 주기로 한다면 그는 세상에 아주 유용한 존재가 되어 원하는 대로 보상을 받게 될 것이다. 세계에서 가장 성공한 나라로 평가받는 미국도 이런 정신을 근간으로 한다. 그것을 '아메리카니즘Americanism'이라 부르는데, 이는 미국이 다른 나라들과 차별화되는 점이기도 하다.

아메리카니즘의 근간을 이해하고 존중하면 당신도 성공에 이를 수 있다. 반면 아메리카니즘을 소홀히 하거나 거부한다면 자신이 알지 못하는 사이에 성공의 기둥이 무너지는 데 일조하며, 그 결과 성취할 기회의 근간을 갉아먹는다. 그 누구도 자신에게 성공할 기회를 주는 힘과 대립하면서 성공할 수는 없는 법이다.

아메리카니즘을 떠받치는 여섯 개의 기둥을 알아보면 이 정신을 잘 이해할 수 있을 것이다.

아메리카니즘의 여섯 기둥

첫 번째 기둥: 헌법에 명시되어 있듯 정부는 개인의 자유, 사상의 자유, 언론의 자유, 신앙의 자유를 보장한다. 그리고 스스로 직업을 택하고 자신의 지식, 기술, 경험을 근거로 자신의 가치를 정할 특권, 무엇보다 개인이 가진 진취성을 발휘할 자유를 누릴 권리를 최대한 제

공한다. 미국 정부만큼 자국민에게 자신의 서비스를 시장에 판매할 기회를 풍부하게 제공하는 나라는 없다.

두 번째 기둥: 미국의 산업 시스템은 그 어떤 나라보다도 압도적으로 풍부한 리더십 자원과 천연자원을 자랑하며, 민주주의 정신과 조화를 이루면서, 정부의 지원을 받아 다른 국가와의 경쟁으로부터 철저히 보호된다. 산업계 지도자들과 정부 관료들 간의 조화와 이해, 호의적인 협력이 계속되는 한 모든 국민은 산업 시스템의 확장으로 직간접적 혜택을 누릴 것이다.

만약 정부 지도자들과 산업계 지도자들이 공동 목표를 향해 조화를 이루며 협력하길 소홀히 하거나 거부하는 때가 온다면 그러한 근시안적 태도는 모든 국민의 경제적 삶에 크나큰 부정적 여파를 미칠 것이다.

미국은 단연 산업 국가로 성장하고 있다. 산업은 임금 노동자들의 소득에서 주된 부분을 책임질 뿐만 아니라 농산물의 상당 부분을 소비하고 변호사, 의사, 치과의사, 공학자, 교육자, 종교 및 기타 전문직 종사자들을 지원하는 주된 원천이다. 여섯 기둥 가운데 가장 강력하고 중요한 기둥인 산업을 아메리카니즘과 분리하는 것은 불가능하다.

세 번째 기둥: 은행 시스템은 누구에게도 피해를 주지 않고서 산업 시스템과 농업, 재계 및 전문직 시스템을 활성화하고 유지하는 활력을 제공한다. 은행 시스템이 제공하는 서비스의 성격을 이해하면 월가

가 죄악을 저질렀다고 비난하는 무지한 소수와 영원히 결별하게 될 것이다. 정확한 정보를 알고 있는 사람이라면 누구나 미국이 워싱턴 D.C.를 위시한 정계와 뉴욕을 위시한 재계라는 이중 정부 시스템으로 운영된다는 사실을 안다. 이렇게 국가가 두 분야로 나누어져 조화롭게 운영될 때 국민은 번영을 누린다.

게다가 미국은 세계 최고의 정치 경제와 금융 경제라는 자원을 가지고 있다. 미국 국민 생활을 이루는 이 두 분야가 과거에 종종 그랬듯 서로 반목한다면 모든 국민에게 피해를 주는 경제 공황과 각종 병폐에 시달리게 된다.

은행이 상점과 기업에 꼭 필요하듯 모든 국민의 원활한 생활을 위해서도 반드시 필요하다. 은행이 공급하는 현금이나 대출을 필요할 때 언제라도 구할 수 없다면 어떤 형태의 상점이나 기업도 성공적으로 운영될 수 없다.

네 번째 기둥: 생명보험 시스템은 미국에서 가장 큰 개인저축제도로 기능한다. 은행 시스템만으로 제공할 수 없는 유연성을 경제 시스템에 제공한다. 국민에게 가족을 보호할 수단을 제공하고 동시에 노년과 경제적 불확실성에 대한 걱정을 덜어주는 저축의 원천을 제공하는 제도는 생명보험 시스템뿐이다. 미국을 이루는 근간의 일부라고 단언할 수 있는 생명보험 제도하에서는 신체 건강한 국민이라면 노년에 비참함을 감수하지 않아도 된다.

다섯 번째 기둥: 자유를 사랑하는 국민정신과 자기 결정권이라는 특권에 대한 요구 그리고 언론·사상·행동의 자유에 대한 사랑은 미국이 배출한 훌륭한 지도자들이 지닌 차별화된 특징이었다.

여섯 번째 기둥: 국가가 강자뿐만 아니라 약자까지 보호하기 위해 싸우며, 적절한 보상 없이 정복을 통해 영토를 확장하는 것은 용납하지 않는다.

미국의 부강과 성공을 지탱하는 여섯 기둥 중 어느 하나라도 약화되면 국민 생활 전반이 약화된다. 개인이 이러한 기둥을 약화할 언행을 삼가는 것만으로는 충분하지 않다. 무엇이든 이 중 하나라도 약화하거나 파괴하려 드는 모든 것에 대항해서 아메리카니즘의 근간을 지켜야 한다. 이 근간이 개인의 권리와 특권의 토대이므로 개인이 가진 권리보다 의무와 특권에 대해 더 많이 생각하고 말해야 한다. 아메리카니즘의 근간이 되는 이 기둥들을 지키는 일도 명확한 핵심 목표의 일부로 삼아야 한다.

하지만 오늘날 미국의 정부, 산업 시스템, 은행 시스템과 더불어 아메리카니즘의 기둥을 받쳐주는 것은 무엇이든 헐뜯는 과격한 자들이 점차 늘어간다. 이들을 자세히 보면 어떤 콤플렉스를 갖고 있다. 성공한 사람은 물론, 재계와 산업 지도자들을 모두 깎아내리고픈 욕망이 발현된 것이다.

사실 과격한 자들 가운데 일부는 경제와 사회 철학을 제외한 대부분의 주제에서 뛰어난 식견을 가진 사람들이다. 일부는 해외 태생이고, 일부는 미국 태생이다. 그들은 정치와 종교, 공립학교와 대학교, 노조, 그 외의 모든 직업군에서 찾아볼 수 있다. 그들의 시도가 순수한 무지에서 비롯된 것이든 철저히 악의적인 동기에 의한 것이든 정면으로 마주해야 한다. 언론의 자유라는 권리가 있다고 해서 훌륭한 지도자들을 단지 성공했다는 이유로 비방해선 안 된다.

문명이 시작된 이래로 정확하게 사고하는 사람들만이 부를 이루었다. 바로 명확한 핵심 목표와 예리한 상상력, 상상만 하던 것을 실제 유용한 서비스로 전환하는 진취성을 가진 인물들이다. 과격한 자들이 아무리 떠든다 해도 이와 같은 사실을 바꿀 수는 없다. 그렇기 때문에 나는 부를 분배하는 최고의 방법은 곧 부를 이루는 방법인 성취의 원칙을 널리 알리는 것임을 굳게 믿게 되었다.

미국이 가진 최고의 자원은 은행에 있는 돈, 땅에 묻힌 광물, 숲의 나무, 토양의 풍요로움이 아니다. 경험과 교육을 천연자원과 결합해 사람들을 위한 다양하고 유용한 서비스로 전환한 인물들이 지닌 마음가짐과 상상력 그리고 선구자 정신이다.

미국이 가진 진정한 부는 물질적인 것이 아니다. 성취 철학을 이해하고 자신의 삶에 적용한 지도자들이 표현한 대로, 진정한 부는 무형의 '사고하는 힘'으로 구성된다. 그것은 더 광범위한 비전과 더 넓은 시각 그리고 더 큰 야심과 계획으로 나타난다. 이 진실을 깨닫지 못한 자는 미국이 왜 세계에서 가장 부유하고 자유로운 국가가 되었는지 결코 이해하지 못한다.

퍼스널 파워의 열 가지 특성

명확한 핵심 목표라는 원칙은 성공의 필수 조건이다. 자신이 무엇을 원하는지 정확히 알지 못하고서는 성공할 수 없기 때문이다. 그런데도 100명 중 약 98명은 명확한 핵심 목표가 없으며, 그런 사람들이 대부분 실패자로 여겨진다는 사실은 흥미로우면서도 중요하다.

명확한 핵심 목표를 세우라는 원칙이 지속적인 가치를 지니려면 매일의 습관이 되어야 한다. 이 습관이 없으면 성공에 치명적인 영향을 미칠 또 다른 나쁜 습관이 생기기 때문이다. 바로 마음을 못 잡고 이리저리 표류하는 습관이다. 영업 사원들만 봐도 할당량이 정해지지 않은 채 일할 때보다 명확한 할당량이 주어졌을 때 훨씬 더 많은 상품을 판매하지 않는가.

내가 생각하는 성공의 바람직한 정의는 바로 이것이다.

'타인의 권리를 침해하지 않고 내가 삶에서 원하는 것은 무엇이든 얻게 해주는 힘.'

명확한 핵심 목표가 없는 사람은 아무도 바라지 않는 것은 제외하고 무엇이든 얻게 해줄 힘을 충분히 행사할 수 없다. 그런 힘이 있는 사람은 의사 결정을 빠르게 내리고, 만일 결정을 완전히 변경해야 한다면 서서히 바꾸어간다. 결단력과 명확성은 불가분의 관계이자 무언가를 만들어낼 수 있는 가장 중요한 요소다. 이것은 어떤 직업에서든 값진 성공을 달성하기 위해 반드시 필요한 긍정적인 마음가짐이기도 하다. 성공한 사람은 누구나 이런 마음가짐을 가지고 있다.

성공의 정의를 분석해 보면 운이라는 요소는 포함되지 않음을 알 수 있다. 물론 때로는 순전히 운이 좋아서 성공 기회를 잡기도 한다. 하지만 그런 사람은 희한하게도 경쟁자가 그를 따라잡자마자 바로 그 기회를 놓쳐버린다. 자신이 벌지 않은 돈을 물려받은 사람들과 연줄을 통해 높은 지위에 오른 사람들을 연구해 보면 알 수 있다.

물론 유산이나 연줄을 통해 기회를 손에 넣을 수는 있지만 오직 노력을 통해서만 그것을 유지할 수 있으며, 그러기 위해서는 명확한 핵심목표가 필요하다. 인생을 연줄과 운에 의존해서 살려는 사람은 길목을 막고 서 있는 엄한 운명과 마주칠 것이다. 운명은 몽둥이를 가졌고 그 몽둥이는 솜방망이가 아니다. 딱딱한 몽둥이가 머리를 내리치면 견딜 수 없을 만큼 아프다.

퍼스널 파워는 개인의 특질과 습관으로 성공에 도달하는 힘이다. 퍼스널 파워의 열 가지 특성은 다음과 같다.

- 목표를 명확하게 정의하는 습관
- 신속한 결정
- 건전한 인성(의도적인 정직)
- 엄격한 감정 절제력
- 유용한 서비스를 제공하려는 강박적인 열망
- 자신의 직업에 대한 철저한 지식
- 모든 면에서의 인내력

- 가까운 지인들에 대한 의리와 신을 향한 믿음
- 지식에 대한 끊임없는 갈증
- 깨어 있는 상상력

퍼스널 파워의 열 가지 특성은 누구나 계발할 수 있는 특질만 포함하고 있다. 또한 이러한 특성을 갖추면 타인의 권리를 침해하지 않으면서도 내 영향력을 발휘할 수 있는 퍼스널 파워를 계발할 수 있다. 그것은 누구라도 사용할 수 있지만 나만이 가진 고유한 힘이기도 하다.

"아는 것이 힘이다"라는 격언이 꼭 옳지만은 않다. 지식은 어떤 조건에서 유용한 서비스로 발현될 때까지는 결코 힘이라고 부를 수 없다. 삶에서 인간이 차지하는 공간은 자신이 제공하는 서비스의 양과 질 그리고 그 서비스를 제공할 때 갖는 마음가짐에 비례한다.

훌륭한 퍼스널 파워를 사용하고 그 위력을 유지하려면 'QQC 공식'을 반드시 이해하고 적용해야 한다. 이는 제공하는 서비스의 질quality과 양quantity이 올바르고 적절해야 하며, 행동conduct이 호의적이어야 한다는 뜻이다. 이를 또 다른 방식으로 표현하면 다음과 같다.

서비스의 질＋서비스의 양＋행동 양식
＝개인이 달성할 성공의 정도

'QQC 공식'이 누구나 계발할 수 있는 특성이라는 점에 다시 한번 주목해 보자. 물론 이 공식을 적용한 사람들은 대부분 자신의 경험에서 운을 자기편으로 만드는 것처럼 보인다. 이 공식은 운과는 전혀 상관이 없다. 행운이 따르지 않는다고 혹은 재수가 없다고 늘 불평하는 것은 게으르거나 무관심하거나 야망이 없는 것에 대한 핑계일 뿐이다.

무엇이든 거저 얻으려는 사람은 실패가 발목을 붙잡게 되면 바로 '불운'을 탓한다. 반면 성공한 사람은 단단한 철학을 가졌기 때문에 운에 대해 거의 말하지 않는다. 스스로 행운을 만들거나 자신의 운에 큰 영향력을 발휘한다.

존 워너메이커는 미국에서 가장 큰 소매점 가운데 하나를 운영했다. 그는 상인으로서 자신의 성공이 운이 아니라 전적으로 명확한 핵심 목표 덕분이라고 주저 없이 말했다.

또한 제임스 힐은 그의 명확한 핵심 목표였던 그레이트노던 철도 회사를 건설해서 거대한 성공을 일구어냈다. 그가 전신 기사라는 아주 낮은 지위에서 시작해 훌륭한 철도 시스템을 경영하는 지위에까지 오른 것은 명확한 핵심 목표를 토대로 한 체계적인 계획을 따른 결과였다. 그는 퍼스널 파워를 얻기 위해 단 한 순간도 운에 기대본 적이 없다.

우리가 잘 아는 토머스 에디슨은 백열전구, 축음기, 영화 등 인류에 이바지하는 발명품 스무 가지 이상을 세상에 선사했다. 하지만 그의 성공 가운데 운으로 얻은 것은 없다. 에디슨이 전기를 이용해서 전구에 불이 들어오게 만든 방법을 찾기까지 1만 번 이상 실패했다는 사실은 그가 운을 믿지 않았음을 증명한다.

퍼스널 파워의 열 가지 특성에 따라 성공한 사람들을 분석해 보면 그들이 퍼스널 파워의 열 가지 특성을 계발하고 이용했기 때문에 성공했다는 결론에 도달할 수밖에 없다. 이처럼 성공은 마음의 힘을 적절하게 조직하고 통제해서 명확한 핵심 목표로 향하도록 방향을 설정할 때 비로소 얻을 수 있다.

하지만 명확한 핵심 목표만으로 성공을 달성할 수 있다는 말은 아니다. 성공을 위한 열여섯 가지 원칙이 더 있으며, 그 가운데 일부 혹은 전부를 명확한 핵심 목표와 결합해야 한다. 그러므로 명확한 핵심 목표를 설정하는 일은 성공을 향한 출발점과 같다. 목표를 그에 상응하는 물질이나 금전으로 전환하는 데 필요한 퍼스널 파워는 또 다른 성공 원칙을 이해하고 사용함으로써 얻을 수 있다.

퍼스널 파워와 관련해 중요한 또 다른 특성이 있다. 나의 퍼스널 파워가 영향을 끼칠 사람들에게서 동의를 얻은 힘과 그렇지 않은 힘 사이에는 차이가 있는데, 많은 사람이 이 차이를 이해하지 못해서 아쉽게도 위대한 성공을 이루지 못하고 실패했다. 열 가지 특성을 자세히 연구하면 퍼스널 파워란 타인의 동의와 협조로 얻게 되는 힘으로 이어질 수밖에 없음을 확신할 것이다.

미국 미시간주에 헨리 포드라는 남자가 있었다. 그는 인간관계에 관한 자신만의 철학 덕분에 자동차 산업계에서 지배적인 위치에 올랐다. 그를 자세히 연구하고, 그의 철학을 정확하게 분석해 보면 포드가 열 가지 특성을 적용하여 얼마나 명확하게 자신의 퍼스널 파워를 얻었는지 알 수 있다. 그는 명확한 핵심 목표에 집착했다. 한 바구니에 핵심 목표의 모든 알을 담으면 그 바구니를 조심스럽게 지켜야 함을 아는 현명한 사람이었다.

그의 목적은 저렴하고 믿을 만한 품질의 자동차를 만드는 것이었다. 포드는 자동차 하나밖에 모르는 사람이었지만, 그 덕분에 원하던 목표를 달성했다. 그의 철학은 그에게 기대한 부와 무수한 친구와 후원자를 안겨주었다. 자동차 하나밖에 모르는 태도 덕분에 그는 동시대를 사는 다른 어떤 성공한 기업가보다 더 큰 존재감을 갖게 되었다.

프랭크 울워스Frank. W. Woolworth가 퍼스널 파워의 열 가지 특성을 이해해서 무엇을 성취했는지 보라. 그의 철학은 포드의 철학과 같다. 그는 다른 사람들이 아무 생각 없이 쓴 푼돈을 모아 미국에서 가장 높은 빌딩 가운데 하나를 세웠다. 울워스 역시 하나밖에 모르는, 융통성 없는 마음의 소유자였다. 그는 머천다이징merchandising에 대한 간단하면서도 독특한 아이디어를 포착해서 거대한 부를 창출했다.

울워스의 성공에서 가장 특이한 점은 사업 정책의 단순함이다. 울워스가 자신의 머천다이징 계획에 대해 특허권을 설정하지 않았는데도 모방하는 사람이 별로 없었는데, 울워스와 달리 대부분의 상인은 명확한 핵심 목표 없이 일했기 때문이다. 다른 상인들은 그들이 판매하는 상품 하나하나에 각기 다른 정책을 적용했다. 반면 울워스는 그가 판매하는 모든 제품에 하나의 정책만을 적용했다. 이처럼 명확한 핵심 목표를 가지고 노력을 기울이는 인물들을 연구하면 성공과 운에 공통분모가 있다는 생각은 들지 않을 것이다.

성공하기 위해서는 퍼스널 파워의 열 가지 특성을 반드시 습관화해야 한다. 이 특성들을 이따금 적용하는 것은 소용이 없다. 당장 필요할 때만 적용하고 도움이 되지 않아 보일 때는 소홀히 하는 사람은 결코 지속적인 힘을 가질 수 없다. 퍼스널 파워의 특성들이 성격 일부로 확실하게 자리를 잡아야만 영적인 성격까지 띌 수 있다. 하루, 한 주 혹은 1년 안에 목표를 달성할 수는 없다.

열 가지 특성을 적어두고 하루에 한 번씩 각 항목에 비추어 자신의 점수를 신중하게 매겨보라. 이 과정을 통해 잠재의식이 그 특성들을 수용하면 그것이 내 성격의 일부가 된다. 하지만 매일 자신을 평가하는 데 그쳐선 안 된다. 이러한 특성을 타인과의 모든 관계에서 실천해야 한다. 아주 작은 실천도 숱한 이론보다 가치가 있다.

열 가지 특성을 습관으로 만들고, 그것이 내 성격으로 녹아든 뒤에는 실질적인 수단을 모두 이용해서 주변 사람도 그 특성을 추구하도록 북돋아야 한다. 특히 가족, 친구, 직장 동료처럼 가까운 사람들을 독려해야 한다. 이런 말이 있다.

"건전한 인성이라는 덕을 얻는 최선의 방법은 내가 본보기를 보여 다른 사람들이 그런 인성을 갖추도록 돕는 것이다."

일반적으로 성공한 사람들은 많은 시행착오를 통해 성취의 원칙에 대한 지식을 얻었다. 하지만 그것은 시간과 비용이 많이 드는 방법이다. 그렇기 때문에 많은 사람이 충분히 가치 있는 목표와 목적을 가졌음에도 실패한 것이다. 좋은 의도와 충만한 다짐만으로는 확실한 성공을 이루기 어렵다. 퍼스널 파워를 획득하는 법칙을 알아야 하는데, 그 법칙은 성공의 모든 원칙을 이해하고 적용하는 사람들만이 알 수 있다.

일시적인 패배와
실패를 구별하라

이 책은 신중한 계획으로 달성하고, 영구히 유지할 수 있는 성공만 다룬다. 성공 원칙을 적용해서 성공한 사람이라도 판단을 잘못하거나 자신이 통제할 수 없는 일에 휘말리면, 일시적으로 성공의 결실을 잃을 수 있다. 하지만 머지않아 손실을 복구하는 법뿐 아니라 기존의 패배에서 벗어나 새로이 성공을 일구는 법을 알게 될 것이다.

성공 원칙을 완전히 이해한 사람은 방해물을 도약의 발판으로 바꾸는 법과 일시적인 패배에서 유용한 지식을 뽑아내는 법을 재빨리 깨닫는다. 무엇보다 일시적인 패배와 실패의 차이를 안다. 일시적인 패배를 겪으면, 금세 원상 복귀하고 오히려 경험을 통해 이득을 챙긴다. 패배주의에 매몰되지 않고 '할 수 있다'는 믿음의 정신으로 대체한다. 대부분의 한계는 마음의 상태에 불과하다는 것을 깨달음으로써 자신의 발목을 잡는, 스스로 정한 한계를 깨는 법도 알게 된다.

성공 원칙을 완전히 이해한 사람에게 일시적인 패배의 경험은 계획을 다시 세우고 이겨내겠다는 결심을 끌어올려야 한다는 신호일 뿐이다. 이러한 원칙은 실패와 같은 상황을 인정하지 않는 철학을 제공한다. 성공철학을 정확하게 이해하면 늘 성공을 의식하는 마음을 갖게 된다. 마음가짐이 계획과 목표에 반영되면 정신은 마음가짐에 상응하는 결과를 끌어오는 강력한 자석이 된다.

이 철학을 완전히 익힌다면 마치 기묘한 마법에 걸린 듯 당신이 가는 길에서 많은 성공 기회를 발견하게 될 것이다. 굳이 애쓰거나 부탁하지 않아도 사람들이 적극적으로 도움을 줄 것이다. 또한 성공철학을 완전히 익히면 당신을 방해하는 모든 것을 자유자재로 통제할 수 있게 된다. 이모든 일을 과학적으로 이해하기는 어렵다. 그 힘의 원천을 명확히 설명할 수 없는 이유는 기묘한 마음의 힘이 한데 섞여 작용하기 때문이다.

성공 원칙을 이해하는 사람은 '포기자'가 될 가능성도 희박하다. 이철학을 이해하는 사람은 그것이 인간사에 있기 마련인 비상사태에 대처할 힘을 준다는 것을 알기 때문이다! 이 철학은 어떤 종교적 믿음을 가졌든 신앙 생활에 튼튼한 받침대를 제공한다. 어떤 제품을 판매하든 영업사원에게는 더 큰 영업 능력을 부여한다. 이 철학은 또한 국가 발전의 토대이기 때문에 좀 더 애국심이 강한 국민을 만든다.

이 원칙을 완전히 익히면 지속되는 우정, 마음의 평화, 조화로운 가족 관계, 재정적 안정, 행복을 충분히 누릴 수 있다. 이 철학을 완전히 익히면 주변인들의 갈등과 저항, 반대도 줄어들어 인생을 살아가는 데 도움이 된다. 일단 이 원칙을 받아들이는 순간 자신과 모든 타인 그리고 신과의 적절한 관계를 인식하게 하는 무한한 지성에 한발 더 다가서게 될 것이다.

성공을 실현하고 싶은 강렬한 열망을 통해 마음에 품은 아이디어, 계획, 생각 혹은 목표는 잠재의식으로 들어간다. 그리고 그것은 당신이 동원할 수 있는 실용적인 수단에 따라 물질이나 금전으로 전환된다. 실현될 것이라는 믿음이 뒷받침되면, 실현하고 싶은 욕망의 대상이 되는 열망, 계획 혹은 목표는 잠재의식의 마법 같은 작용을 주도한다. 그래서 이는 열의가 없는 계획이나 목표보다 훨씬 더 빠르게 실행에 옮길 수 있다.

이것은 부정적인 마음 상태와 긍정적인 마음 상태에 똑같이 적용된다. 믿음과 풍요에 대한 생각이 성공을 낳듯, 두려움과 빈곤에 대한 생각은 빈곤과 실패를 낳는다.

마음가짐은 마음으로 가는 양방향 출입문이다. 믿음은 열망, 계획, 목적을 정확히 그에 상응하는 물질로 전환해 주는 힘의 저장소로 이어진다. 반면 두려움과 의심은 열망, 계획, 목표가 아무런 결실도 맺지 못하게 하는 힘의 저장소로 이어진다. 이 진실을 이해하는 것이 대단히 중요하다.

나는 이것이 마음이 작동하는 방식이라고 단언할 수 있다. 이제까지 그 누구도 이런 식으로 마음이 작동하는 원리나 이유를 말하지 않았다. "믿는 만큼 할 수 있다"라는 말은 단순한 문구도, 과장도 아니다. 인간의 유일한 한계는 스스로 마음에 한계를 정한다는 것이다.

이것이 진실이 아니라면 어떻게 토머스 에디슨이나 헨리 포드와 같은 인물의 업적을 설명할 수 있단 말인가? 에디슨이 학교에 다닌 기간은 고작 3개월뿐이었다. 그러나 에디슨은 마음의 힘을 잘 통제하고 이용해서 세계에서 가장 위대한 발명가가 되었다.

포드는 공립 초등학교를 다닌 것이 전부였고, 맨손으로 시작했지만 자신의 마음이 낳은 물리적 결과물로 세상을 휘감았다. 그에 대한 대가로 엄청난 부도 축적했다.

포드와 에디슨 같은 인물의 성취를 면밀히 분석해 보면 명확한 핵심 목표를 가지고 행동하며 스스로 목표를 성취할 능력이 있다고 믿는 사람만이 무한한 지성의 저장소에 마음의 힘을 투사한다는 것을 알 수 있다.

무한한 지성을 통해 모든 인간 문제에 대한 해답을 찾을 수 있고, 열망을 실현할 수 있다.

이 책의 목적은 마음의 작동 원리에 대한 복잡하고 추상적인 연구를 소개하거나 이해하기 어려운 심리학 담론을 제시하는 것이 아니다. 사람에게 필요하거나 사람이 원하는 것을 모두 넘치도록 풍족하게 갖춘 나라에서 결핍으로부터 벗어나지 못하는 타당한 이유란 있을 수 없음을 증명하는 것이 목적이다.

우리에게 필요하고 우리가 원하는 물질을 획득하는 일은 항상 무엇을 원하는지 명확하게 정의하고, 타오르는 열망을 갖는 데서 시작된다. 미국같이 자원과 기회가 풍족한 나라에서 유일하게 부족한 것이 있다면 그것은 자기 마음의 주인이 되어 그것을 백분 활용할 수 있다는 충분한 믿음일 것이다. 단지 지식이나 교육이 아니라 마음가짐이야말로 모든 성취의 진정한 원천임은 이미 너무 많이 증명되었다.

⚡ 불운한 사람들의 공통점

잠재의식은 긍정적이든 부정적이든 감정과 결합된 가장 지배적인 생각을 받아들여 실행에 옮긴다. 또한 믿음에 대한 생각을 성공으로 전환하는 것처럼 잠재의식은 한계, 두려움, 의심에 대한 생각을 실패로 전환한다. 이것을 증명하는 사례를 우리는 이미 알고 있다.

가장 오래 지속되며 많은 삶을 파괴했던 경제 공황이 시작된 1929년을 살펴보자. 전국적으로 수백만 명이 주식 시장에서 도박을 하기 시작했다. 광적인 주식거래로 시장이 붕괴되고, 돈을 잃었을 때의 부정적인 감정에 휩쓸린 수많은 마음이 두려움의 파동을 내보냈다. 그 파동은 사방으로 확산되어 도박을 하지도 않는 다른 수백만 명의 마음에 도달했다. 그 결과 미국의 모든 은행을 마비시킨 집단 패닉이 벌어졌고 대규모 인출 사태가 발생했다. 쉴 새 없이 가동되던 공장의 기계가 멈추었고, 전례 없는 규모로 일상적인 기업 활동마저 중단되었다.

경제 공황 시기 미국에는 그 전과 똑같은 양의 부가 존재했지만 하룻밤 사이에 풍요와 부의 세상에서 공포와 빈곤의 세상으로 추락했다. 바다의 밀물과 썰물처럼 규칙적이고 확실하게 마음가짐이 변하면 세상사도 변한다. 이 진실에서 나온 격언이 바로 "성공은 성공을 부르고 실패는 실패를 부른다"이다.

'실패자'로 분류된 2만 5000여 명을 정확하게 분석해 보니 이들이 스스로 불운을 불러들였음을 보여주는 몇 가지 마음의 작동 원리에 대한 증거가 있었다. 실패한 사람들의 공통점은 다음과 같았다.

빈곤의 한계를 받아들이는 습관

이것은 기초적인 생활을 영위할 수 있을 정도의 의식주에 만족하는 태도에서 드러난다. 여기서 우리는 기초적인 생활 이상을 바라지 않는 태도를 만드는 야심의 결핍이 왜 생겨나는지 알아보려는 것이 아니다. 미국이 가진 풍족한 환경에도 대다수의 사람이 기초적인 생계

나폴레온 힐 더 석세스

를 유지하는 것 이상의 명확한 목표를 갖지 않음을 보여주기 위해 널리 알려진 사실을 분석하고 있을 뿐이다.

외적인 문제나 상황을 탓하는 습관

외적인 문제나 상황이 누군가의 '마음가짐'에 영향을 줄 수 없음을 인식하지 못한다. 마음가짐이 생각보다 외적인 것에 영향을 쉽게 받지 않는다는 것은 모든 심리학자가 아는 사실이다. 단 자기 마음의 주인이 되어 마음의 힘을 사용하길 거부하고, 스스로 마음에 한계를 규정하는 사람들은 제외한다. 정상적인 마음을 가진 사람이라면 누구나 자기 마음을 소유하고, 부를 획득하기 위해 그것을 이용하겠다고 결심했을 때 언제라도 자신이 마음에 규정해 놓은 빈곤의 한계를 깨뜨릴 수 있음은 거듭 증명되었다.

평범한 노동을 그만두고, 좀 더 돈이 되는 거대한 철강 산업을 조직하고 운영하는 일을 시작하기로 결심했을 때 앤드루 카네기도 자신이 스스로 정한 마음의 한계를 벗어던질 힘을 갖고 있음을 증명해 보였다. 마찬가지로 떠돌이 전신 기사와 같은 낮은 지위의 일을 그만두고 세계 최고의 발명가가 되기로 결심했을 때 토머스 에디슨 또한 마음이 가진 힘을 증명했다. 기묘하게도 떠돌이에서 세계에서 가장 성공한 발명가로 올라서게 한 그 마음의 힘은 그가 무한한 지성의 비밀을 파고들어 자연의 비밀을 발견하게 하는 힘이 되기도 했다.

소망과 결심의 차이에 대한 인식의 부재

'단순히 무언가를 바라는 것'과 '그것을 얻기로 결심하는 것' 사이의 중요한 차이를 인식하지 못한다. 누구나 더 나은 삶을 원한다. 많은 사람이 '단순한 바람'을 '열망이 뒷받침된 명확한 목표'와 같다고 믿는 치명적인 실수를 저지른다. 이것이 바로 성공과 실패의 차이다.

마음의 한계를 정하는 습관

두려움을 느끼고 열등함을 인정함으로써 마음의 한계를 정한다. 가난한 환경에서 태어나 빈곤을 운명으로 받아들이는 사람과 자주 어울린 사람들은 그런 두려움으로 마음속에 철옹성을 세운다.

해마다 수백만 어린이가 빈곤 속에 태어나며 재정적으로 자립할 수 있다는 것을 미처 배우지 못한다. 인생의 아주 초반부터 죽을 때까지 그들은 정신력을 '후진 기어'로 사용한다. 그리고 마치 자신이 불운을 달라고 기도한 것처럼 빈곤을 당연한 일로 받아들인다.

부족한 진취성

진취성을 습관으로 만들지 못한다. 이것은 보통 자신이 열등하다는 믿음에서 비롯된 결과다. 진취성이 없는 사람들은 자기 마음뿐 아니라 다른 어떤 것의 주인도 되지 못한다.

근시안적 비전

근시안적 비전을 가졌다. 자발적으로든 무심해서든 평범함을 뛰어넘는 삶을 목표로 하지 않는다. 그래서 마음의 힘을 사용하는 데 한계를 정하는 습관이 있다. 한계의 원인이 무엇이든 인간의 성취는 마음의 힘의 한계가 시작되는 곳에서 끝난다. 추구하는 것이 별로 없는 사람은 대개 자신이 추구하는 만큼만 얻는다.

성품을 계발하려는 노력의 부재

타인에게 도움을 주는 특질, 습관, 기술을 배워서 호감 가는 성품을 계발하고자 노력하지 않는다. 이런 사람들은 현재의 자신을 버리지 못한다. 호감 가는 성품을 키울 줄 아는, 스스로를 사랑하는 사람에게는 적수가 별로 없다.

꾸물거리는 습관

꾸물거리는 습관을 가졌다. 이 습관은 평생 떠돌아다니며 매사에 편한 길만 택하는 습관으로 이어진다. 무기력하고 편한 것만 찾아서는 절대 왕국을 세울 수 없다.

유유상종의 법칙

가난으로 인해 패배주의에 젖은 사람들과 자신의 삶에 제한된 비전을 가진 사람들을 곁에 둔다. 사람 사이의 마음가짐은 쉽게 전염된다. 성공한 사람들이 야심 있고 삶의 한계를 인정하지 않는 사람들과 가깝게 지내려고 하는 이유다.

부족한 믿음과 기도

성공이 실현될 것이라는 믿음이 없고, 기도에 대한 이해도 부족하다. 기도가 있어야 잠재의식이 마음가짐에 대한 명확한 그림을 무한한 지성에 전달한다.

이것은 인간이 고통과 가난, 실패에서 벗어나지 못하는 주요 원인을 간략하지만 정확하게 설명한 것이다. 성공으로 가는 출발점에서 이러한 실패의 원인 가운데 얼마나 많은 것을 마음속에 품고 있는지 스스로 돌아보아야 한다.

아이디어는 고정가치가 없는 유일한 자산이다. 아이디어는 모든 성취의 시작이고 모든 부의 근간을 이루며 모든 발명의 시작이기도 하다. 아이디어는 공기의 흐름을 완전히 통제해서 일명 '에테르'라고 알려진 에너지를 우리가 동원하고 이용할 수 있게 한다. 모든 뇌는 에테르를 통해 다른 뇌와 소통할 수 있다. (에테르는 빛을 파동으로 생각했을 때 이 파동을 전파하는 매질로 여겼던 가상의 물질로, 저자가 한창 활동하던 시대에는 에테르를 통해 뇌끼리 소통할 수 있다고 믿었다―옮긴이.)

아이디어는 명확한 핵심 목표가 낳은 결과다. 에디슨이 잠재의식으로 보낸 축음기에 대한 아이디어가 그곳에서 무한한 지성의 저장소로 투사된 뒤 현실적으로 완성할 수 있는 명확한 계획의 형태로 마음에 떠오르기 전까지 축음기는 한낱 아이디어에 불과했다.

주류 판매 반대 연맹 역시 40여 년 전 미국 오하이오주에 살던 두 사람의 마음속을 제외하고 어디에도 존재하지 않았던 막연한 아이디어에 불과했다. 하지만 명확한 목표에 힘입어 이 아이디어는 곧 술집을 초토화시킨 금주법으로 발전했다. 여기서 나는 아이디어의 장점을 말하려는 것이 아니다. 인간 정신과 명확한 핵심 목표가 계속 뒷받침되어야지만 아이디어가 힘을 갖는다고 말하려는 것이다.

마피아 두목이었던 알 카포네Al Capone는 주류 판매 반대 연맹의 캠페인이 초래한 사회 환경을 보고 한 아이디어를 떠올렸다. 그 아이디어는 본질적으로 건전하지 않았지만, 그가 그 아이디어에 명확한 목표를 부여해서 큰 힘을 실어주는 바람에 미국에 엄청난 피해를 초래했다. 이를 해결하기 위해 미국 정부의 강력한 법 집행기관들까지 동원되어야만 했다. 명확한 목표가 뒷받침되면 아이디어는 이로움 못지않게 해로움도 가져오며, 어떤 식으로든 세상에 영향을 주게 된다는 것을 인식해야 한다.

로터리클럽 운동은 한 변호사가 개인적인 인맥을 넓히고, 그것을 통해 법조인으로서 직업윤리를 위반하지 않으면서도 변호사 업무를 넓혀나가기 위해 떠올린 아이디어로 시작되었다. 처음에 로터리클럽이라는 아이디어에는 대단할 것이 없었다. 하지만 명확한 핵심 목표가 뒷받침되자 순식간에 전 세계에 확산되었고, 거의 모든 나라에서 친목 도모를 위해 사람들을 모으는 수단이 되었다.

신대륙은 평범한 선원의 마음에 떠오른 아이디어에 명확한 목표가 뒷받침된 결과로, 문명의 영향이 커지며 발견되었다. 새로 발견한 이 세계는 문명의 마지막 '프런티어frontier'가 되었다. 이 발견을 이끈 아이디어가 인류에게 영향을 준 가장 중요한 것들 가운데 최고가 될 날이 머지않아 곧 올 것이다.

세상에 알려진 가장 위대하면서 선한 힘인 기독교는 평범한 목수의 마음속에 떠오른 아이디어로 시작되었다. 명확한 핵심 목표라는 원칙을 꾸준히 적용한 덕분에 이 아이디어는 거의 2000년 동안 계속 발전했다. 인간이 기독교 교리를 실천하는 한 이것은 문명을 파괴해 가는 요즘 추세에서 우리를 구할 수 있을 것이다.

인간이 믿고 말하고 기대하는 것은 반드시 어떠한 형태로든 표현된다. 빈곤과 고통이 주는 한계에서 벗어나려고 발버둥치는 사람들은 이 위대한 진실을 잊지 말아야 한다. 이 진실은 국민 전체뿐만 아니라 개인에게도 적용되기 때문이다.

믿음이 기적이 되기까지

이제 의식에 자리 잡은 생각, 아이디어, 계획, 목적이 뇌의 잠재의식을 담당하는 부분으로 넘어가 그곳에서 무한한 지성에 의해 채택되고 실행되어 논리적인 결론이 도출되는 과정에 주목하자.

믿음, 두려움 혹은 열의, 명확한 핵심 목표에 바탕을 둔 타오르는 열망, 증오나 질투와 같은 강렬한 감정으로 생각의 파동을 자극하는 단순한 과정을 통해 의식에서 잠재의식으로 생각이 전달되는 속도를 높일 수 있다.

믿음에 토대를 둔 생각은 잠재의식으로 전달되는 명확성과 속도에서 다른 모든 것보다 우세하다. 믿음의 힘이 뒷받침된 속도는 잠재의식으로 넘어간 생각이 '기적'을 만들 정도로 빠르다. 하지만 심리학자들은 오늘날 기적과 같은 현상을 인정하지 않으며, 존재하고 발생하는 모든 것은 명확한 원인이 낳은 결과라고 주장한다.

그러나 스스로 정한 한계를 벗어던질 수 있는 사람은 문제의 성격과는 상관없이 믿음이라는 마음가짐을 통해 그가 가진 모든 문제에 대한 해법을 찾는다. 완벽한 믿음을 가지면 무한한 지성이 수수께끼를 저절로 해결하지는 않을지라도 잠재의식에 들어온 명확한 아이디어, 목표, 목적 혹은 열망을 실행해서 논리적인 결론을 도출한다.

반면 무한한 지성은 어떠한 생각도 바꾸려 들지 않으며, 단순한 소망이나 불명확한 아이디어, 생각 혹은 목적을 결코 실행으로 옮기지 않는다. 이 진실을 마음속 깊이 새기면 대부분의 사람이 자신의 문제를 걱정하는 데 쏟는 노력보다 훨씬 적은 노력으로 일상의 문제들을 해결하는 힘을 가지게 될 것이다.

소위 '직감'이라고 하는 것은 대개 무한한 지성이 의식에 도달해서 영향을 미치려고 애쓰고 있음을 나타내는 신호다. 직감은 보통 잠재의식을 통해 무한한 지성으로 전달된 아이디어, 계획, 목적이나 열망 혹은 두려움에 대한 반응이다. 직감은 대개 당신에게 가장 큰 가치가 있는 정보를 전달하므로 진지하게 다루고 면밀하게 조사해야 한다.

직감은 그것을 낳은 생각이 무한한 지성의 저장소에 도달한 뒤 긴 시간이 지나고 나서야 나타난다. 그사이 당신은 직감을 불러일으킨 최초의 생각이 무엇인지 잊고 만다.

직감은 현자들조차 아는 것이 별로 없는 깊고 심오한 주제다. 깊은 명상을 통해서만 스스로 모습을 드러내는 주제기도 하다. 많은 사람이 이것이 바로 기도의 힘이 작용하는 방식이라고 믿는다. 또한 믿음이 뒷받침되는 명확한 핵심 목표야말로 그 자체로 가장 훌륭한 형태의 기도라고 믿는다.

여기서 설명한 마음의 작동 원리를 이해하면, 때론 기도가 내가 원하는 것을 가져다주다가도 간혹 원치 않는 것까지 가져다주는 이유에 대해 납득할 만한 단서를 얻게 될 것이다. 대부분의 사람은 마음이 두려움과 의심으로 가득 찬 위급 상황에서 다른 모든 수단이 동원된 다음에야 비로소 기도에 의지한다. 바로 이 점에서 왜 기도가 종종 가장 원치 않는 결과를 가져다주는지 알 수 있다. 조금이라도 두려움이나 의심이 있는 마음으로 기도하면 무한한 지성은 당신이 기도할 때 가진 바로 그 마음을 바탕으로 논리적인 결론을 내려버린다.

따라서 마음이 원하는 결과를 낳게 하려면 기도하기 전에 이미 바라는 대상이 손에 들어왔다고 여겨야 한다. 이런 마음가짐은 마음을 단련해야만 얻을 수 있다. 엄격한 감정 절제력은 개인이 의도적으로 신중한 노력을 기울인 결과일 수 있다. 혹은 개인이 위안을 얻기 위해 '내적 자기inner self'를 찾게 만드는 큰 슬픔이나 깊은 실망의 결과일 수 있다. 그런 경우 실패는 불운을 가장한 축복이다.

문명을 들여다보면 인류가 경제 공황과 같은 거대한 역경을 통해 채찍질을 당하는 심오한 방식을 깨닫게 된다. 실패와 실망은 인간이 영적 본성에 의지하게 만드는 훈육 수단인 것이다. 1929년부터 1939년까지 전 세계를 휩쓴 경제 공황은 인간이 제1차 세계대전 중 엄청나게 낭비한 영적인 가치를 되찾게 만드는 자연의 방식이었다.

영적인 힘을 이용하지 않고서 괄목할 만한 성공을 이룬 사람은 없다. 인간보다 더 위대한 힘이 존재하며, 그것은 유한한 인간 정신으로는 이해하기 힘들다. 어떤 명확한 목표든 성공적으로 달성하려면 이 진실을 받아들일 수 있어야 한다.

시대를 초월한 위대한 철학자인 플라톤Plato부터 소크라테스Socrates, 랠프 월도 에머슨Ralph Waldo Emerson을 비롯한 현대 철학자들 그리고 미국의 위대한 정치인인 조지 워싱턴George Washington부터 에이브러햄 링컨Abraham Lincoln에 이르기까지 모두 비상시에 내적 자기에 의지한 것으로 알려져 있다. 내적 자기 안에서 감지되는 무한한 영적인 힘을 인식하고 이용한 사람만이 위대하고 지속적인 성공을 거두었으며, 앞으로도 그럴 것이다.

이 심오한 진리를 인식하지 못한 탓에 현재 이 세계가 영적으로 도산하기 직전에 이르게 된 것이다! 당신이 누구든 어떤 직업을 가졌든 영적인 힘을 인식하고 이용하길 소홀히 하거나 거부하면 위대한 힘을 소유할 수 없다.

미국에서 가장 훌륭한 생명보험 설계사로 알려진 남자가 있었다. 그는 연간 최소 100만 달러의 매출을 올린 사람들만 이름을 올리는 클럽에 무려 15년이나 속해 있었다. 그는 업무와 관련하여 '냉철하고 계산적'이라고 알려져 있지만, 반드시 최소 한 시간 동안 내적 자기와의 교감을 통해 마음의 준비를 하고 나서야 비로소 잠재 고객에게 전화를 걸었다.

교감을 하는 동안 그의 냉철함은 사라지고, 대신 그가 불러 모을 수 있는 모든 영적인 힘이 모인다. 이것이 기도로 신과 소통했다고 말하는 또 다른 방법이다. 그는 무한한 지성이 다른 목적을 실현할 때처럼 빠르고 단호하게 생명보험이라는 매개체를 통해 자신의 주변인을 섬기려는 열망을 실현한다는 사실을 발견했다.

이 남자는 영업을 할 때 특출한 제스처를 취하지 않으며, 신앙을 드러내지도 않는다. 매일의 업무에 도움이 되도록 영적인 힘을 이용하는 그의 방법은 오직 그와 신 사이에서만 일어나는 특별한 것이다. 그것은 주변인을 섬기려는 진실된 열망으로 나타난다. 이 남자는 자기 안에 있는 영적인 힘의 원천을 조용하고 가식 없는 방식으로 찾았다. 그래서 자신의 종교를 더 극적으로 광고하는 사람들보다 모든 힘의 원천에 훨씬 더 가까이 다가설 수 있었다.

토머스 에디슨의 개인적인 신념에 대해 잘 알지도 못하면서 그의 성공만 보고 평가하는 사람들은 그가 위대한 추론 능력을 발휘한 덕분에 세계 최고의 발명가가 되었다고 생각한다. 그러나 진실은 정반대다. 나는 오랜 세월 동안 에디슨을 잘 알고 지냈다. 따라서 에디슨의 성공은 가장 어려운 문제의 해법을 찾기 위해 내적 자기에 의지하는 습관을 가진 덕분임을 안다. 에디슨은 자신의 영적인 자산을 이해하고 이를 백분 활용했다. 그는 신앙심이 깊다고 주장하는 많은 사람보다 천성적으로 훨씬 더 심오하게 영적인 인물이었다.

헨리 포드의 탁월한 산업적·재무적 지혜 역시 자신의 영적인 힘을 이용하는 습관에서 비롯되었다는 사실을 알면 깜짝 놀랄 것이다. 포드는 자신의 영적인 믿음을 결코 드러내거나 광고한 적이 없지만, 자신의 부와 위대한 업적이 영적인 힘을 알고 이용한 덕분임을 스스로 잘 알고 있었다. 건물 꼭대기에 올라가 신이 자신의 편이니 승리할 수밖에 없다고 외치는 유럽의 독재자들과 달리, 포드는 자신의 사업에 대해 말을 아꼈고 모든 목표와 목적을 자기 영혼에 있는 무한한 지성의 저장소로 조용히 보냈다. 이런 태도를 통해 그는 자신을 무너뜨리려 한 자들의 거센 반대에도 끊임없이 앞으로 나아갔다.

앤드루 카네기는 이렇게 말했다.

"자신의 목표를 영적인 힘으로 강화하는 사람을 경계해야 합니다. 중간 지점에서 당신을 위협하고, 결승선에서 당신을 앞지를 것이기 때문입니다."

카네기는 30여 년 전에 미래를 내다보면서 포드가 자동차 산업을 좌지우지할 변수가 될 것이라 예언했다. 그는 포드가 영적인 자산을 인식하고 이용할 줄 안다는 사실을 알았던 것이다.

얼마 전 부와 성공에 관한 원칙들을 정리해 한 권으로 담은 책 『생각하라 그리고 부자가 되어라』에 대한 주문이 미국의 여러 서점들로부터 쇄도했다. 주문과 함께 특송으로 신속하게 이 책을 보내달라는 요청이 쏟아졌다. 책의 저자도 출판사도 이 책의 판매가 갑자기 왜 이렇게 폭발적으로 증가했는지 알지 못했다.

몇 주가 지나고 미국 아이오와주에 사는 생명보험 설계사 에드워드 체이스Edward P. Chase에게서 편지를 받았는데, 다음과 같은 내용이 적혀 있었다.

"『생각하라 그리고 부자가 되어라』를 읽고 감사를 전하고 싶어서 편지를 씁니다. 저는 그 책의 조언을 글자 그대로 따랐습니다. 그 결과 저는 보험 판매에 관한 아이디어를 얻었고, 200만 달러에 달하는 보험을 판매하게 되었습니다. 이 판매 기록은 이 지역에서 달성한 매출 중 가장 큰 규모의 매출입니다."

체이스의 편지에서 핵심 문장은 "그 책의 조언을 글자 그대로 따랐습니다"이다. 체이스는 책의 내용을 금전으로 전환해 보통의 보험 설계사라면 4년에 걸쳐 피땀 흘려 이루어낼 것보다 더 큰 매출을 달성했다. 어떻게 가능했을까?

우선 그 책은 말 그대로 영적인 자극으로 가득 차 있다. 체이스는 열린 마음으로 책을 읽었고 "그 책의 조언을 글자 그대로 따랐다"라고 말했다. 그리고 200만 달러에 달하는 보험을 판매하러 나설 때 저항할 수 없는 믿음의 힘이 뒷받침된 명확한 핵심 목표를 품었다. 그는 다른 사람들처럼 책을 그냥 읽기만 한 것이 아니다. 또한 책에서 설명한 원칙이 통하지 않을 수도 있다며 냉소적인 태도를 보이지 않았다. 열린 마음으로 읽고 그 책이 설명한 영적인 힘을 그대로 인식했다. 그리고 그 힘들을 보험을 판매할 때 바로 적용한 것이다.

책을 읽으며 체이스의 마음은 책에 담긴 마음과 닿았다. 그 덕분에 그의 마음이 아주 명확하고 강력하게 활발해져서 그의 아이디어가 탄생했다. 그 아이디어는 체이스가 판매해 본 보험 중 금액이 가장 큰 보험을 판매하는 것이었다. 보험 판매는 곧 그의 명확한 핵심 목표가 되었다. 그는 지체 없이 그 목표를 향해 움직였다!

그 결과 그는 목표를 달성했다. 200만 달러짜리 보험을 판매했지만 1000달러짜리 보험을 판매할 때보다 더 많은 시간이나 노력이 필요하지 않았다. 카네기가 아주 적절하게 표현한 대로, 영적인 힘으로 동기가 부여된 사람은 생명보험을 팔든 배수로를 파든 중간 지점에서 당신을 위협하고 결승선에서 당신을 앞지른다. 영적인 힘에 익숙해지고 그 힘을 믿으며 문제를 해결하는 수단으로 사용하는 사람에게 실패는 없다.

ᛌ 명확한 핵심 목표를 달성하는 공식

앤드루 카네기는 이렇게 말했다.

"어떤 사람에게는 아는 것이 너무 많다는 것이 큰 약점이다! 그중에는 쓸모없는 것이 너무 많다."

어떤 사람들은 영적인 힘에 익숙하지 않아서 자신의 추론 능력과 지혜에만 의지한다. 그러나 위대한 사람들은 항상 열린 마음과 겸손을 잃지 않으려 노력한다. 오만한 이기주의자는 무한한 지성에 가까이 다가가지 못한다. 무한한 지성의 도움이 없으면 성취는 미미할 수밖에 없다.

이 책을 대충 읽으면 책에 담긴 지식의 혜택을 백분 누리지 못한다.

이 책에는 종이에 인쇄된 활자 이상의 무언가가 있다. 그 무언가는 명확한 핵심 목표를 가진 열린 마음으로 성공한 인물들의 정신을 이해하고 따라잡겠다는 결심을 품은 독자만이 발견할 수 있다. 성공한 인물들이 남긴 성공철학은 이 책 전반에서 찾아볼 수 있다.

비전은 가치가 매우 높은 자산이다. 하지만 수동적인 비전은 쓸모없는 백일몽만 낳는다. 카네기는 명확한 핵심 목표라는 원칙을 학생들도 이해할 수 있는 쉬운 말로 설명했다. 그러나 개인의 영적인 힘을 적용해서 생명과 실천을 부여하지 않는 한 명확한 핵심 목표는 수동적인 비전에 불과하며, 성공을 향한 여정의 출발점일 뿐이다.

목표를 수동적인 범주에서 빼내어 영적인 힘과 결합시켜 실천 가능하게 만들어라! 핵심 목표를 실현하려면 강박적으로 좇아야 한다. 바람직한 목표를 달성할 수 있는 확실한 공식이 있다. 그 공식은 다음과 같다.

명확한 핵심 목표를 그에 상응하는 물질로 전환하는 공식

• 인생의 명확한 핵심 목표를 전부 문장으로 명확하게 적고 서명하라. 그것을 마음에 새기고 하루에 최소 한 번 이상 소리 내어 읽어라. 마치 간절한 기도인 양 읊어야 한다. 그리고 핵심 목표를 이룰 수 있다고 아주 단호하게 믿음으로써 이미 그것을 손에 넣은 모습을 떠올릴 수 있어야 한다.

• 다음 페이지에 명확한 핵심 목표를 달성하기 위한 계획을 전부 정확하게 적는다. 모든 계획을 충분히 융통성 있게 세워 언제라도 바

꾸고 싶은 '내적 충동'을 느낄 때마다 변경하거나 더 나은 계획으로 대체할 수 있어야 한다.

명심하라. 명확한 핵심 목표를 정확하게 적고 매일 반복하여 읊는 이유는 이를 잠재의식 속에 각인시킨 후 무한한 지성이 받아들여 실행으로 옮기게 하기 위해서다. 무한한 지성은 당신의 목표를 그에 상응하는 물질로 전환시키기 위한 계획을 스스로 발견할 수 있음을 기억하라.

그러므로 계획을 변경하라는 신호를 놓치지 않기 위해 항상 깨어 있어라. 그 신호는 아마도 당신이 전혀 예상치 못한 순간에 갑자기 떠오르는 아이디어나 '직감'의 모습으로 당신에게 찾아올 것이다. 이런 부름이 오면 주저하지 말고 즉각 반응하고 계획을 변경하라.

- 핵심 목표를 적을 때 그 실현 시점을 명확한 기한으로 밝힌다. 인간의 법이 그러하듯 자연법칙에서도 시간은 절대적으로 중요하다. 법적 계약은 계약 조건을 반드시 이행해야 하는 합리적인 기한을 담고 있어야 한다.

무한한 지성과의 계약에서도 마찬가지다. 명확한 핵심 목표의 대상을 획득하는 데 어떠한 기한도 없다면, 무한한 지성은 마음대로 기한을 정할 수 있다. 무한한 지성에게는 시간이 아주 많다. 당신이 핵심 목표를 달성할 기한을 스스로 설정하지 않으면 무한한 지성은 제때 목표 달성에 착수하지 않기 때문에 당신에게 아무런 득이 생기지 않을 수 있다.

- 글로 적은 명확한 핵심 목표를 소리 내어 반복해서 읽는 동안 마음가짐을 통제한다. 완전히 혼자 있을 때 이 심오한 의식을 시작한다. 또 마음에서 두려움, 의심, 걱정을 깨끗이 몰아내고 나서 읽기 시작한다. 무한한 지성은 당신이 열망과 요구를 제시할 때 보이는 마음가짐에 따라 움직일 것이다. 이것의 중요성을 제대로 이해하고 성실하게 실천하는 습관을 들인다면, 조만간 당신의 영적 자산이 있는 보유고의 문을 마음대로 여는 열쇠를 갖게 될 것이다.

명확한 핵심 목표가 다루어야 할 주제가 무엇인지 혼란스러울 수 있다. 명확한 핵심 목표를 적을 때 다음의 가이드를 참고하자.

명확한 핵심 목표를 글로 적을 때 포함해야 하는 것

첫 번째 단락: 핵심 목표를 실현하기 위해 설정한 기한 내에 이루길 바라는 성취의 내용을 정확하게 적는다.

두 번째 단락: 요구하는 보상의 대가로 제공해야 하는 서비스의 정확한 양과 질을 명확하고 확실하게 설명해야 한다. 여기에는 어떠한 환상도 없어야 한다. 무한한 지성은 거저 얻으려는 사람에게 어떠한 보상도 하지 않으며, 자신이 대가로 제공하는 것보다 많은 것을 기대하고 요구하는 사람에게 호의를 베풀지 않는다. 사람들끼리는 서로 속일 수 있지만 **무한한 지성을 속일 수 있는 사람은 없다.**

세 번째 단락: 당신이 요구하는 돈을 얻는 대가로 서비스를 제공할 의사가 있다는 마음가짐을 나타내야 한다. 당신이 제공하는 서비스에 어떤 식으로든 영향을 받는 사람을 항상 조화로운 정신으로 대하겠다고 명시해야 한다.

명심하라. 이 지시를 수행하는 동안 당신이 서비스를 제공하는 사람들은 당신의 마음가짐과 행동 양식에 영향을 받는다. 무한한 지성이 당신의 '마음 상태'를 알아채는 것처럼 그들도 당신의 마음 상태를 알고 똑같이 당신을 대할 것이다. 다시 말하지만 이 지시의 심오한 중요성을 놓치지 마라. 만일 이를 간과하는 실수를 저지른다면 당신의 모든 노력이 수포로 돌아갈 수 있다.

네 번째 단락: 국민으로서 의무를 이행할 때 당신이 맡고 싶은 역할을 명확하게 기술한다. 미국인이라면 미국의 생활 시스템을 영속화하고 지지하는 데 가치 있는 기여를 하지 않고서는 아메리카니즘이 주는 모든 특권을 향유할 권리가 없다. 여기서 당신의 다짐은 당신의 성격을 정확하게 보여주는 척도가 될 것이다.

넉넉한 마음으로 나라를 위해 맡고 싶은 책임을 정하라. 그때의 마음가짐은 가까운 사람들에게 갖는 마음가짐뿐만 아니라 부나 다른 성취를 얻는 대가로 서비스를 제공하는 사람들에게 갖는 마음가짐을 놀라울 정도로 많이 반영한다. 타인의 존경을 받고 호감을 얻는 것은 당신과 명확한 핵심 목표 사이에 있는 장애물을 대부분 제거한다. 그러므로 긴밀한 사이가 된 이들과의 관계를 개선해야 한다.

다섯 번째 단락: 영적인 힘을 계발하고 사용하기 위해 채택하려는 방법과 수단을 명확하게 기술한다. 당신이 바라는 어떤 방법이라도 포함될 수 있지만, 영적인 자산을 더 넓고 긍정적으로 사용하기 위한 명확한 종교적인 습관을 반드시 가져야 한다.

예를 들어 교회를 다닌다면 영적인 조언자들과의 관계를 강화하고 개선해야 한다. 교회를 다니지 않고 어떠한 종교적인 배움도 받지 않았다면, 그런 종교적 관계를 맺어야 한다. 종교 활동은 누구에게나 필요한 영적인 자극이 있는 분위기를 제공해 줄 수 있다. 하지만 여느 인간관계와 마찬가지로 내가 준 만큼 받게 되어 있다. 종교 활동을 통해 얼마만큼 혜택을 입느냐는 종교 활동에 당신이 얼마만큼 참여하느냐에 달렸다.

여섯 번째 단락: 투표권이 있는 모든 선거에서 투표할 권리와 의무를 행사하겠다고 다짐하라. 신뢰할 만하고 정직한 공직자를 선택하는 과정에 참여하지 않고서는 좋은 국민이 될 수 없다. 아메리카니즘의 정신이 모든 국민의 선을 위해 자유롭고 민주적인 힘으로 남아 있으려면 모든 국민은 투표를 통해 공직에 정직한 사람을 앉혀야 한다.

일곱 번째 단락: 가족과의 관계를 개선하려는 마음가짐을 명확하고 확실하게 기술하라. 특히 배우자와 적절한 관계를 맺는 것은 용기를 내는 데 큰 도움이 될 것이다. 배우자는 당신의 마스터 마인드에서 가장 중요한 구성원이 되어야 한다. 배우자가 당신의 목표에 전적으

로 동조하지 않으면 도움이 되기보다 해가 될 것이다. 시대를 막론하고 위대한 사람들은 배우자의 조화로운 조력을 받았다. 남편과 아내의 마음이 지속적인 조화를 이루고 하나의 목표를 바라보면 어떠한 장애물도 이겨낼 수 있다.

여덟 번째 단락: 아무리 욕하고 싶어도 다른 사람을 욕하거나 비방하지 않겠다고 다짐하라. 개인의 영적인 발전에 가십거리와 뒷말, 그리고 타인에 대한 비방보다 더 치명적인 것은 없다. 성공한 사람들에겐 이런 천박한 습관이 없다. 욕과 비방은 자신의 영혼에 대한 모욕이자 무한한 지성에 대한 치명적인 타격이다.

이제 아메리카니즘의 정신에 기여한 유명 인사들을 간략히 소개하려 한다. 이들이 달성한 성취의 기록을 보면 명확한 핵심 목표라는 원칙을 이해하고 적용했음을 분명히 알 수 있다. 명확한 핵심 목표가 없었다면 그들은 여기에 등장하지 못했을 것이다.

명확한 핵심 목표라는 원칙으로 미국을 만드는 데 일조한 인물들

헨리 포드: 미국 최고의 기업인으로, 성취 철학의 원칙들에서 대부분 아주 높은 점수를 받았지만 명확한 핵심 목표를 가지고 움직이는 습관이야말로 그의 가장 두드러진 특징으로 꼽을 수 있다. 이 원칙이 그의 자동차 산업의 우수성과 재산 형성에 더 많이 기여했음을 알 수 있다.

포드는 엔지니어들이 자동차 제작을 간소화하도록 허락했지만 사업 정책만큼은 양보하지 않았다. 기업인으로 커리어를 막 시작한 시점부터 저가에도 믿을 만한 품질의 자동차를 제작하고 판매하는 것을 명확한 핵심 목표로 삼았다. 40년 동안의 성공 기록으로 볼 때, 아무도 이 목표의 건전성에 의문을 제기하지 않을 것이다.

포드가 자동차 사업을 시작한 이래로 지금은 이름조차 잘 떠오르지 않는 200여 명이 자동차 제작업에 뛰어들었다가 떠나갔다. 이들 가운데 다수가 포드보다 가방끈이 길며, 거의 모두가 포드보다 더 많은 운영 자본을 가지고 사업을 시작했다. 하지만 그들에게 없었던 것은 그리고 운영 자본보다 더 필요했던 것은 바로 명확한 핵심 목표라는 원칙이었다.

토머스 에디슨: 명확한 핵심 목표로 작용하는 마음을 가졌기 때문에 위대한 사람이 되었다. 에디슨이 백열전구의 작동 원리를 찾기 위해 1만 번의 실패를 거듭했듯이, 1만 번의 실패에도 한 가지 일에 매달리는 사람이 있다면 누구라도 '위대하다'라는 형용사로 묘사될 수밖에 없다. 평범한 사람들은 일반적으로 한두 번의 실패 후에 낙담하고 포기하며, 어떤 사람들은 심지어 실패가 실제로 벌어지기도 전에 체념한다. 그리고 그것에 정면으로 맞닥뜨리기보다 덮기에 급급하다.

월터 크라이슬러 Walter Chrysler: 그는 있는 돈을 탈탈 털어 자동차를 산 뒤 집으로 몰고 가서 분해했다. 모든 나사와 볼트를 해체하고, 피스

톤과 크랭크샤프트를 빼내고, 밸브와 타이밍 기어를 제거했다. 그러고 나서 모든 부품을 다시 조립하기 시작했다. 이 과정을 여러 차례 거듭했고, 결국 친지들은 그가 미쳤다고 생각했다.

하지만 크라이슬러는 자신이 무엇을 하려는지 알고 있었다! 그는 그의 명확한 핵심 목표로 자동차 제작을 선택한 것이었다. 그렇기 때문에 크라이슬러는 사업을 시작하기 전에 자동차 제작의 기계적인 측면을 모두 알고 싶었다. 하지만 이보다 더 중요하게 자신의 마음을 자동차에 몰두하게 만들고 싶었다. 마침내 계획을 실행에 옮겨 자동차 생산을 시작하자 그는 금세 명예와 부를 거머쥐었고, 업계에서 유명한 성공 사례가 되었다.

러셀 콘웰 Russell Conwell: 그는 아주 오래전부터 미국에 대학교를 설립하고 싶어 했다. 그러나 그에게는 대학교를 세울 만한 돈이 없었다. 더군다나 그는 통상적인 상업 경로를 통해 다른 사람들로부터 자금을 구하려면 어디에 부탁해야 하는지도 몰랐기 때문에 결국 내적 자기에 의지할 수밖에 없었다.

내적 자기 안에서 그는 자신의 마음에 스스로 영향을 주었고, 그 결과 필요한 돈과 맞바꿀 아이디어를 떠올렸다. 그 아이디어는 아주 강력한 '직감'으로 와서 그가 자다가 벌떡 일어날 정도였다. 아이디어 자체는 간단했다. 그가 하고 싶은 강연을 준비하는 것이었다. 그는 '다이아몬드 밭Acres of Diamonds'이라는 제목의 강연을 열었다. 콘웰은 이 강연을 수천 번 했고, 평생 400만 달러가 넘는 돈을 벌었다. 이 강연은 나중에 책으로 출판되었고, 오랫동안 베스트셀러가 되어 지금도 출판되고 있다.

그 책을 읽어보면 그의 강연은 기초적이고 단순해 보이지만, 글 속에 위대한 열정가인 저자의 영적인 힘이 온전히 담겨 있다. 바로 이 영적인 요소 때문에 강연을 들은 사람들의 마음속에 그의 메시지가 파고든 것이다.

프랭크 건솔러스 Frank Gunsaulus: 젊은 목사로, 그 또한 미국에 대학교를 설립하고 싶었다. 자금도 없고 돈을 융통하는 데 다리를 놓아줄 영향력 있는 친구도 없었기에 그는 콘웰처럼 내적 자기에 의지했다. 100만 달러에 달하는 거액이 필요했는데, 젊은 무명의 목사가 홀로 조달하기에는 너무 큰 돈이었다. 하지만 신이 신비스러운 방식으로 놀라움을 행하셨다.

목사였던 건솔러스는 100만 달러를 아주 간절히 원했기에 결국 그 돈을 구하고야 말겠다고 결심했다. 명확한 핵심 목표에 토대를 둔 아이디어 하나로 시작한 그는 서재에 앉아 필요한 돈을 손에 넣을 방법과 수단에 대해 골똘히 생각하기 시작했다. 세 시간 넘게 잠시도 딴생각을 하지 않고 오직 이 주제만 생각했다.

그는 잠재의식에 무한한 지성의 저장소로 이 문제를 투사하라고 요구했다. 그는 무한한 지성의 저장소에는 돈이나 인간이 바라거나 필요로 하는 다른 모든 것을 가져다줄 힘이 언제나 풍족하며, 무한한 지성이 필요한 돈을 얻게 해줄 계획을 알려주리라는 것을 알았다. 그

의 단련된 마음은 빠르고 정확하게 그를 위해 움직였다. 단련된 마음
은 항상 이런 식으로 작용한다.

몇 시간이 지나지 않아 건솔러스는 답을 얻었다. 그의 표현에 따르면
답은 난데없이 그의 마음에 떠올랐다. '나는 100만 달러로 무엇을 하
려는가?'라는 제목으로 설교를 하는 것이었다. 그는 지역 신문들을
통해 이 주제에 관한 설교를 다음 일요일에 하겠다고 발표했다. 지금
은 고인이 되었지만 당시 이 광고문을 본 육가공업계의 큰손인 필립
아머 Philip D. Armour가 호기심에 이 설교를 들으러 갔다(건솔러스는 이
신기한 현상을 천우신조 天佑神助로 보았다).

건솔러스가 설교를 마치자 아머가 자리에서 일어나 연단으로 서서히
걸어가더니 놀랍게도 손을 내밀어 젊은 목사와 악수했다. 그러고 나
서 "목사님의 설교에 크게 감명받았습니다. 내일 아침에 제 사무실
로 오시면, 원하시는 100만 달러짜리 수표를 써드리겠습니다"라고
말했다. 그는 약속대로 자금을 제공했고, 건솔러스는 그 돈으로 미국
중서부 지역의 명문 대학교인 아머공과대학교(지금의 일리노이공과
대학교)를 설립했다.

건솔러스는 자신의 간절함에 대한 답을 얻기 위해 영적인 자산을 어
떻게 이용했는지 말했다.

"설교를 위해 연단에 서기 전, 저는 욕실로 가서 불을 끄고 무릎을 꿇
고서 설교로 100만 달러를 구할 수 있게 해달라고 한 시간 동안 기도
했습니다. 저는 어디에서 그 돈을 구할 수 있는지 신께 묻지 않았습니
다. 그저 돈을 구할 수 있는 확실한 곳으로 저를 인도해 달라고 청

했습니다. 연단으로 걸어갈 때, 거대한 확신을 온몸으로 느꼈습니다. 그러고 나서 이미 그 돈을 손에 넣었다는 느낌을 받았습니다."

이후 건솔러스와 아머 사이에 주고받은 쪽지들을 대조해 보면 아주 놀라운 사실을 알 수 있다. 건솔러스가 기도를 하려고 욕실로 들어간 바로 그때, 아머가 그의 설교에 대한 신문 광고를 읽고 있었던 것이다. 그리고 아머가 그의 설교를 들으러 가기로 결심한 시점에 건솔러스는 기도하는 중이었다.

"묘한 느낌이 저를 덮쳤습니다."

아머는 그때를 이렇게 말했다.

"그 기묘한 느낌에 강하게 이끌려 자리에서 일어나 설교를 들으러 갔습니다."

이와 같은 경험은 무언가 심오한 인상을 남긴다. 등장인물들을 직접 알고 그들의 증언을 믿을 만한 이유가 충분할 때 특히 그러하다. 실제로 인간이 필요한 것을 여기저기서 구해보지만 결국 구할 수 있는 곳에 닿을 진짜 방법은 인간이 자유자재로 통제할 수 있는 자기 마음의 힘뿐이라는 것이 이상하지 않은가? 여기에 모든 부의 원천과 모든 열망에 대한 답과 모든 문제에 대한 해법이 있으나, 우리는 대개 다른 곳에서 필요한 것을 구하려고 애쓰다가 실망해서 영적인 힘을 거의 소진한 뒤 최후의 보루로서 이 원천에 의지한다.

크누트 함순 Knut Hamsun: 이 노르웨이 청년은 20년 동안 세계 도처를 다니며 머물 곳을 찾았다. 직업적으로 성공하고 싶었지만 하는 일마다 '실패'했다. 여기저기를 떠돌며 천한 일을 하던 그는 드디어 전차 운전사라는 일자리를 얻었다. 하지만 한두 주 만에 즉시 해고되고 말았다. 그를 해고한 사람은 그에게 승객들이 내는 요금도 제대로 받지 못할 만큼 머리가 나쁘다고 말했다. 이 말에 함순은 발끈했고, 가난으로부터 해방시켜 줄 무언가를 하기로 결심했다.

그는 보도에 앉아서 몇 시간 동안 명상했다. 처음에는 무의식적으로 명확한 핵심 목표라는 원칙을 적용하기 시작했다. 그는 세계 최고의 실패자였지만, 그런 '특징'을 즐기는 사람의 감정을 묘사하는 책을 쓰기로 했다. 그 책이 『굶주림』이라는 책이다. 그리고 그는 얼마 되지 않아 『땅의 혜택』이라는 대작까지 발표했다. 그는 문학에서 거둔 성공의 대가로 노벨문학상을 수상하며 2만 5000달러에 달하는 상금을 받았다.

그 후 그는 사랑하는 조국 노르웨이로 가서 은퇴했으나 전 세계 출판사들이 끊임없이 그의 문을 두드렸다. 함순 역시 다른 모든 방법이 실패하자 내적 자기에 의지했고, 그곳에서 자신이 소유한지도 몰랐던 풍요로운 금광을 발견한 것이다.

마일로 존스 Milo C. Jones: 존스는 마비를 앓아 몸의 근육을 움직일 수 없었다. 아프기 전에 그는 근근이 먹고사는 농부였다. 그러다 '불운'이 덮치자 더 이상 농장에서 일할 수 없었다. 그러자 정말 절실한 필요에 의해 내적 자기에 의지했고, 자기 자신의 마음을 발견하여 그것을 사용하기 시작했다.

존스는 침대에서 천장만 바라보고 누워 있었지만 가족에게 마비가 된 후 '직감'으로 떠오른 아이디어를 실행하게 했다. 그 아이디어는 퍽 난순했다. 곡물과 돼지를 키워 소시지를 만드는 것이었다. 그는 제품에 '리틀피그소시지'라는 이름을 붙였다. 그는 사망하기 전까지 100만 달러가 넘는 재산을 축적했고, 미국 전역에 제품을 판매하는 사업체를 설립했다.

병이나 실패를 통해 어쩔 수 없는 처지가 되고 나서야 비로소 자기 마음의 힘을 발견하다니 얼마나 이상한가? 가장 큰 절망을 겪을 때, 존스는 그의 '영혼의 자산'을 발견했다. 그것밖에 달리 이용할 것이 없었기 때문에 그 자산을 이용했다.

그는 내게 아프기 전에는 필요한 것을 얻기 위해 자기 마음에 의지해야겠다는 생각이 전혀 떠오르지 않았다고 했다. 그는 하루에 고작 몇 달러를 벌어다 주는 손과 다리에 의지했고, 그의 영적 자산이 가진 풍요로움은 전혀 알아보지 못했다.

제임스 힐: 명확한 핵심 목표를 가지고 그레이트노던 철도 회사를 건설해서 거대한 성공을 거두었다. 철저한 계획으로 전신 기사라는 아주 낮은 지위에서 시작하여 철로 시스템을 경영하는 자리까지 올랐지만, 퍼스널 파워를 얻기 위해 한순간도 운에 의지하지 않았다.

토머스 페인 Thomas Paine: 그의 작품을 읽다가 나는 다음과 같은 매우 의미 있는 문장을 발견했다. "내가 가진 아주 유용한 지식 대부분은 깊은 명상과 생각을 한 뒤에 갑자기 떠올랐다."

이는 미국 독립혁명이 시작되는 데 크게 기여했다고 칭송받는 인물의 증언이기도 하다.

엘머 게이츠: 나는 카네기와 힘을 합쳐 개인의 성취에 관한 철학을 정립하면서, 저명한 과학자인 게이츠 박사 밑에서 3년 반 동안 연구하는 아주 값진 기회를 얻었다. 나는 게이츠 박사의 가까운 지인들을 통해 그가 유용한 발명품들로 얻은 특허 대부분이 명확한 핵심 목표라는 원칙을 통해 얻은 것임을 알게 되었다.

게이츠 박사는 다음과 같은 방법으로 이러한 발견(일부는 기초적이다)을 했다. 이것은 위대한 과학자가 채택한 방법을 거짓 없이 묘사한 것이다. 또한 이 과정은 명확한 핵심 목표를 바탕으로 정신을 집중해서 이루어졌다.

그는 어두운 방에 홀로 앉아 작업 중인 발명품들에 대해 온 정신을 집중했다. 그리고 그의 마음이 새로운 정보를 보내기 시작할 때까지 기다렸다. 그러고 나서 불을 켜고 마음에 떠오른 것들을 적었다. 그는 이런 방식으로 미국 최대 기업들을 위한 아이디어를 기다리며 '앉아서' 돈을 벌었는데, 기업들은 바라던 결과를 얻든 못 얻든 시간당 상당한 금액을 그에게 지불했다.

자신이 무엇을 원하는지 정확히 알고 몹시 갈망하면 원하는 것은 무엇이든 얻을 수 있다는 말이 있다. 황당한 주장처럼 들릴지 모르지만, 마음의 힘을 관찰해 보면 맞는 말처럼 보인다.

책을 쓰든 설교를 하든 자동차를 제작하든 영적인 자산의 힘을 자유롭게 이용하고 일을 통해 무엇을 달성하길 원하는지 정확하게 안다면 훌륭한 결과물을 내놓을 가능성이 크다. 열의가 없이 애쓰면 완성도가 떨어지는 결과물 외에 아무것도 얻지 못한다. 일할 때 갖는 마음가짐은 결과물의 완성도를 결정짓는 변수다. 그것이 바로 인간이 가장 좋아하는 일을 할 때 최선을 다하는 이유다.

자기가 어디로 가는지 정확히 알고 그곳에 도달하려는 결심이 단호하다는 것을 행동으로 보여주는 사람을 보면 사람들은 한쪽으로 비켜서서 자리를 내어준다. 이것은 진실이다. 직접 시험해 보라. 사람이 붐비는 거리에서 어디로 가야 하는지 모르는 듯이 멍한 얼굴로 천천히 걸어가며 사람들이 얼마나 무례하게 당신을 옆으로 밀치는지 보라. 그다음에는 반대로 해보라. 빠른 걸음으로 정면을 응시하며 단호한 표정을 짓고 걸으면서 사람들이 당신이 지나갈 수 있도록 얼마나 빨리 길을 터주는지 보라. 분명한 목적지로 향하면서 사람들이 길을 터줄 거라고 확신하는 몸짓을 보이는 사람에게 군중은 자리를 내어준다.

자신의 명확한 핵심 목표를 표정과 행동으로 드러내는 사람에게 자리를 내어주는 것은 붐비는 거리에서만이 아니다. 영업직에 종사하는 사람이라면 자신의 마음가짐이 매출을 올리는 데 아주 강력한 요인이라는 것을 안다. 확신 없는 마음으로 잠재 고객에게 다가서는 영업 사원은 어떤 식으로든 그런 마음을 고객에게 투사하게 된다. 그 마음을 알아챈 고객은 그것을 토대로 판단하여 구매나 가입을 거절한다.

반면 자신이 무엇을 원하는지 정확히 알아 그것을 얻고야 말겠다고 결심한 영업 사원은 대중에게 무가치한 종이 쪼가리를 판 대가로 해마다 수백만 달러를 벌어들인다. 자기 확신도 결단력도 별로 없다면 확실한 장점과 가치가 있는 물건을 팔고 있어도 빈손으로 귀가한다.

어떻게 혹은 어떤 목적으로 사용하든 명확한 핵심 목표는 불가항력이다.

아는 만큼 실천하라

모든 성공의 비결은 자기 마음에 있다는 것을 깨닫지 못한 채 인생의 많은 시간을 아이디어나 계획을 찾느라 허비한다는 것은 얼마나 슬픈 일인가! (하지만 진실이다!) 이 무한한 힘의 원천을 잘 이용하기 위해서는 자기 마음의 주인이 되어야 한다.

우리에게 지금 필요한 것은 물질적인 것이 아니다. 우리에게는 다른 곳에 존재하지 않는 자유가 있다. 아직 개발되지 않았으나 상상할 수 있는 모든 종류의 부가 있다. 마음만 먹으면 문명의 역사를 통틀어 인류가 얻은 모든 값진 지식을 얻을 수 있는 훌륭한 교육 기관과 도서관도 있다. 어떤 직업을 선택하든 진취성을 발휘할 수 있는 훌륭한 산업 시스템이 도처에 있다. 신앙의 무한한 힘과 완전한 자유를 제공하는 종교적 배경도 있다.

요컨대 우리에게는 우리 마음의 힘에 대한 명확한 이해를 제외한 모든 것이 있다. 이러한 이해가 부족한 사람에게는 안타깝지만, 이것이 바로 우리에게 가장 필요한 것이다. 그리고 역설적으로 들릴지도 모르지만, 마음의 힘을 이용하려는 노력만 있으면 이 문제는 해결할 수 있다.

이 장을 읽고 무언가를 얻을 책임은 이제 당신에게 있다! 이 책에서 설명하는 원칙들을 이용하고 그로부터 무언가를 얻을 것인가 못 얻을 것인가는 긍정적이고 역동적이며 영감을 주는 아홉 개의 단어로 깔끔하게 정리된다. 그건 바로 명확성, 의사결정, 결단력, 인내력, 용기, 희망, 믿음, 진취성, 반복이다.

글로 적은 당신의 명확한 핵심 목표를 거듭해서 소리 내어 읽어라. 인생의 핵심 목표를 강박적인 대상으로 삼아라. 하루를 보내며 시간이 날 때마다 그것에 대해 생각하라. 매일 아무리 하찮은 일일지언정 목표 실현에 조금이라도 다가가는 무언가를 하라.

명확한 핵심 목표를 단순히 거듭해서 읽는 것만으로는 사실 부족하다. 말에 실천이 뒷받침되지 않으면 아무리 되풀이해 읽는다 해도 아무것도 얻지 못할 수 있다. 실천의 중요성은 아무리 강조해도 지나치지 않다. 인생에서 중요한 것은 아는 것이 아니라 실천이다.

핵심 목표를 실현하는 데 필요한 적절한 도구나 운영 자본 혹은 인맥이 없다면 일단 자신의 자리에서 일하라. 놀랍게도 이해할 수 없는 신비로운 방식으로 더 나은 도구를 손에 넣을 방법을 깨닫게 될 것이다.

무언가를 하기 위해 철저하게 준비된 사람은 없다. 항상 무언가 빠뜨렸거나 적당한 때가 아닌 것처럼 보이게 마련이다. 그러나 성공한 사람들은 완벽한 때가 되기를 기다리지 않는다. 어느 시점과 상황에 있든 일단 시작한다. 모퉁이를 돌면 장애물과 마주치지 않을까 마음 졸이지 않고 과감하게 모퉁이를 돈다. 시작하기 전에 필요한 모든 장비가 다 갖추어지길 기다리는 사람은 결코 성공을 맛볼 수 없다. 누구든 처음부터 장비를 완벽하게 갖추기는 어렵기 때문이다.

영국 역사에서 위대한 수상 중 한 명으로 꼽히는 벤저민 디즈레일리 Benjamin Disraeli에게 그를 무너뜨리려는 강력한 적들을 상대로 어떻게 승리를 거두었는지 묻자 이렇게 답했다.

"성공의 비결은 목표를 흔들림 없이 꾸준히 추구하는 것입니다."

명확한 핵심 목표에 관한 이 장을 마무리하기에 안성맞춤인 말이다.

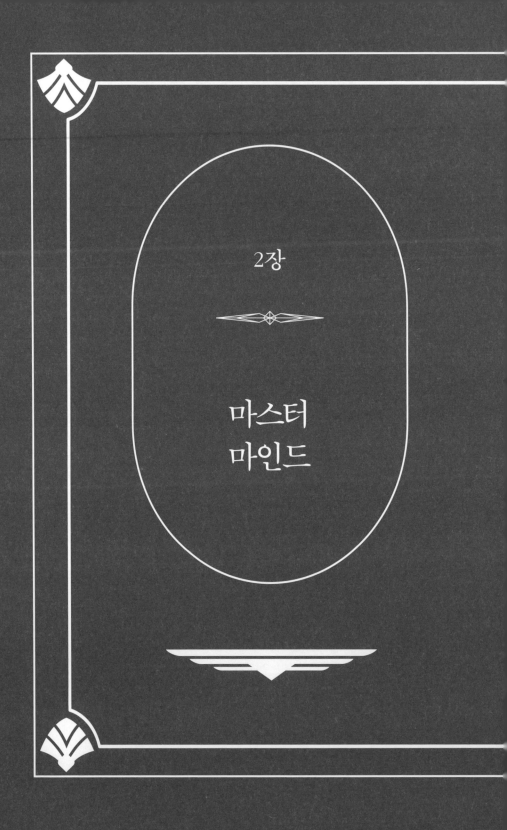

2장

마스터
마인드

협력을
이끌어내는 사람이
가장 강하다

The Path to

PERSONAL POWER

마스터 마인드 원칙은 모든 퍼스널 파워의 근간으로, 어떤 분야의 성공에서든 두드러진 비중을 차지한다. 재계 및 산업계의 많은 분야에서 성공을 거둔 500여 명의 인사를 분석해 보니 이 원칙이야말로 그들이 이룬 성공의 초석이라는 사실이 밝혀졌다.

마스터 마인드 원칙은 앤드루 카네기가 아주 적절하게 설명한 대로 한 개인이 타인의 교육과 경험, 영향력을 빌려오는 수단이다. 그렇기 때문에 성공 원칙들 가운데 가장 핵심이다. 토머스 에디슨은 이 원칙을 적용해서 보통교육조차 제대로 받지 못한 핸디캡을 극복하고 미국에서 가장 위대한 발명가가 되었다. 헨리 포드도 미국을 비롯한 세계 곳곳에 자신의 산업 제국을 세우는 데 이 원칙을 활용했다.

카네기는 성공 원칙들 가운데 단 하나만 선택해야 하고 그 하나의 원칙에 성패가 달려 있다면 단 1초의 망설임도 없이 마스터 마인드를 택할 것이라고 말했다. 성공한 인물의 기록을 분석해 보면 많은 이들이 주로 마스터 마인드와 명확한 핵심 목표라는 두 원칙을 토대로 성취를 이루었음을 분명히 알 수 있다. 1장에서 보았듯이 명확한 핵심 목표를 정하지 않으면 평범함을 뛰어넘기란 힘들다. 목표를 설정했다면 마스터 마인드 원칙의 도움을 받아 타인의 지성을 활용하여 그 핵심 목표를 달성할수 있다.

마스터 마인드는 '명확한 핵심 목표를 달성하기 위해 완벽한 조화정신으로 함께 일하고 협력하는 사람들 사이의 연대'라고 정의할 수 있다. 이 원칙은 어떤 특별한 목표를 달성하기 위해 조화를 이루며 노력하는 둘 이상의 사람으로 구성된다. 혹은 달성해야 할 목표의 성격에 따라몇 명이 될 수도 있다.

이제부터 마스터 마인드 원칙에 대한 카네기의 분석을 따라가 보자. 그가 '조화'라는 단어를 강조한 것에 주목하면 강의를 이해하는 데 도움이 된다. 이 주제에 대한 카네기의 설명을 읽는 동안 그 이유가 분명해질것이다. 이제 당신을 위대한 철강왕의 서재로 안내하겠다. 지금부터 당신은 그곳에 앉아 카네기의 뛰어난 업적에 크게 기여한 원칙에 대한 설명을 아주 생생하게 듣게 될 것이다.

진정한 성공은
마음이 만든다

앤드루 카네기(이하 카네기): 명확한 핵심 목표는 첫 번째 성공 원칙입니다. 두 번째 원칙은 마스터 마인드입니다. 먼저 자신이 무엇을 원하는지 결정하지 않고서 성공을 바랄 수는 없습니다. 물론 인생에서 핵심 목표 하나를 택하는 것만으로도 성공을 보장하기에는 부족합니다. 핵심 목표를 성취하려면, 만일 그것이 평범함을 뛰어넘는 것이라면 반드시 타인의 도움과 교육 그리고 경험이 필요합니다.

아울러 조화의 정신으로 마스터 마인드 구성원들의 지성이 주는 혜택을 빠짐없이 확보할 수 있도록 마스터 마인드 구성원들과 밀접한 관계를 맺어야 합니다! 마스터 마인드의 모든 구성원이 마음속으로 조화의 중요성을 이해하고 목적에 동조하지 않는다면 사업에서 성공할 기회를 놓치게 됩니다.

여러 사람을 한데 모으면 겉으로는 그들의 협력을 확보한 것처럼 보일 수 있습니다. 하지만 중요한 것은 겉으로 어떻게 보이느냐가 아닙니다. 마스터 마인드를 이루고 있는 각 구성원의 '마음가짐'이 중요합니다. 여러 사람의 연대가 하나의 마스터 마인드로 이어지려면 그룹에 속한 개인은 머리뿐만 아니라 그 그룹의 목적에 전적으로 동조하는 마음까지 갖추어야 합니다. 그리고 반드시 그룹의 리더 및 다른 구성원들과 완벽한 조화를 이루어야 합니다.

나폴레온 힐(이하 힐): 카네기 씨가 하신 말씀의 요점은 알겠습니다. 하지만 저는 제 자신과 완벽한 조화를 이루며 일하도록 동료들을 마스터 마인드로 어떻게 끌어들이는지 확실한 방법을 모르겠습니다. 어떻게 해야 하는지 설명해 주시겠습니까?

카네기: 좋습니다. 조화로운 관계가 정확히 어떻게 수립되고 유지되는지 설명하겠습니다. 우선 한 사람의 모든 행동에는 명확한 동기가 있음을 기억하세요. 우리는 모두 습관과 동기로 만들어진 생물체입니다. 우리는 동기 때문에 무언가를 하기 시작하지만, 동기를 잊었는데도 굳어버린 습관 때문에 계속하기도 합니다.

사람들이 반응하는 아홉 가지 주요 동기가 있습니다. 제 설명을 들으면 사람들이 무엇 때문에 조화의 정신으로 타인과 일하게 되는지 알게 될 것입니다. 마스터 마인드를 조직할 때 리더는 요구되는 일을 할 능력이 있는 사람들 그리고 나의 조력에 대한 대가로 제시한 특정 동기에 조화의 정신으로 응할 사람들을 구성원으로 선발해야 합니다.

다음 아홉 가지 동기는 서로 결합하면서 우리가 일을 성취하는 데 도움을 주는 '촉매제'가 됩니다.

아홉 가지 주요 동기

1. **사랑**의 감정(개인의 영적인 힘으로 가는 관문)
2. **성(性)**적 욕구(순전히 생물학적이지만, 변형되면 행동을 촉발하는 강력한 자극제로 작용할 수 있다.)

3. **금전적 이득**에 대한 욕구

4. **자기 보존**에 대한 욕구

5. **심신의 자유**에 대한 욕구

6. 명예와 인정으로 이어지는 **자기표현**의 욕구

7. **영생**의 욕구

8. 종종 시기나 질투로 표현되는 **분노**의 감정

9. **두려움**의 감정

   (마지막 두 가지는 부정적이지만 행동을 촉발하는 자극제로서 매우 강력하다.)

이것이 바로 모든 마음에 통하는 아홉 가지 주요 접근법입니다.

마스터 마인드를 성공적으로 유지하려면 그룹의 중심이 되는 리더가 각 구성원이 성공에 필요한 조화로운 협력을 하도록 이 주요 동기를 부여해야 합니다.

사업상의 조직에서 사람들이 가장 쉽게 반응하는 두 가지 동기는 성적 욕구와 금전적 이득에 대한 욕구입니다. 대부분의 남성은 무엇보다 돈을 원하지만 여성을 기쁘게 해주기 위해서도 돈을 원합니다. 이때 동기를 부여하는 힘은 세 가지입니다. 사랑, 섹스 그리고 금전적 이득입니다.

하지만 물질이나 금전적 이득보다 인정을 얻기 위해 더 열심히 일하는 사람도 있습니다. 이런 유형의 자아는 대단히 건설적인 목표를 달성하는 데 아주 큰 힘이 될 수 있습니다. 또 이때 충분한 자기 통제력을 발휘해서 강력한 조화를 이룰 수도 있습니다.

힐: 카네기 씨, 지금 하신 말씀을 들어보면, 마스터 마인드를 성공적으로 구축한 사람은 사람을 아주 잘 알아야 하는 것처럼 보입니다. 카네기 씨는 마스터 마인드에 속할 사람들을 어떻게 그렇게 성공적으로 선택할 수 있었습니까? 그들을 처음 보자마자 구성원으로 골랐습니까, 아니면 목적에 맞지 않다고 판단되면 다른 사람으로 바꾸는 시행착오를 겪었습니까?

카네기: 아무리 똑똑하다 해도 타인을 겉만 보고 정확하게 판단할 수는 없습니다. 한 사람의 능력을 어렴풋이 알려주는 표면적인 특징들은 있지만요. 마스터 마인드의 구성원으로서 그 사람의 가치를 결정하는 한 가지 특성이 있습니다. 안타깝게도 그건 표면적인 특성이 아닙니다. 바로 그 자신과 주변인을 향한 '마음가짐'입니다.

만일 누군가의 태도가 부정적이거나 이기적이고, 타인과의 관계에서 적대적이거나 도발적이라면, 그는 마스터 마인드에 적합하지 않을 것입니다. 만일 그런 사람이 마스터 마인드의 구성원으로 남도록 허락한다면, 다른 구성원에게 크게 방해가 되므로 자신뿐만 아니라 그들의 쓸모까지 사라집니다.

수년 전 우리가 겪은 경험을 들어보면 제 말이 무슨 뜻인지 잘 알 수 있을 것입니다. 우리 회사의 수석 화학자가 사망하는 바람에 그를 대신할 사람을 찾아야 했습니다. 사망한 화학자의 조수를 그 자리에 앉혔지만 그는 경험이 부족했습니다. 그래서 나이가 더 많고 노련한 사람을 찾아야 했습니다.

마침내 유럽에서 후보자를 찾았는데, 기록을 살폈을 때 바로 우리가 찾던 인물로 보였습니다. 하지만 협상 과정에서 그가 유럽을 떠날 생각이 없음을 알게 되었습니다. 그 사람을 우리 회사에서 일하게 하기 위해 사망한 수석 화학자가 받은 급여보다 훨씬 많은 급여를 제시해야 그가 기꺼이 수락할 것이라 기대했습니다. 하지만 그는 그 많은 급여에 5년 계약까지 요구했습니다.

결국 그가 원하는 것을 주면서 그를 수석 화학자 자리에 앉혔습니다. 하지만 얼마 지나지 않아 그가 융통성이 없고 성질이 사나워 다른 직원들과 조화롭게 일하지 않고, 일할 수도 없는 사람이라는 것을 알게 되었습니다. 그가 마음가짐을 바꾸도록 애썼지만 소용없었습니다. 그 결과 6개월 만에 우리 손으로 그를 퇴출시켜야만 하는 상황이 벌어졌습니다. 5년 치 급여를 모두 쥐여주자 그는 고향으로 돌아갔습니다.

이는 아주 값비싼 대가를 치른 경험이었습니다. 하지만 그가 계속 우리 회사에 머물며 미쳤을 파괴적인 영향과 그 피해를 생각한다면 아무것도 아닐 것입니다.

후임 수석 화학자는 1년의 수습 기간을 거친 후 임명되었고, 우리 조직의 철학이 조화임을 채용 전에 확실히 알렸습니다.

부정적인 마음가짐을 가진 한 사람이 권한을 가진 자리에 있으면, 그의 영향력이 조직 전체에 투사되어 직원들의 마음가짐까지 부정적으로 변합니다. 그러면 결국 업무가 불만족스럽고 비효율적이 된다는 것은 누구나 아는 사실입니다.

"모든 조직은 한 사람의 그림자를 길게 드리운 것이다"라는 랠프 월도 에머슨의 말은 진리입니다. 성공한 사람들은 자신이 투사된 일종의 '확장된 그림자'를 신중하게 관찰합니다. 저는 에머슨의 명언을 조금 바꾸어 '모든 사업은 그것을 경영하는 사람들의 확장된 그림자'라고 말하고 싶습니다. 요즘 같은 대기업의 시대에는 혼자서 US스틸과 같은 거대기업 전체를 이끄는 영향력을 가질 수 없기 때문입니다. '기업은 그것을 이끄는 마스터 마인드의 확장된 그림자'라고 말하는 것이 더 정확할 것입니다. 이 경우 마스터 마인드는 명확한 목표를 달성하기 위해 조화의 정신으로 함께 일하는 스무 명 이상의 개인으로 구성됩니다.

우리 마스터 마인드의 구성원들 가운데 일부는 평사원 출신으로, 능력을 증명한 후 승진했습니다. 또 다른 일부는 시행착오를 거치며 외부에서 영입했습니다. 외부에서 온 사람들은 대부분 다른 분야나 직업에서 그들의 능력을 증명했어요. 그들이 남긴 성취가 우리의 관심을 끌 정도로 충분히 뛰어났습니다.

우리 마스터 마인드에서 유능한 사람들은 맨 밑바닥부터 시작하여 열심히 일하고 여러 부서를 거치며 성장했습니다. 그들은 조화와 협력하는 노력의 가치를 잘 압니다. 그것이 바로 그들이 높은 직책까지 오른 비결 가운데 하나입니다.

유능한 데다 동료들에 대해 올바른 마음가짐까지 갖춘 사람은 어떤 직업을 가졌든 보통 사다리의 맨 위에 오르게 됩니다. 효율성에 올바른 마음가짐까지 더해지면 금상첨화입니다. 당신이 개인의 성취에 관한 철학을 설명할 때 이 사실을 강조하길 바랍니다.

힐: 사람들을 모아 마스터 마인드 그룹을 조직하는 사람은 어떻습니까? 어떤 분야에서 타인을 성공적으로 관리할 수 있으려면 그 전에 반드시 그 분야의 전문가가 되어야만 할까요?

카네기: 이렇게 말하면 그 질문에 대한 최선의 답이 될 것 같습니다. 저는 강철의 생산과 마케팅에 필요한 기술적 요건에 대해 아는 것이 거의 없습니다. 그리고 제게 그런 지식이 반드시 필요한 것도 아닙니다. 마스터 마인드 원칙은 바로 이런 경우에 도움이 됩니다. 저는 주변에 스무 명 이상의 사람들을 포진해 놓았는데, 그들의 교육, 경험, 능력을 총체적으로 활용했기 때문에 현재까지 강철의 제작과 마케팅에 대해 알려진 모든 지식을 이용하여 최대의 이득을 봅니다. 이들이 일을 잘하고 싶은 욕구를 계속 잃지 않게 하는 것이 제 일입니다.

그들을 계속 고무시키기 위해 제가 쓰는 방법은 아홉 가지 주요 동기에서 쉽게 찾을 수 있습니다. 특히 '금전적 이득에 대한 욕구'라는 동기를 많이 이용합니다. 저는 마스터 마인드의 모든 구성원이 자신이 받고 싶은 급여를 직접 말할 수 있는 보상 시스템을 운영하는데, 1인당 허용되는 최대 급여를 넘어서면 개인은 그가 그 이상을 벌어들였다는 확실한 증거를 제시해야만 원하는 보수를 받을 수 있습니다.

이 시스템은 진취성과 상상력, 열의를 끌어올려 개인의 지속적인 발전과 성장으로 이어집니다. 이 시스템하에서 저는 찰스 슈와브Charlie Schwab와 같은 인물들에게 연간 최대 급여액을 훨씬 뛰어넘는 100만 달러를 지급한 적도 있습니다. 슈와브가 진취성을 발휘해 결국 위대한 US

스틸이라는 조직에서 실력자가 되게끔 이끈 것도 바로 이 시스템입니다. 진취성과 더불어 그는 뛰어난 리더십도 키웠습니다.

명심하세요. 제 인생의 주된 목적은 단지 돈을 많이 모으는 것이 아니라 인재를 개발하는 것입니다. 인재 개발에 쏟아부은 노력에 대한 자연스러운 보상으로 저는 어마어마한 재산을 얻었습니다.

일각에서는 저를 두고 돈에 미친 인간이라고 욕하는 것을 압니다. 하지만 저의 명확한 핵심 목표를 전혀 모르는 사람들이 하는 소리입니다. 제 목적의 진정성을 보여주는 최고의 증거는 바로 제가 다른 사람에게 해를 끼치지 않는 선에서 최대한 빨리 돈을 나누어 준다는 것입니다. 그리고 저의 재산, 즉 제가 얻은 인재 개발에 관한 지식 대부분을 성취에 관한 실용적인 철학으로 세상에 선보인다는 사실입니다.

이것이 부를 공정하고 영구적으로 배분하는 유일한 방법입니다. 진정한 부는 마음의 결과물이며, 모든 물질적인 것은 마음을 향해 모입니다.

홀로
완전한 사람은 없다

힐: 괄목할 만한 성공은 모두 마스터 마인드 원칙을 이해하고 적용한 결과라고 말씀하셨습니다. 이 규칙에 어떤 예외는 없습니까? 마스터 마인드 원칙을 이용하지 않고서는 성공할 수 없다는 말인가요?

카네기: 그 질문에 대한 답은 '없다'지만, 질문이 잘못되었습니다. 마스터 마인드 원칙을 적용하지 않아도 성공할 수 있습니다. 하지만 이 원칙의 도움을 받지 않는다면 위대해질 수 없습니다. 인간 마음의 메커니즘에는 한계가 있어서 이 세상에 홀로 완전한 마음이란 없습니다. 완전한 의미에서 마음의 풍요로움은 두 사람 이상의 마음이 조화롭게 연대해 명확한 목표를 달성하기 위해 함께 일할 때 생깁니다.

예컨대 미국에 자유를 안겨준 마스터 마인드는 독립선언문에 서명한 56인의 조화로운 연대에서 발생한 총체적인 마음으로 구성되었습니다. 그 마스터 마인드의 이면에 명확한 핵심 목표가 있었고, 그 목표는 바로 자기 결정권이라는 미국의 정신이었습니다. 이 정신의 일부가 위대한 미국의 산업을 발전시키는 데 동기를 부여했습니다.

제아무리 훌륭하다 해도 한 개인이 모든 분야의 지도자들을 고무하는 비전과 진취성, 자립 정신을 부여할 수는 없습니다. 1인 산업과 1인 기업은 있지만, 위대하지는 않습니다. 다른 사람들과 조화의 정신으로 연대하지 않고서 삶을 살아내는 사람들도 있습니다만, 그들 역시 위대하지 않으며 성취도 미미합니다.

저와 이야기를 나누고 있는 당신에게는 개인의 성취에 관한 완성된 철학을 이 세상에 제시해야 할 책임이 있다는 것을 잊지 마십시오. 그 철학에 평범함을 넘어서는 요인들을 포함해야 합니다. 그중 가장 중요한 것은 자기 마음의 힘을 타인의 것과 결합해서 혼자서는 경험할 수 없는 힘을 이해하는 것입니다.

미국이 위대해진 이유는 많은 사람의 마음이 결합해서 만들어진 힘과 비전 덕분입니다. 이들이 정부하에서 조화롭게 일한 덕분에 산업과 은행, 농업, 모든 업종의 민간 기업들이 강력한 대오를 형성할 수 있었습니다. 미국의 정부 형태는 주 정부와 연방 정부의 조화로운 협력이 결합된 마스터 마인드 원칙의 훌륭한 본보기입니다. 이 친밀한 연대하에서 미국은 어떤 나라보다 더 성공하고 번영했습니다. 이처럼 성공적인 기업의 비결은 리더가 기업을 경영하는 사람들 사이에 갖추어진 이 친밀한 연대의 원칙을 채택하고 활용했다는 것입니다.

여기 창가로 와서 저쪽, 철로가 있는 공터를 보십시오. 운송 분야에 마스터 마인드가 작용하고 있는 좋은 예입니다. 저 멀리 화물열차가 운행 준비를 하는 모습이 보일 것입니다. 그 열차는 조화의 정신으로 함께 노력하는 승무원들이 운행할 것입니다. 열차 운전사가 승무원들의 리더입니다. 다른 모든 승무원이 그의 권위를 인정하고 존중하며 조화의 정신을 바탕으로 그의 지시를 수행하기 때문에 그는 열차를 목적지까지 몰고 갈 수 있습니다. 만일 엔지니어가 운전사의 신호를 놓치거나 따르지 않는다면 저 열차에 무슨 일이 벌어질까요?

힐: 추돌 사고가 일어나 모든 승무원이 사망할 수도 있습니다.

카네기: 바로 그렇습니다! 사업을 성공적으로 운영하려면 기차를 운영하는 데 매우 중요한 바로 그 마스터 마인드 원칙을 적용해야 합니다. 기업을 경영하는 사람들 사이에 조화가 없으면 부도가 날 수 있습니다. 이 설명이 이해가 되나요? 당신이 이 설명을 이해했길 바랍니다. 왜냐하

면 인간이 노력을 쏟는 모든 분야에서 이룰 수 있는 성취의 핵심을 다루고 있기 때문입니다.

힐: 네, 저는 마스터 마인드 원칙을 이해합니다. 다만 그것이 카네기 씨가 철강업에서 이룬 거대한 업적의 유일한 원천이자 거대한 부의 근간이라고 생각해 본 적이 없을 뿐입니다.

카네기: 오, 아닙니다! 마스터 마인드 원칙이 제가 이룬 성취의 유일한 원천은 아닙니다. 다른 원칙들도 제가 재산을 축적하고 훌륭한 철강 산업을 이룩하는 데 일조했습니다. 하지만 그것들은 마스터 마인드보다 덜 중요했습니다. 마스터 마인드만큼이나 중요한 원칙은 명확한 핵심 목표입니다. 이 두 원칙이 결합해 철강업이 탄생했고, 세상은 그것을 성공한 산업이라고 부릅니다. 두 원칙 가운데 어떤 것도 단독으로 성공을 이룰 수 없습니다.

저기 야적장에 있는 떠돌이 일꾼들을 보십시오. 명확한 핵심 목표도 마스터 마인드 원칙도 없는 사람들의 본보기입니다. 목적과 노력의 조화가 없는 예이기도 합니다. 아마 우리 중에도 그들처럼 그저 생각없이 일만 열심히 하는 사람이 있을 것입니다. 그러나 저 사람들이 머리를 맞대고 명확한 핵심 목표 하나를 세우고 선택한 뒤 그것을 실행하기 위해 확실한 계획을 세운다면, 그들은 지금까지처럼 불운하고 가난에 찌든 떠돌이가 아니라 저 화물열차를 운행하는 승무원이 될 것입니다. 제 말이 무슨 뜻인지 알겠습니까?

힐: 충분히 이해했습니다. 하지만 카네기 씨가 지금 제게 설명해 주듯이 아무도 그들에게 성취의 원칙을 가르쳐준 적이 없는 건 어떻습니까? 왜 저들은 카네기 씨처럼 마스터 마인드의 힘을 발견하지 못했을까요?

카네기: 저는 마스터 마인드 원칙을 발견하지 않았습니다. 저는 그것을 끌어다 썼습니다. 말 그대로 성경에서 가져온 것입니다.

힐: 성경에서요? 저는 성경이 성취에 관한 실용적인 철학을 가르쳐주는지 전혀 몰랐습니다. 성경의 어떤 부분에서 마스터 마인드 원칙을 찾으셨나요?

카네기: 신약성경 중 예수와 열두 제자의 이야기에서 찾았습니다. 물론 당신도 그 이야기는 기억할 것입니다. 제가 아는 한 예수는 역사상 마스터 마인드 원칙을 확실히 이용한 최초의 인물입니다. 예수가 십자가에서 처형된 후 보여준 놀라운 힘과 제자들의 힘을 기억할 것입니다. 예수의 힘은 신과의 관계에서 생겨났고, 제자들의 힘은 예수와의 조화로운 연대에서 생겨났다는 것이 제 이론입니다.

저는 예수가 제자들에게 더 위대한 일을 할 수 있다고 말했을 때, 위대한 진실을 말했다고 믿습니다. 왜냐하면 그는 두 사람 이상의 마음이 하나의 명확한 목표를 가지고 조화의 정신으로 합쳐지면 신과 접촉할 수 있음을 발견했기 때문입니다.

유다가 예수를 배신했을 때 무슨 일이 벌어졌는지 보세요. 조화의 끈이 끊어지자 예수는 그의 삶에서 가장 지독한 재난을 겪게 되었습니다. 좀 더 쉽게 다시 설명하자면, 어떠한 이유에서든 사업이나 가정을 운영하는 마스터 마인드 구성원들 간에 조화의 끈이 끊어지면, 파멸이 기다리고 있다는 것입니다!

당신 인생의 핵심 목표를 한 문장으로 적는다면 무엇을 적을 것인가?

If called upon to state your major purpose in life, in one sentence,
what would your answer be?

↯ 지식은
힘이 아니다

힐: 카네기 씨, 마스터 마인드 원칙에 사업상의 이점 외에도 실용적인 이점이 있을까요?

카네기: 물론입니다. 이 원칙은 협력이 필요한 모든 유형의 인간관계에서 실용적으로 사용할 수 있습니다. 가정을 예로 들어봅시다. 남편과 아내 그리고 다른 가족 구성원이 마음과 머리를 한데 모아 가족 전체의 공동선을 위해 노력할 때 무슨 일이 벌어질지 지켜보세요. 분명 행복, 만족, 재정적 안정을 얻게 될 것입니다. 가난과 고통은 조화롭게 협력하

지 않는 가족들에게 갈 것입니다.

"남편의 성공과 실패는 아내 하기 나름"이라는 말을 들어보았을 것입니다. 이 말은 반대의 경우도 마찬가지입니다. 그 이유를 설명하겠습니다. 남성과 여성이 결혼으로 맺은 연대가 사랑과 이해의 공감, 하나의 목적, 완벽한 조화로 결합한다면 알려진 것 중 가장 완벽한 형태의 마스터 마인드를 낳습니다. 역사상 위대한 업적을 이룬 모든 남성의 삶에서 여성이 주요한 동기 부여자로서 영향을 미쳤다는 사실이 이를 뒷받침하는 증거입니다.

반면 남편과 아내 사이의 연대에 오해와 불화가 끼어들면 사실상 자신의 의지력을 제대로 사용하지 못하게 됩니다. 남편과 아내의 마음이 결혼을 통해 아주 긴밀하게 결합되므로 아내의 덕이 곧 남편의 덕이 되고, 아내의 과오가 곧 남편의 과오가 되기 때문입니다.

공감과 이해와 조화의 정신으로 자기 마음의 힘을 배우자의 것과 결합해 서로 마음의 힘을 강화하는 데 헌신하는 사람과 결혼하는 것은 실로 행운입니다. 이런 사람은 어떤 배우자라도 결코 '망하게' 하지 않을 것이며, 배우자의 도움 없이 맛볼 수 있는 성취보다 더 높은 수준의 성공에 이르게 할 가능성이 큽니다.

힐: 제가 제대로 이해했다면, 마스터 마인드 원칙을 적절히 적용하고 사용하면 타인의 교육과 경험이 주는 혜택을 누릴 수 있습니다만, 한 발 더 나아가 그가 이용할 수 있는 영적인 힘을 사용하는 데도 도움이 되는 것 같습니다. 카네기 씨도 이렇게 생각하십니까?

카네기: 그것이 바로 정확히 제가 말하려던 바입니다. 어느 훌륭한 심리학자가 '두 마음이 접촉하면 둘보다 더 위대한 힘을 가진 제3의 마음이 탄생한다'는 말을 한 적이 있습니다. 제3의 마음이 서로 접촉한 두 마음 중 하나 혹은 둘 다에 도움이 될지 방해가 될지는 전적으로 각자의 마음가짐에 달려 있습니다. 만일 두 마음의 태도가 조화롭고 서로에게 공감하며 협력적이라면, 둘의 접촉에서 탄생한 제3의 마음은 둘에게 이로울 것입니다. 둘 혹은 한쪽의 태도가 적대적이거나 논쟁적이고 불친절하다면, 제3의 마음은 모두에게 해로울 것입니다.

마스터 마인드 원칙은 인간이 만든 원칙이 아닙니다. 이것은 자연법칙이라는 위대한 시스템의 일부이며, 별과 행성을 제자리에 있게 하는 중력의 법칙처럼 불변하며 그만큼 정확히 작용합니다. 우리는 이 법칙에 영향을 미칠 수 없겠지만, 우리가 누구든 무슨 직업을 가졌든 그것을 이해하고 우리에게 큰 이로움을 주는 방식으로 적용할 수는 있습니다.

제가 아는 사람 중 가장 낮은 지위에 있는 두 명이 마스터 마인드를 실용적으로 사용하는 법을 발견했습니다. 한 명은 시각 장애인이고, 다른 한 명은 다리를 다쳐 다리를 쓰는 법을 잊어버렸습니다. 하루는 이 둘이 만나서 자신의 장애에 관해 이야기했습니다. 시각 장애인은 사람들이 자신의 발을 밟고, 차들이 쌩쌩 달리는 통에 돌아다니기가 힘들다고 하소연했습니다. 그러자 다리를 다친 이가 말했습니다.

"자네도 나에 비해 나을 것이 없군. 나는 자동차를 볼 수는 있지만 재빨리 타고 내릴 수가 없네."

그러자 시각 장애인이 가슴을 활짝 펴고 큰 미소를 짓더니 서로에게 도움이 되는 아이디어가 떠올랐다고 외쳤습니다.

"내겐 튼튼한 두 다리가 있잖나. 자네에겐 건강한 두 눈이 있고. 이제 내 등에 올리터 내 눈을 이용하게. 나는 두 다리를 제공할 테니. 우리 둘이 함께라면 훨씬 더 빠르고 안전하게 다닐 걸세."

비유하자면, 누구나 어떤 식으로든 타인의 협조가 필요하다는 점에서 조금은 보이지 않거나 다리를 절뚝입니다. 서로의 눈과 다리를 이용해야 했습니다. 마찬가지로 저는 사업을 운영하면서 강철 제작과 마케팅의 기술적 요건을 이해하는 많은 사람의 교육과 경험이 필요했습니다.

성공과 실패의 모든 원인을 정리해서 하나의 새로운 성취에 관한 실용적인 철학으로 집대성하는 과정에 해당 분야와 관련된 인물들, 즉 성공한 수백 명의 협조와 실패한 수천 명의 도움이 필요할 것입니다. 당신이 지금 하는 일의 성격상, 장기간에 걸쳐 마스터 마인드 원칙을 이해하고 적용해야 할 것입니다. 이 원칙의 도움 없이는 당신이 시작한 일을 끝맺을 수 없습니다. 살아 있는 사람 가운데 성공과 실패의 주요 원인을 모두 알려줄 수 있는 사람은 없기 때문입니다.

힐: 카네기 씨의 마스터 마인드 원칙에 대한 분석을 듣고 저는 조기 교육을 받지 못한 사람이 그것을 이유로 자기 야심의 한계를 그을 필요가 없다는 인상을 받았습니다. 타인의 교육을 이용할 수 있고 그것이 실용적이기 때문입니다. 아울러 카네기 씨의 설명에서 아무리 교육을 많이 받아도 타인의 도움 없이 괄목할 만한 성공을 거둘 수 있는 사람 또한 없다는 인상을 받았습니다. 제대로 이해했나요?

카네기: 둘 다 맞는 말입니다. 학교 교육이 부족한 것은 실패에 대한 타당한 변명이 못 됩니다. 마찬가지로 가방끈이 길다고 해서 성공이 보장되는 것도 아닙니다. "아는 것이 힘"이라고 말하지만 그것은 절반의 진실에 불과합니다. 지식은 잠재적인 힘이기 때문입니다. 즉 지식이 정리되고 확실한 행동으로 표현되어야 진정한 힘이 될 수 있다는 말입니다.

많은 청년이 대학교를 졸업할 때 학문적 지식을 갖추었으니 좋은 일자리가 보장될 것이라고 추정하는데, 이는 스스로 발목을 잡는 생각입니다. 지식을 많이 가진 것과 교육된 것은 완전히 다릅니다. '교육하다 educate'라는 단어의 라틴어 어원을 찾아보면 이 차이가 더 분명해집니다. '교육하다'는 라틴어 'educare'에서 왔는데 '끌어내다' '~으로부터 발전시키다' '사용하여 키우다'라는 뜻입니다. '지식을 획득하여 저장한다'라는 뜻이 아닙니다.

성공은 한 개인이 타인의 권리를 침해하지 않고 인생에서 바라는 것은 무엇이든 이루는 힘입니다. 제가 '힘'이라는 단어를 어떻게 사용하는지 잘 보십시오! 지식은 힘이 아닙니다. 명확한 목표를 달성하기 위해 타인의 지식과 경험을 끌어와서 사용하는 것이 힘입니다. 더 나아가 가장 이로운 질서입니다.

타인의 마음을 활용하고자 마스터 마인드 원칙을 적용하는 사람은 먼저 자기 마음의 힘을 자유자재로 다스릴 수 있어야 합니다. 자기 마음 속의 한계를 없애는 일이 매우 중요하다고 강조하고 싶습니다.

미국처럼 모든 종류의 부가 넘쳐나고, 누구나 원하는 직업을 택하고 원하는 대로 살 자유가 있는 나라에서 성취의 범위를 낮게 설정하거나 개인이 바라는 정도에 못 미치는 재산에 만족하며 살아야 할 이유는 전혀 없습니다.

특히 미국에서 개인의 진취성, 상상력, 명확한 핵심 목표는 무척 중요하게 여겨집니다. 이것들이 있으면 개인이 꿈꾸는 성공을 실현하기 위해 필요한 물질을 쉽게 손에 넣을 수 있기 때문입니다. 가난하게 태어날 수는 있어도 평생을 가난하게 살 필요는 없습니다. 까막눈일 수는 있어도 평생 그렇게 살 필요는 없습니다. 하지만 자기 마음속 힘의 주인이 되어 그것을 자신의 발전을 위해 사용하기를 게을리하거나 거부하는 사람에게는 어떤 기회도 주어지지 않을 것입니다.

그러니 마스터 마인드 원칙에 따라 자기 마음의 힘을 타인의 것과 결합하지 않고서 명확한 핵심 목표를 온전히 달성할 수 있는 사람은 없다는 사실을 거듭해서 말하고 싶습니다.

✟ 마스터 마인드 그룹을 만들기 위한 기본 원칙

힐: 제게 개인의 성취에 관한 실용적인 철학을 세상에 제시하라는 요청을 하셨으니, 마스터 마인드를 결성할 때 개인이 따라야 할 계획을 단계별로 간단히 제시해 주시겠습니까? 저는 이 과정이 명쾌하게 이해되지 않습니다. 마스터 마인드를 이용해 본 경험이 없는 사람들은 저처럼 이해하기 어려울 수도 있습니다.

카네기: 마스터 마인드를 조직하기 시작한 사람의 교육 수준, 경험, 인성, 마음가짐과 결성한 목적에 따라 그 과정이 조금씩 다를 것입니다. 하지만 어떤 경우든 반드시 지켜야 할 기본이 있으며, 그 가운데 가장 중요한 것들은 다음과 같습니다.

명확한 핵심 목표

모든 성취의 출발점은 자신이 무엇을 원하는지 명확히 아는 것입니다. 이게 명확해지면 1장에서 제시한 공식에 따라 그 지시 사항을 꼼꼼히 실천해야 합니다.

마스터 마인드 그룹의 구성원 선정

마스터 마인드 원칙에 따라 개인과 손잡은 모든 사람은 **이 그룹의 목적에 전적으로 동의해야 하며, 그 목적의 달성을 위해 확실하게 기여할 수 있어야 합니다.** 이러한 기여는 그가 받은 교육이나 경험으로 구성되거나 혹은 대중과 맺은 관계에서 얻은 호의, 즉 인맥으로 구성됩니다. 많은 은행과 기업은 그들의 마스터 마인드에 몸값이 비싼 사람을 많이 영입하는데, **이는 그가 누리는 호의와 대중에 미치는 영향력을 이용하기 위해서입니다.**

동기

타인이 제공한 서비스에 대가를 제공하지 않고서 그를 마스터 마인드 구성원이 되게 할 수 있는 권리나 능력이 있는 사람은 없습니다. 금전적 보상이나 다른 형태의 보답이 동기가 될 수 있지만, 반드시 그 가치가 기대되는 서비스와 동일하거나 그 이상인 것이어야 합니다.

앞서 말했듯이 제가 속한 마스터 마인드에서 구성원들로부터 조화롭고 전폭적인 협력을 끌어내기 위해 제가 사용했던 동기는 금전적 보상이었습니다. 저는 돈을 버는 능력이 있는 구성원들이 저와는 상관없이 벌 수 있는 금액보다 훨씬 많은 돈을 벌 수 있게 도왔습니다.

마스터 마인드의 모든 구성원이 저와 연대해서 그들의 역량을 혼자 일할 때보다 더 실용적이고 이득이 되는 방식으로 사용했다고 말하는 것은 과장이 아닙니다. **모든 구성원이 자신의 가치에 비례하여 수익을 거두게 하지 않으면 마스터 마인드는 실패할 수밖에 없다는 사실은 아무리 강조해도 지나치지 않습니다.**

조화

성공을 보장하려면 마스터 마인드의 모든 구성원이 완전한 조화를 이루어야 합니다. 구성원이 뒤통수를 치는 일은 있을 수 없습니다. 마스터 마인드의 모든 구성원은 집단으로서 가장 큰 이득을 누릴 수 있도록 **오직 그룹의 목적 달성이라는 측면에서 생각하고, 개인의 주장과 출세 욕구는 잠시 넣어두어야 합니다.**

마스터 마인드 구성원을 선정할 때에는 그룹의 이익을 위해 일할 수 있는지를 가장 먼저 고려해서 선정해야 합니다. 이렇게 할 수 없는 구성원은 그의 부족함이 발견되는 즉시 그룹의 이익을 위해 일할 수 있고 그렇게 할 의지가 있는 사람으로 대체되어야 합니다. **이 점에는**

타협의 여지가 없습니다. 따라서 친척이나 가까운 친구라도 그룹의 목적을 위해 개인의 이익을 포기할 수 없다면 자동으로 제명됩니다.

실행

마스터 마인드는 일단 결성되면 효과를 내기 위해 항상 활성화되어야 합니다. 이 그룹은 반드시 명확한 시간에 명확한 목표를 향해 명확한 계획에 따라 행동해야 합니다. 우유부단, 나태, 지연은 그룹 전체의 유용성을 파괴합니다. 노새가 발길질을 못 하게 막는 최선의 방법은 매우 바쁘게 수레를 끌게 하여 발길질할 짬이나 마음이 없게 만드는 것이라는 옛말이 있습니다.

인간도 마찬가지입니다. 저는 경영자가 직원들에게 달성해야 할 명확한 할당량을 주지 않아서 직원들이 제멋대로 출퇴근하는 바람에 망해버린 조직들을 보았습니다. 시간 계획을 세워 달성해야 하는 명확한 계획이 없는 것은 생명보험 설계사들처럼 수수료를 기준으로 일하는 모든 영업 사원들에게 최악입니다.

어떤 업무에서든 성공하려면 명확하고 체계적이고 지속적인 일이 필요합니다. 일을 대체할 수 있는 것은 아무것도 없습니다! 일을 하지 않는다면 세상 모든 두뇌를 모은다 해도 크게 성공할 수 없습니다.

리더십

명확한 목표를 달성하기 위해 조화의 정신으로 함께 일하기로 한 사람들을 선발했으니 성공을 보장하기에 충분하다는 생각은 버려야 합니다. 그룹을 조직한 리더는 반드시 실제로 구성원들을 이끌어야 합니다. 리더는 가장 먼저 출근하고 가장 늦게 퇴근해야 합니다. 아울러 동료들이 일하는 것보다 많이 일하여 좋은 본보기가 되어야 합니다. 최고의 '리더'는 자신을 없어서는 안 될 존재로 만드는 사람이지 의사결정을 내리고 계획을 세울 때 가장 마지막에 발언하는 사람이 아닙니다. "가장 위대한 사람은 남을 섬기는 사람이 되어야 한다"라는 말이 모든 리더의 좌우명이 되어야 합니다!

마음가짐

모든 인간관계에서 그렇듯 **마스터 마인드에서도 개인이 타인에게서 얻는 협력의 정도와 성격을 결정짓는 요인은 바로 마음가짐입니다.** 저는 모든 구성원이 그룹에서 개인적인 이득을 최대한 얻어가길 바라지 않은 적이 한순간도 없다고 자신 있게 말할 수 있습니다. 또한 제가 가진 모든 능력을 동원해서 모든 구성원의 잠재력을 최대한 계발하기 위해 애쓰지 않은 적이 한순간도 없었다고 장담할 수 있습니다.

제가 가진 이런 태도가 찰스 슈와브와 같은 인재들을 발굴하는 데 가장 크게 기여했다고 생각합니다. 그들은 평소 급여보다 훨씬 큰 금액인 연간 100만 달러를 벌었습니다. 뛰어난 성취에 대해 그렇게 많은 보너스를 주지 않았더라도 슈와브와 같은 인물들의 서비스를 얻을 수 있었을 것입니다. 하지만 그랬다면 그들이 서비스를 제공하게 만든 동기가 사라져 그런 종류의 서비스가 주는 이점을 누리지 못했을 것입니다.

구성원 간의 비밀 유지

마스터 마인드 원칙에서 관계는 신뢰에 기초합니다. 그룹의 목적이 대중을 위한 서비스를 수행하는 것이 아닌 이상, 구성원 외의 사람들과 절대 공유하지 말아야 합니다. 성취를 위해 애쓰는 사람들의 길을 막는 데서 즐거움을 찾는 사람들이 있습니다. 만약 당신이 마스터 마인드의 목적을 이해하지 못했다면 그들의 영향은 작을 것입니다.

무엇을 할 것인지 세상에 알리는 가장 좋은 방법은 말이 아니라 행동으로 보여주는 것입니다. 유명세나 언론의 주목과 같은 것에도 더러 대단한 가치가 있지만, 그로 인해 개인이 아직 달성하지 않은 계획의 성격이 드러나면 큰 피해를 입을 수 있습니다.

지구에서 가장 아름다운 광경이자 가장 마음이 벅차오르는 광경이 있습니다. 그것은 바로 사람들이 한데 모여 완벽한 조화를 이루며 오로지 조직을 위해 자기가 무엇을 할 수 있을지만 생각하며 함께 일하는 모습입니다. 바로 이 정신 덕분에 조지 워싱턴의 헐벗고 굶주린 병사들이 더 훌륭한 무기로 무장한 압도적인 수의 적군과 싸울 때 초인적인 힘을 발휘할 수 있었습니다. 그들은 개인의 지위 상승만을 위해서가 아니라 공동의 명분을 위해 싸웠습니다. 고용주와 직원들이 이 상부상조의 정신으로 함께 일할 때 그 조직은 성공한 조직이라 할 수 있습니다.

운동선수의 훈련이 갖는 주요한 이점 가운데 하나는 훈련을 통해 조화의 정신으로 팀워크를 실천하는 법을 배울 수 있다는 것입니다! 학교를 졸업한 뒤에 일터에서 이러한 팀워크의 정신을 좀처럼 발휘하지 않는 것은 매우 안타까운 일입니다.

저는 철강 공장의 모든 직원을 한데 모아 크게 두 팀으로 나누어 매일 한 시간씩 팀워크 정신을 불어넣어 줄 운동경기를 통해 친목을 위한 경쟁을 시키면 좋겠다는 생각을 종종 합니다. 그렇게 하면 직원들이 편협함과 질투심, 이기심을 극복하는 데 도움이 될 것이며, 사업뿐만 아니라 일 안팎에서 스스로 더 가치 있는 존재가 될 수 있을 것입니다.

좋은 스포츠맨 정신을 갖춘 사람은 사는 것이 덜 힘듭니다. 그러니 마스터 마인드 원칙을 토대로 한 모든 업무에서 스포츠맨 정신을 중요한 요인으로 삼고, 마스터 마인드를 조직하는 사람부터 그 정신을 따릅시다. 그러면 다른 사람들도 그를 보고 배워 스포츠맨 정신을 갖게 될 것입니다.

모든 위인은 항상 마음에 그 자신과 신만 아는 목표와 목적을 품고 있다는 말을 들었습니다. 어떤 사람은 위인이 되길 원치 않을 수 있으나, 이 말을 명심하고 목표와 목적이 실현되기 전에는 발설하지 않는 것이 더 이로울 수 있습니다. "나는 언젠가 이것을 할 거야"라고 말하기보다 "나는 내 목표를 이루었어"라고 말하는 것이 항상 더 만족스럽습니다. '나'라는 인칭대명사는 미래 시제보다 과거 시제와 훨씬 더 잘 어울립니다.

한심한 자기표현에 대한 욕구 때문에 누가 듣든 간에 자기 회사의 중요한 영업 비밀을 떠들고 다니는 사람들을 보면 깜짝 놀랍니다. 이런 식으로 직원들은 종종 회사의 중요한 사업상 기밀과 영업 비밀을 공개합니다. 자기표현의 욕구는 사람이 행동하게 만드는 아홉 가지 주요 동기 가운데 하나지만 신중하게 사용하지 않으면 위험한 습관이 될 수 있습니다.

가장 현명한 방식으로 자기표현의 욕구를 채우는 사람들은 질문에 대답하는 대신 남에게 질문을 던집니다. 이것이 자기 자신에게 피해를 주지 않고 자기표현의 욕구를 마음껏 충족하는 방법입니다.

마음에 무엇을 품을지 주의해서 택하라.
어느새 마음에 품은 대로 사는 당신을 발견할 것이니.

Be careful what you set your heart upon,
for you may live to see yourself in possession of it.

가장 순수한 형태의 마스터 마인드 그룹

힐: 카네기 씨, 미국에서 가장 중요한 마스터 마인드 그룹이라고 생각하는 집단에 대해 설명해 주시고 그것이 어떻게 운영되는지 알려주시겠습니까?

카네기: 미국에서 그리고 전 세계에서 가장 중요한 마스터 마인드 그룹은 미국을 구성하는 주들 간의 연대입니다. 여기에서 미국인들이 그토록 자랑스러워하는 자유가 발생합니다. 이 연대의 강점은 자발적이고 조화로운 정신으로 국민의 지지를 받고 있다는 것입니다. 주들 간의 연대를 통해 개인이 진취성을 발휘할 다양한 기회가 다른 어떤 곳보다 더

많이 생겼습니다. 아울러 우리를 시기하거나 우리의 특권을 침해하려는 모든 세력에 대항해서 우리 국민과 주들 간 연대가 운영되는 시스템을 수호하는 힘도 생겼습니다.

미국을 지탱하는 시스템 전반(미국과 같은 형태의 정부, 산업 계획, 은행, 생명보험 시스템을 포함)은 민간 기업을 지지하는 호의적인 수단으로 그리고 개인의 진취성에 대한 장려로 설계되고 유지되었습니다. 아홉 가지 주요 동기를 토대로 개인의 노력을 방해받지 않고 자유롭게 표현할 수 있는 가장 훌륭하고 간단한 수단을 제공하도록 설계되었고 그렇게 유지되고 있기 때문에 세계에서 가장 훌륭한 시스템입니다.

미국이 운영되는 원리인 마스터 마인드 원칙은 대단히 유연하고 민주적이어서 변화하는 시대의 필요에 부응하도록 변경, 수정 혹은 개선할 수 있습니다. 마스터 마인드 원칙은 그것을 채택하길 원하는 개인이나 기업들이 안전하게 따를 수 있는 신뢰할 만한 패턴이기도 합니다. 마스터 마인드가 어떤 측면에서든 우리의 필요를 충족하지 못한다면, 그것을 만든 사람들은 투표를 통해 헌법을 수정하는 간단한 과정을 거쳐 마스터 마인드를 개선할 수 있습니다.

모든 고용주와 직원이 미국에서 운영되는 마스터 마인드 계획과 유사한 방식으로 관계를 맺는다면 서로 간에 심각한 오해가 생기는 일은 없을 것입니다. 더 나아가 고용주와 직원 모두 공동의 노력으로 더 많은 혜택을 누리게 될 것입니다. 미국의 주들이 이룬 관계가 순수한 민주주의를 토대로 하듯 모든 고용주와 직원의 관계는 순수한 민주주의를 토대로 삼을 수 있고, 삼아야 합니다.

마스터 마인드 운영 원칙은 간단합니다. 미국의 마스터 마인드는 행정·사법·입법부로 알려진 삼부로 구성되며, 모두 조화의 정신 안에서 국민의 뜻을 따르며 함께 작동합니다. 이 시스템은 연방 정부로 알려진 전체 주를 아우르는 연대를 관리할 때뿐만 아니라 개별 주를 관리할 때도 사용됩니다.

이 시스템은 국민의 뜻에 의해 변경될 수도 있으며, 시스템을 관리하는 공직자들은 아주 이례적인 예외를 제외하면 금방 자리에서 물러날 수 있습니다. 지금까지 미국의 마스터 마인드보다 더 나은 인간관계 시스템은 본 적이 없으며, 가까운 미래에도 없을 것입니다. 이 시스템이 설립자들의 의도대로 특정 개인이나 집단에 특권을 부여하지 않고 모두에게 가장 큰 이익이 되도록 운영되는 한, 이보다 더 나은 시스템은 존재하지도 필요하지도 않을 것입니다.

힐: 현재 미국 정부의 형태에서 개선할 점은 없을까요?

카네기: 개선할 점은 딱히 떠오르지 않습니다만, 정부를 관리하는 방법에서 한 가지 개선안은 말할 수 있습니다. 바로 모든 유권자가 모든 지방 및 전국적인 선거에서 투표에 참여하는 것을 의무화하고, 참여하지 않으면 무거운 벌금을 부과하는 법을 통과시키는 것입니다.

정부가 더 이상 국민을 제대로 섬기지 않는다면 그것은 국민이 투표에 참여하지 않는 태만을 저질렀기 때문일 것입니다. 국민이 신뢰할 만한 인물을 선출하는 일에 관심을 두지 않았기 때문에 공직이 크게 남용

되는 것을 보았습니다. 이러한 태만은 뉴욕과 시카고 등 시민으로서의 자부심과 관심이 없는 도시들에서 그랬던 것처럼 부도덕한 사람들이 정권을 잡도록 문을 열어주게 될 것입니다.

공직자 선출 방식을 개선할 또 다른 아이디어가 있습니다. 바로 공직에 출마하는 모든 후보자의 개인 기록을 적절하게 공개해서 유권자들이 후보자의 적합성을 직접 판단할 수 있는 시스템을 만드는 것입니다. 현재의 시스템에서는 후보자의 개인 기록과 관련하여 유권자가 볼 수 있는 것은 고작 후보자가 자신이나 경쟁자에 대해 발표하는 정보가 전부이며, 이것은 대개 확신할 수 없는 정보입니다.

국민이 공직에 출마한 후보자들을 현명하게 선택할 수 있는 또 다른 방안은 국민을 위해 일할 후보자를 선출하는 방법을 공립학교에서 가르치는 것입니다.

성공한 사업가들은 지원자의 개인 기록을 조사하지 않고서는 책임 있는 자리에 앉히지 않습니다. 그들은 채용될 사람이 주어진 일을 할 만큼 유능한지 살펴보고 인성도 조사합니다. 공직자를 선출할 때도 이와 같은 절차를 따라야 합니다.

힐: 가정을 성공적으로 운영하기 위해서도 마스터 마인드 원칙을 적용해야 한다고 언급하셨습니다. 더 깊이 들어가 가정을 관리하는 데는 이 원칙을 어떻게 적용할 수 있을까요?

카네기: 그 말을 떠올리다니 반갑네요. 왜냐하면 저는 한 사람이 가

정에서 맺는 관계가 그의 사업적·직업적 성취에 중요한 영향을 미친다는 것을 경험으로 배웠기 때문입니다. 다만 이 주제에 관한 제 발언은 일반론으로, 모든 경우에 지침을 제공하는 것은 아님을 명심하길 바랍니다.

결혼을 통한 연대는 양쪽의 영적인 본성에까지 깊이 영향을 미치는 관계를 형성합니다. 이러한 이유에서 결혼은 인간의 모든 연대 가운데 마스터 마인드 원칙을 효과적으로 이용하기에 가장 유리한 연대입니다.

모든 관계가 그렇듯이 특히 결혼에서 마스터 마인드 원칙을 성공적으로 운영하기 위해 몇 가지 주의할 점이 있습니다.

먼저 성공적인 결혼은 배우자를 똑똑하게 선택하는 데서 시작됩니다. 똑똑한 선택이라는 말이 무슨 뜻인지 설명하겠습니다. 여러 번의 아주 솔직하고 친밀한 대화를 통해 상대를 검증해야 하며, 이때 최소한 혼인 관계의 기초에 관해서도 대화를 나누어야 합니다.

가장이라면 배우자가 될 상대에게 생계를 어떻게 꾸려갈 생각인지 말해야 하며, 자신이 택한 직업과 그것을 추구하는 방법에 대해 전적인 동의를 받아야 합니다. 자신이 택한 사람과 대화할 때 사랑과 애정, 삶의 아름다움에 대해 말하는 것은 아주 좋습니다. 하지만 결혼에는 아주 현실적이며 다소 세속적인 면이 있으며, 결혼의 이런 측면이 '허니문'이 끝나갈 무렵 표면으로 드러나기 시작한다는 것을 잊지 말아야 합니다. 그러므로 현명한 사람이라면 결혼의 현실을 예상하고 그것이 도래하기 훨씬 전에 예비 배우자와 그 점에 대해 의견 일치를 이루어야 할 것입니다.

배우자의 직업과 생계 수단에 지나치게 열정적이라고 표현할 만큼 관심을 가진다면 상대에게는 무엇보다 값진 도움이 될 것입니다. 배우자의 직업에 대한 전적인 인정은 결혼이라는 파트너십에서 아주 중요한 기본 사항인 생계 수단에 대한 최소한의 관심일 것입니다.

이 중요한 주제에 대한 이해가 부족했기 때문에 많은 결혼에서 마스터 마인드 원칙이 적용될 가능성이 사라집니다. 배우자가 상대의 수입원보다 카드 게임에 더 관심이 있다면 상대는 마스터 마인드를 활용하기 위해 다른 곳을 바라보게 될 수 있습니다. 현실적인 결혼 생활에서 이 점을 명심해야 합니다! 참으로 현명한 사람이라면, 이 조언을 받아들이고 자신의 상상력을 동원하여 최대한 논리적으로 생각해 볼 것입니다.

저는 남편과 아내가 같은 직업 혹은 같은 사업에서 종사하여 공동의 목적을 달성하기 위해 함께 일하는 사례들을 보았습니다. 그런 모든 상황에서 저는 부부가 직업에서 갖는 긴밀한 제휴가 대인관계에서도 밀접한 관계로 이어져 둘 중 어느 한쪽도 둘과 무관한 일이나 사람에게 관심을 둘 시간이 별로 없게 된다는 사실에 감명받았습니다.

소득원에 공동의 이해를 가진 남편과 아내가 누리는 아주 중요한 이점이 또 하나 있습니다. 바로 가계와 개인의 지출에 관해서도 서로 이해하게 된다는 사실입니다. 충직한 배우자라면 배우자가 돈을 어떻게 버는지, 얼마나 버는지 정확하게 알아 그의 수입에 맞추기 위해 가계와 자신의 지출을 조정할 것입니다. 심지어 기꺼운 마음으로 그렇게 할 것입니다. 저는 배우자에게 감당할 수 없는 수준의 금전을 요구하여 결혼이 파탄 직전까지 간 경우를 여럿 보았습니다. 또 배우자의 낭비벽에 맞추려고 애를 쓰다가 부정한 행위를 저지른 사람도 여럿 보았습니다.

지금까지 저는 평생의 반려자를 아직 선택하지 않은 사람들에게 도움이 될 이야기를 했습니다. 어떤 사람들은 "이미 결혼한 사람은 어떻게 해야 하나요?" 혹은 "배우자의 직업에 무관심하거나 어떤 주제에서도 공통의 관심사가 없는 사람을 선택했다면 어떻게 해야 할까요? 이런 사람에게 제시할 처방은 없을까요?" 하고 물을 것입니다.

그렇습니다. 이런 종류의 사례에 대한 처방이 있습니다. 부부간에 더 긴밀한 협력을 보장해 줄 계획을 짜서 그에 따라 모든 것을 다시 시작하도록 상대방을 설득하는 것입니다. 대부분의 결혼은 양 당사자에게 가장 이롭습니다. 자녀가 있는 경우에는 종종 자녀에게 가장 이로울 수 있도록 관계를 새롭게 정비할 방법이 필요합니다.

결혼에서 성공하려면 가족 모두에게 영향을 미치는 신중한 계획을 통해 오해를 피해야 합니다. 부부가 한순간도 방심하지 말아야 합니다. 부부가 일주일에 최소 한 번 둘만의 마스터 마인드 모임을 갖기 위해 한 시간씩 투자한다면, 시간을 잘 활용하는 것입니다. 그 시간 동안 부부는 허심탄회한 대화를 통해 가정 안팎에서 그들의 관계에 영향을 미치는 모든 중요한 요인들을 서로 이해하게 될 것입니다. 사업을 경영할 때는 조화와 협력을 위해 지속적으로 구성원들과 소통해야 합니다. 마찬가지로 남편과 아내 사이에도 이런 소통은 반드시 필요합니다.

미 해군은 모든 가정에서 채택할 수 있는 규칙을 따릅니다. 모든 해군 함선은 보고할 사항이 있든 없든 지휘관이 탑승한 기함에 매시간 연락해야 합니다. 소통은 너무너무 중요합니다. 소통은 미 해군의 작전에서만큼이나 가정의 운영에서도 중요합니다.

상호 합의 없이 무언가를 당연하게 여기는 것은 서로에 대한 관심이 사라지기 시작한 것입니다. 마스터 마인드 원칙은 확실하고 신중하게 세운 계획이 없다면 결혼에 성공적으로 적용할 수 없습니다. 부부가 공동으로 처리해야 할 일에 대한 간헐적인 대화만으론 충분하지 않습니다. 마스터 마인드를 위한 시간을 정하여 확보해 두어야 합니다. 결혼 생활에서도 사업가가 기업 경영을 위해 마스터 마인드 원칙을 이용할 때 보이는 수준의 정중함과 명확한 목표, 격식을 갖추어야 합니다.

실제로 마스터 마인드를 관리할 때 이 조언을 최대한 이용하는 부부에게는 행운이 따를 것입니다. 그들은 그 속에서 단순한 신체적 끌림이나 성욕만으로는 결코 얻을 수 없는 완벽한 결혼에 이르는 법을 분명히 발견할 것입니다.

결혼에서 건강한 파트너십을 이루려면 가계의 수입원과 관련된 목표를 반드시 이해하고 동의해야 합니다. 소득은 적절히 할당하여 남편과 아내 모두 사용할 수 있어야 합니다. 예를 들어 개인적으로 사용할 돈이 없어서 배우자가 잠든 사이 주머니를 뒤진다면 그것은 상대방을 존중하지 않는 것입니다. 그리고 마스터 마인드 구성원으로서도 결코 도움이 되지 않을 것입니다.

결혼에서 파트너십을 이루려면 부부가 공동으로 소유한 모든 물질에 공통의 지분과 공동의 소유권을 가져야 합니다! 배우자를 전적으로 신뢰하지 않아 사업상 일을 비밀로 할 수 있다고 믿는 사람은 그런 태도로는 가정사에서 마스터 마인드 원칙을 적용할 수 없음을 깨달아야 합니다. 물론 배우자가 자신의 일에 관심이 없거나 성향이 안 맞아서 어쩔 수 없이 바깥일을 혼자 고민하는 경우도 있습니다. 이런 경우라면 애초에

서로 끌려서 결혼에 이르게 한 공동의 관심사를 부활시키는 것이 유일한 해결책입니다. 여기서 만일 공동의 관심사를 부활시키는 일을 너무 오래 미루거나 소홀히 하면 일이 더 어려워질 수 있음을 명심해야 합니다.

힐: 카네기 씨는 과거에 카네기 씨에게 주어진 것만큼 많은 기회가 미래의 미국에 있다고 생각하는 것 같습니다. 맞습니까?

카네기: 제 믿음을 제대로 이해했습니다! 미국의 미래는 다른 어떤 세계가 겪은 것보다 훨씬 더 많은 기회를 품고 있습니다. 미국은 세계 산업의 중심이 될 운명입니다. 철강업이 발전하며 수십 가지 관련 산업이 파생되어 생겨날 것입니다. 가구 및 가사 도구를 철로 만들 것이며, 철은 무수한 방식으로 목재를 대체할 것입니다. 강철 덕분에 우리는 세계사에서 유례없는 가장 높은 마천루를 건설할 것입니다. 주택 건설에서도 목재를 대체할 것입니다. 가장 폭이 넓은 강에 안전하고 파괴되지 않는 교량을 건설할 것입니다. 말과 마차 대신 빠른 자동차를 타게 될 것입니다. 명심하세요, 자동차 산업만으로도 비전을 가진 수천 명의 사람에게 기회가 생길 것입니다.

그리고 모든 생활양식은 미국의 산업과 금융업계의 지도자들로 구성된 마스터 마인드를 통해 발전할 것임을 잊지 마세요. 앞으로 수십억 달러의 자본을 조달해야 할 것입니다. 그 돈은 미국 국민의 저축으로 조달될 것이므로, 위대한 미국의 마스터 마인드는 국민의 정신적 자산과 돈으로 구성된 총체적인 정신이 될 것입니다. 그리고 이것이 바로 가장 순수한 형태의 민주주의입니다! 그런 민주주의 안에서 미국에 주어진 기회를 수천 가지 다양한 방향으로 개발하기 위해 미국의 마스터 마인드는 사람들의 두뇌와 정신, 돈을 조율하고 이용할 것입니다.

이 진실이 모든 국민의 공동 자산이 되게 합시다. 그러면 우리는 '월가의 자본주의자들'과 '약탈적 이익집단'에 대한 불만을 덜 듣게 될 것입니다. 미국의 진정한 자본주의자들은 저축을 위대한 기업들에 투자한 사람들입니다.

이겨내겠다는 의지가 명확한 핵심 목표를 받쳐주면
그것이 바로 성공으로 가는 로드맵이다.

Definiteness of Purpose, if backed by the will to win, is a road map to success.

ⵊ 당신이 목표를 이루는 데
일조할 관계들

힐: 미국인이 가진 기회의 원천에 대한 카네기 씨의 설명은 드라마틱하면서도 전율이 느껴집니다. 저는 한 번도 카네기 씨가 말씀하신 것처럼 아메리카니즘을 분석하는 것을 들어본 적이 없습니다. 또한 그것이 우리가 누리는 모든 기회의 진정한 원천임을 알지 못했습니다. 이제는

그렇다는 것을 이해합니다.

　개인의 노력에 적용할 수 있는 마스터 마인드 원칙으로 돌아가 볼까요? 개인이 기회를 잡기 위해 매일 노력하는 과정에서 이 훌륭한 원칙을 어떻게 이용할지 설명해 주십시오.

카네기: 그것은 마스터 마인드 원칙의 클라이맥스와 같습니다. 하지만 개인이 국가의 자유와 부에서 자기 몫을 얻기 전에, 미국이 부국이자 자유로운 국가라고 말할 권리가 어디서 나오는지 알아야 합니다. 여느 권리나 특권이 그렇듯 우리에게 주어진 특권은 그냥 나오는 것이 아닙니다.

　특권은 버섯처럼 땅에서 저절로 자라나지 않습니다. 특권은 만들어지고 유지되어야 합니다! 미국 정부의 설립자들은 선견지명과 지혜를 통해 미국의 모든 자유와 부를 창출할 초석을 마련했습니다. 하지만 그들은 초석을 만들었을 뿐입니다. 이 자유와 부에서 조금이라도 자기 몫을 주장하는 사람은 모두 이 특권을 유지하는 데 기여할 책임과 의무가 있습니다.

　저는 이미 개인이 마스터 마인드 원칙을 이용할 수 있는 가장 중요한 관계를 설명했습니다. 바로 혼인 관계입니다. 이 원칙을 적용하면 결혼 생활에서 나아가 당신이 인생에서 핵심 목표를 달성하는 데 기여할 다양한 인간관계를 발전시킬 수 있습니다.

　이제 이 훌륭하고 보편적인 원칙을 사용할 수 있는 다른 관계를 보겠습니다. 모든 사람은 자신의 핵심 목표(인생에서 가장 높은 목적)에 일련의 단계를 통해서만 도달할 수 있습니다. 자신이 하는 모든 생각, 타인

111

2장. 마스터 마인드

과의 모든 거래, 자신이 세운 모든 계획, 자신이 저지른 모든 실수가 선택한 목표를 달성하는 능력에 아주 중대한 영향을 미친다는 사실을 깨닫길 바랍니다.

명확한 핵심 목표를 선택하는 것만으로는, 그것을 글로 적어 마음속에 확실히 새긴다 해도 성공적인 실현을 보장하지 않습니다. 한 개인의 핵심 목표는 반드시 부단한 노력으로 뒷받침되고 추구되어야 합니다. 그리고 이런 노력에서 가장 중요한 부분은 타인과의 관계입니다. 이 진실을 마음에 잘 새기면 조력자를 선택할 때, 특히 거의 매일 만나야 하는 사람들을 택할 때 얼마나 신중해야 하는지 알 수 있습니다.

이제 인생에서 명확한 핵심 목표를 가진 사람이 그것을 달성하기 위한 여정에서 만들고 키우고 이용해야 할 인간관계들을 살펴보겠습니다.

직업적 관계

혼인 관계를 제외하고 개인이 매일 하는 일에서 동료들과의 관계보다 더 중요한 것은 없습니다. 우리는 매일 함께하는 동료 가운데 특히 거침없이 말하는 사람의 버릇, 마음가짐, 삶의 철학, 정치적 견해, 경제 개념 및 기타 전반적인 특질을 닮아가는 경향성이 있으며, 이는 대다수 사람에게 마찬가지입니다. 이 경향성이 가진 비극은 거침없이 말하는 사람이 매일 마주치는 동료들 가운데 건강한 생각을 가진 자가 아니며, 심지어 십중팔구 최악의 인성을 가진 자라는 사실입니다!

또한 거침없이 말하는 사람은 보통 자기 인생의 명확한 핵심 목표가 없습니다. 그렇기 때문에 그런 목표를 가진 사람을 깎아내리기 위해 자신의 시간과 노력을 쏟아붓습니다. 자기가 삶에서 무엇을 원하는지 정확히 아는 건강한 인격의 사람들은 현명하게 행동하기에 자신의 비밀을 발설하지 않습니다. 타인을 낙담시키기 위해 시간을 낭비하지도 않습니다. 그들은 자신의 목표를 달성하기 위해 매우 바쁘게 일하기에 자신에게 도움이 안 되는 일이나 사람에게 시간과 노력을 낭비하지 않습니다.

우리는 매일 일하며 만나는 거의 모든 집단에서 영향력이 있고 도움이 될 만한 사람을 발견합니다. 사람 볼 줄 아는 눈과 명확한 핵심 목표를 가진 사람은 그런 사람을 구분할 줄 알아서 서로 도움이 됩니다. 그리고 오로지 도움을 주고받을 의향이 있는 사람들과 긴밀한 관계를 형성해서 자신의 지혜를 증명할 것이며, 그렇지 않은 사람들은 재치 있게 피할 것입니다.

또한 그들은 자연스럽게 자신보다 더 훌륭한 인격과 지식, 경험을 가진 사람들과 가장 가까운 연대를 형성하려 할 것입니다. "연구하고 준비하면 언젠가 내게도 기회가 찾아올 것이다"라는 에이브러햄 링컨의 말을 마음에 품을 것입니다. 자신보다 직급이 높은 사람들을 뛰어넘을 수 있는 날이 오길 고대하되, 그들을 간과하지는 않을 것입니다.

인생에 건설적인 명확한 핵심 목표를 가진 사람은 자신보다 우수한 사람들을 절대 시기하지 않습니다. 오히려 그들의 방법을 연구하고 그들의 지식을 빌려옵니다. '상사를 헐뜯는 데 시간을 보내는 사람은 결코 성공한 상사가 될 수 없다'라는 말은 믿을 만한 예언입니다.

가장 훌륭한 병사들은 상관의 명령을 따르고 수행할 수 있는 사람들입니다. 그렇게 할 수도 없고 하지도 않는 사람들은 군에서 성공한 지도자가 되지 못합니다. 사적인 일에서도 마찬가지입니다. 자신보다 위에 있는 사람을 조화로운 마음으로 본받으려 하지 않으면 그 사람과의 관계에서 많은 이득을 얻지 못합니다.

우리 조직에서 스무 명이나 되는 사원들이 평사원에서 시작하여 높은 직위로 승진해서 엄청난 부자가 되었습니다. 그들은 제게 결함이 많다는 것을 잘 알지만 제 흠을 보지 않았습니다. 대신 저를 비롯해 매일 만나는 모든 사람의 경험을 끌어다 활용해서 높은 직위에 올랐습니다.

명확한 핵심 목표를 가진 사람은 매일 일하면서 만나는 모든 사람을 자세히 살핍니다. 그들을 자신의 발전을 위해 빌려올 수 있는 지식이나 영향력을 가진 대상으로 바라봅니다. 그런 대상을 현명하게 잘 살핀다면 매일의 일터는 경험에서 비롯된 교육을 받는 교실이 될 것입니다.

"이런 종류의 교육을 가장 잘 이용하는 방법은 무엇입니까?"라고 묻는 사람들이 있을 것입니다. 이 세상에 동기 없이 행해지는 일은 없습니다. 사람들이 자신의 경험과 지식 그리고 도움을 타인에게 빌려줄 때는 그렇게 할 만한 충분한 동기가 있기 때문입니다. 매일 만나는 동료들을 친절하고 협력적인 마음가짐으로 대하는 사람은 정중함을 제대로 갖추지 않아 적대적이고 짜증스럽고 무례하거나 태만한 사람보다 남들에게서 무언가를 배울 가능성이 더 큽니다. 매일 만나는 동료가 자신보다 아는 것이 많아 그에게서 배우고 싶고 그의 협조가 필요하다면 "소금보다 꿀로 더 많은 파리를 잡을 수 있다"라는 옛말을 명심해야 합니다.

교육적 측면

배움에는 끝이 없습니다. 인생의 핵심 목표가 아주 명확하고 높고 거대하다면 끊임없이 배우는 자세로 살아야 하며 가능한 한 모든 원천으로부터, 특히 그의 목적과 관련된 전문 지식과 경험을 얻을 수 있는 원천으로부터 배워야 합니다.

공공 도서관은 무료입니다. 도서관은 문명에 소개된 모든 주제에 관한 방대한 지식을 체계적으로 정리해 둔 곳입니다. 인간이 쌓은 모든 지식을 모든 언어로 보유하고 있습니다. 성공한 사람은 반드시 독서를 합니다. 자신이 택한 일과 관련해 앞서 산 인물들의 경험에서 나온 중요한 사실들을 배웁니다. 어떤 주제에 관해 타인이 경험을 통해 쌓은 지식을 최대한 자기 것으로 활용할 때까지는 스스로 초등학생에도 못 미치는 수준이라고 여겨야 한다는 말이 있습니다.

책은 그런 사실을 알지 못한 채 읽는다면 개인이 정신적으로 성장할 수 없는 음식이기 때문에 독서 계획은 매일 먹는 식단만큼이나 신중하게 짜야 합니다. 재미를 위한 책과 선정적인 잡지만 읽으면 큰 발전을 이루는 데 전혀 도움이 되지 않습니다. 이것은 확실합니다. 핵심 목표의 달성을 위해 어떤 식으로든 이용할 수 있는 지식을 확실하게 제공하는 책을 매일 읽지 않는 사람도 마찬가지입니다. 가끔가다 독서를 하면 재미있을지 모르지만 그렇게 해서는 나에게 도움이 되지 않습니다.

독서가 개인이 택할 수 있는 유일한 배움의 원천은 아닙니다. 직장 동료들과의 사적인 인간관계에서 신중하게 선택한다면, 평범한 대화를 통해 교양 지식을 제공할 수 있는 사람들과 어울릴 수 있습니다. 비즈니스 클럽처럼 명확한 목표를 염두에 두고서 택한다면 직업인들의 모임은 배움에 크게 도움이 되는 연대를 형성할 기회를 줍니다. 이런 교류를 통해 많은 사람이 핵심 목표를 달성하는 과정에서 아주 값진 사업상·사교상의 인맥을 만듭니다.

친구를 만드는 습관을 갖지 않고서는 인생을 성공적으로 살아낼 수 없습니다. 교제와 관련해서 '인맥'이라는 단어는 중요합니다. 개인적인 인맥을 확장하는 습관을 기르면 인간관계를 키울 때 유용합니다. 사람들에게 자신의 장점을 잘 보여주면 그들이 기꺼이 나서서 도와줄 날이 올 것입니다.

종교 활동

개인의 성취에 관한 어떠한 철학도 종교 모임이 주는 혜택을 언급하지 않고서는 완성될 수 없습니다. 저는 한 개인이 가지는 종교도 아주 개인적인 자신의 일부이므로 종교에 대한 가치관을 스스로 형성하는 것을 방해하거나 참견해서는 안 된다고 믿습니다. 그렇기 때문에 특정 종교를 홍보하려는 의도는 전혀 없습니다.

하지만 성공과 실패의 원인을 분석하는 사람으로서 종교 모임에서 얻을 수 있는 많은 이점을 강조할 수는 있다고 생각합니다. 종교 모임에서 맺은 관계를 통해 영적인 혜택뿐만 아니라 순전히 경제적인 이점도 얻을 수 있다고 말하는 것입니다.

종교 모임은 사람들을 만나고 교우 관계를 맺을 수 있는 바람직한 통로 가운데 하나입니다. 왜냐하면 종교 활동이라는 동일한 목적을 위해 사람들 사이에 유대감을 북돋는 환경에서 한날한시에 사람들이 모이기 때문입니다. 누구나 금전적인 이득이나 성공과 관련된 생각에서 완전히 벗어나 순수하게 상호 이해와 우정을 위해 생각을 주고받을 수 있는 환경에서 이웃과 교류할 수 있는 통로가 필요합니다. 자신만의 껍질 안에 갇혀 살며 이웃과 어떤 형태의 교류도 없는 사람은 이기적으로 변하기 쉬우며 편협한 관점을 갖게 됩니다.

이런 관점 외에도 종교 모임을 꾸준히 다니는 습관을 가지면 사업을 키우거나 개인적인 서비스를 판매하는 데 큰 도움이 되는 사람들과 인맥을 형성할 수 있습니다. 같은 종교 모임에 참석하는 사람들 사이에는 상호 신뢰에 기초한 유대감이 형성되며, 이는 사업적 관계와 사회적 관계에 도움이 될 수 있습니다.

정치적 연대

정치에 관심을 갖고 투표하여 자격이 되는 사람들을 공직에 앉히는 데 기여할 권리를 행사하는 것은 모든 국민의 의무이자 특권입니다. '어느 정당에 속했는가'는 투표라는 특권을 행사하는 문제보다 훨씬 덜 중요합니다. 만일 정치가 부도덕한 관행으로 더럽혀진다면, 부도덕하고 무가치하며 무능한 사람들이 공직에 발을 못 붙이게 할 수 있는 힘을 가졌음에도 막지 않은 국민을 탓할 수밖에 없습니다. 투표라는 특권과 그것을 행할 의무와 함께, 인맥과 개인의 핵심 목표를 달성하는 데 도움이 될 사람들과의 연대를 통해 정치에 적극적인 관심을 가질 때 얻을 수 있는 혜택이 있습니다.

어떤 직업에서는 정치적 영향력이 개인의 이익을 추구하는 과정에서 분명하고 중요한 요인이 됩니다. 만약 사업을 하거나 전문직에 종사하는 사람이라면 분명 적극적인 정치 연대를 통해 이익을 도모할 가능성을 간과해서는 안 됩니다. 정치인이 되거나 공직에 후보로 나설 생각이 없을 수 있지만, 공직자들에 대한 유권자의 의무와 관련된 가능성은 모든 유권자가 자신의 직업적 발전을 추구하는 과정에서 큰 자산으로 전환될 수 있습니다.

따라서 인생의 핵심 목표를 달성하는 과정에서 협력할 수 있는 모든 동료에게 백방으로 손을 뻗어야 할 필요성을 이해하는 깨어 있는 개인이라면 투표라는 특권을 백분 이용할 것입니다.

사교적 관계

'친밀한 인맥'을 만들 수 있는 비옥하면서도 한계가 거의 없는 밭이 있습니다. 사교 활동을 통해 친구를 만드는 기술을 아는 배우자를 둔 사람들은 이 밭을 이용할 수 있습니다. 예를 들어 배우자의 직업이 많은 사람과의 인맥을 필요로 한다면, 자신의 집과 사교 활동을 배우자를 위한 아주 값진 자산으로 전환할 수 있습니다.

직업윤리에서 직접적인 광고나 홍보를 금지하는 대부분의 전문직은 특히 배우자가 사교 활동에 소질이 있다면, 그러한 사회적 능력을 효과적으로 이용할 수 있습니다. 어느 성공한 생명보험 설계사는 그 유명 비즈니스 클럽의 회원인 배우자의 도움을 받아 해마다 100만 달러에 달하는 보험을 판매합니다. 역할은 단순합니다. 클럽의 회원 부부들을 집으로 초대하여, 화기애애한 분위기 속에서 다른 회원 부부들과 친숙해질 수 있는 상황을 만들어주는 것입니다.

한 변호사의 아내 또한 그런 사회적 능력을 통해 부유한 사업가 부부들을 대접해서 중서부 도시에서 가장 잘나가는 변호사 사무소를 만드는 데 일조했습니다. 이 방향으로 가능성은 무궁무진합니다.

다양한 직업을 가진 사람들과 친밀하게 연대할 때 얻을 수 있는 이점 가운데 하나는 그러한 인맥들이 '원탁 토론'을 할 수 있는 기회를 제공한다는 점입니다. 지인이 많으면 다양한 주제에 관한 값진 정보의 원천이 될 수 있습니다. 더 나아가 풍부한 사고를 키우는 데 꼭 필요한 교류로 이어질 수 있습니다.

어떤 주제를 토론할 때 자유롭고 자연스럽게 생각을 표현하면 참석자들의 정신이 풍요로워집니다. 누구나 새로운 생각할 거리를 통해 그의 생각과 계획을 강화할 필요가 있습니다. 이러한 생각할 거리는 다른 생각을 가진 사람들과의 솔직하고 정직한 대화를 통해서만 얻을 수 있습니다.

다른 사람들의 생각에서 가져온 아이디어를 설교에 반영하지 않고 같은 설교를 계속 되풀이하는 목사는 얼마 지나지 않아 신도들을 잃게 될 것입니다. 최고의 자리에 오른 작가는 개인적 인맥이나 독서를 통해 타인의 생각과 아이디어를 끌어와 그가 보유한 지식의 범위를 끊임없이 확장해야 합니다.

똑똑하고 깨어 있고 수용적이고 유연한 정신을 유지하려면 다른 사람들이 가진 지식의 저장소에서 끊임없이 배워야 합니다. 스스로 계속 새로워지지 않으면, 더 이상 사용할 수 없는 팔처럼 정신이 위축됩니다.

이것이 바로 자연법칙입니다. 자연의 계획을 연구하면 아주 작은 벌레부터 인간이라는 복잡한 개체에 이르기까지 살아 있는 모든 것은 끊임없이 사용되어야 성장하고 건강할 수 있음을 발견하게 됩니다. 죽은 것만이 더 이상 사용되지 않습니다. 토론은 한 사람이 가진 지식의 저장소를 확장할 뿐만 아니라 마음의 힘도 계발하고 확장합니다.

⚘ 타인과의 소통을 매일의 루틴으로 만들어라

카네기: 학교를 졸업했다고 해서 더 이상 공부를 하지 않는 사람은 학창 시절 아무리 많은 지식을 쌓았다 할지라도 결코 교양 있는 사람이 될 수 없습니다. 인생 자체가 위대한 학교이며, 생각하게 만드는 모든 것이 스승입니다. 현명한 사람은 이것을 압니다. 아울러 생각을 교류하며 자신의 마음을 발전시키려는 목적으로 타인과의 소통을 매일의 루틴으

로 삼습니다.

그렇기 때문에 마스터 마인드 원칙을 실제로 사용하는 데는 제한이 없습니다. 마스터 마인드 원칙은 개인의 마음의 힘을 타인의 지식과 경험, 마음가짐으로 보완하는 도구입니다. 누군가 이것을 다음과 같이 적절하게 표현했습니다.

"만일 제가 당신에게서 1달러를 받고 그 대가로 1달러를 준다면 둘다 처음 시작했을 때와 달라질 것이 없습니다. 하지만 제가 당신의 생각 하나를 받은 대가로 제 생각 하나를 준다면 둘 다 100퍼센트의 배당금을 받는 투자가 됩니다."

서로 생각을 교환하는 관계만큼 이로운 관계는 없으며, 가장 평범한 사람의 정신에서 가장 중요한 아이디어가 나올 수 있다는 사실은 놀랍지만 진실입니다.

한 예로 핵심 목표의 달성으로 이어진 아이디어를 교회 경비원에게서 얻은 한 목사의 이야기가 있습니다. 이 목사의 이름은 러셀 콘웰로 오랫동안 대학교 설립을 자신의 핵심 목표로 삼아 왔습니다. 옥에 티라면 필요한 돈이 없었다는 것인데, 학교를 설립하려면 100만 달러가 넘는 거액이 필요했습니다.

어느 날 콘웰은 교회 잔디를 깎으며 분주히 일하고 있는 경비원에게 다가가 담소를 나누었습니다. 그 경비원은 철학적인 사고를 하는 사람이었습니다. 둘이서 이것저것 가벼운 이야기를 나누는 동안 콘웰이 교회

마당 건너편 잔디가 교회 잔디보다 훨씬 더 푸르고 깔끔하게 정리되어 있는 것 같다고 농담처럼 말했습니다.

그러자 경비원은 활짝 웃으며 이렇게 말했습니다.

"울타리 건너편의 잔디가 더 푸르게 보이는 것은 우리가 이쪽 잔디에 익숙하기 때문이죠."

이 말은 콘웰의 비옥한 마음에 아주 작은 씨앗을 심어주었고 인생의 핵심 목표를 달성하는 해법이 되어주었습니다. 경비원의 평범한 말에서 콘웰이 4000번 이상 되풀이한 강연 아이디어가 탄생한 것입니다.

그는 강연의 제목을 '다이아몬드 밭'이라고 붙였습니다. 강연의 핵심 아이디어는 이렇습니다. 사람은 멀리 있는 기회를 추구할 필요가 없습니다. 이웃의 잔디는 사실 자기 집 잔디보다 더 푸르지 않으며, 단지 그래 보일 뿐이라는 사실을 인식함으로써 자신의 자리에서 기회를 찾을 수 있다는 것입니다.

이 강연으로 콘웰은 평생 400만 달러 이상의 수입을 거두었습니다. 강연은 책으로도 출간되어 그가 사망한 후에도 수년 동안 전국적인 베스트셀러로 남았습니다. 책으로 거두어들인 수입은 미국의 명문대인 템플대학교를 설립하고 유지하는 데 사용되었습니다.

이 강연의 초석이 된 아이디어는 대학교를 설립하는 것 이상의 일을 했습니다. 수많은 사람에게 영향을 주어 자신이 처한 환경에서 기회를 찾게 함으로써 그들의 삶을 풍요롭게 했습니다. 이 강연이 담고 있는 철학은 철학적 사유를 하는 일꾼의 마음에서 나온 이래로 여전히 타당합니다.

이 점을 명심하세요. 콘웰과 경비원의 이야기처럼 활성화된 모든 두뇌는 개인이 문제의 해법을 찾는 과정에서 매우 값진 아이디어 혹은 그 아이디어의 씨앗을 확보하게 해주는 영감의 원천입니다. 때론 위대한 아이디어가 평범한 정신에서 나오기도 합니다. 그러나 일반적으로 그것은 마스터 마인드 관계를 의도적으로 맺고 유지하는 가장 가까운 사람들의 정신에서 비롯됩니다.

찰리 슈와브와 제가 골프 라운딩을 하고 있던 어느 오후에 슈와브는 제 커리어에서 가장 돈이 되는 아이디어를 떠올렸습니다. 13홀을 마쳤을 때, 슈와브가 저를 바라보며 겸연쩍은 미소를 지으며 말했습니다.

"이번 홀에서 제가 회장님보다 3포인트 앞섰네요. 그런데 방금 회장님이 골프 칠 시간을 많이 갖게 해줄 아이디어가 막 떠올랐습니다."

저는 그것이 무엇이냐고 재촉하듯 물었습니다. 슈와브는 짧은 한 문장으로 답했지만, 단어 하나하나가 100만 달러의 가치를 갖는 말이었습니다.

"모든 공장을 하나로 통합해서 월가에 매각하세요."

라운딩이 끝날 때까지 그 문제에 대해 더 이상 언급하지 않았지만, 그날 저녁 저는 그 제안을 마음속에 되새기며 곰곰이 생각하기 시작했습니다. 잠자리에 들기 전, 저는 슈와브가 제시한 아이디어의 씨앗을 명확한 계획으로 전환했습니다.

그다음 주에 슈와브에게 뉴욕으로 가 J. P. 모건J. P. Morgan을 비롯한 월가의 은행가들 앞에서 연설을 하도록 했습니다. 연설의 핵심은 US스틸을 설립하겠다는 계획이었는데, 그 계획을 통해 저는 보유한 모든 철강 지분을 통합한 후 많은 돈을 가지고서 은퇴했습니다.

여기서 한 가지 강조하고 싶습니다. 만일 제가 아이디어 내는 것을 적극적으로 장려하지 않았더라면, 슈와브의 아이디어는 세상의 빛을 보지 못했을 수도 있습니다. 그리고 저는 아마 그 덕을 전혀 보지 못했을 것입니다. 저는 슈와브를 포함한 제 마스터 마인드 구성원들과의 긴밀하고 지속적인 관계를 통해 항상 아이디어 제안을 장려했습니다.

다시 한번 말하지만 '인맥'은 중요한 단어입니다! 이 단어에 '조화로운'이라는 단어를 더하면, 더더욱 중요해집니다! 다른 사람들과 조화로운 관계를 맺으면 개인은 아이디어를 창출하는 자신의 역량을 백분 이용할 수 있기 때문입니다.

이 위대한 진실을 간과하는 사람은 평생 보통을 넘어서지 못하고 그저 그렇게 살게 될 것입니다. 제아무리 똑똑한 사람도 타인의 친절한 조력 없이 세상에 자신의 영향력을 널리 퍼뜨릴 수는 없습니다. 당신이 미국인의 성취에 관한 철학을 제시할 때는 모든 방법을 동원해서 이 생각을 납득시켜야 합니다. 이런 생각을 접하지 못해서 핵심 목표의 달성은 꿈도 꾸지 못한 채 살아갈 많은 사람에게 성공으로 가는 길을 열어줄 수 있기 때문입니다.

너무 많은 사람이 성공을 멀리서 찾습니다. 그들 대부분이 '기적'과 운에 대한 믿음을 바탕으로 세운 복잡한 계획 속에서 성공을 찾습니다. 콘웰이 그의 유명한 강연에서 말한 대로, 어떤 사람은 이웃의 잔디가 더 푸르러 보인다고 생각하면서 매일 접하는 동료를 통해 얻을 수 있는 아이디어와 기회라는 '다이아몬드 밭'은 놓치고 맙니다.

저는 너무 뜨거워서 생각으로만 관통할 수 있는 용광로의 불길을 바라보며 제가 있는 자리에서 저의 다이아몬드 밭을 찾았습니다. 다른 사람의 다이아몬드 밭에서 그저 그런 연철공으로 남지 않고 위대한 철강업의 지도자가 되겠다는 생각을 나 자신에게 설득하기 시작한 첫날을 생생히 기억합니다.

철강업 지도자가 되겠다는 생각이 처음에는 그다지 명확하지 않았습니다. 제 인생에서의 명확한 목표라기보다는 그저 한낱 소망에 가까웠습니다. 하지만 저는 곧 그 생각을 다시 마음속에 가져와 그곳에 자리를 잡고 살게 했습니다. 마침내 제가 그 생각을 움직이는 것이 아니라 그 생각이 저를 움직이는 때가 왔습니다.

그날 저는 열의를 갖고 제 '다이아몬드 밭' 일을 시작했고, 명확한 핵심 목표가 얼마나 빨리 그에 상응하는 물질로 전환되는 방법을 찾는지 깨닫고 놀랐습니다. 핵심은 당신이 무엇을 원하는지 아는 것입니다. 그 다음으로 가장 중요한 것은 설령 생각의 도구에 불과할지라도 손에 넣을 수 있는 도구는 무엇이든 사용해서 지금 있는 곳에서 다이아몬드를 파내기 시작하는 것입니다.

주어진 도구를 얼마나 성실하게 사용했는지에 따라 그에 비례하여 다른 더 좋은 도구를 갖게 됩니다. 마스터 마인드 원칙을 이해하고 이용하는 사람은 이 원칙에 대해 전혀 모르는 사람보다 훨씬 빨리 필요한 도구를 찾게 될 것입니다.

제 노고에 대한 보상으로 재정적 성공을 안겨준 마스터 마인드 원칙을 처음에 제가 어디서 어떻게 알게 되었는지가 무엇보다 궁금할 것입니다. 그 이야기를 들으면 제가 마스터 마인드 원칙을 유익하게 이용하는 중요한 통로로 종교 모임을 제시한 이유를 더 잘 이해하게 될 것입니다.

물론 저 자신을 본보기로 내세우며 저의 종교관이나 교회에 나가는 깃을 강요할 생각은 결코 없습니다. 하지만 지는 일주일에 최소 하루 독서를 하거나 강연이나 설교를 들음으로써 물질적인 것에 대한 모든 생각을 한편으로 제쳐두는 것을 루틴으로 삼고 있습니다.

✦ 아이디어가 세상을 지배한다

카네기: 어느 일요일 아침 저는 한 목사의 설교를 들었습니다. 예수가 기업과 산업이 사람들의 지배적인 관심사인 세상에 살았다면 어떤 일을 했을지 생생하게 묘사하는 내용이었습니다. 목사는 현대를 사는 예수와 열두 제자를 아주 드라마틱하게 그리며 그들이 거대한 산업의 이사회로서 탁자에 둘러앉은 모습을 묘사했습니다. 그는 현대의 언어를 사용하는 예수와 열두 제자의 모습을 그리며 그들이 우리가 사는 산업 시대에 살았더라면 기업을 어떻게 경영했을지 인상적으로 묘사했습니다.

저는 평범한 젊은 노동자에 불과했지만 그 설교는 마스터 마인드 원칙의 씨앗을 제 마음에 심어주었습니다. 저는 그 아이디어에 대해 생각하기 시작했습니다. 동료 노동자들과 이에 대해 이야기를 나누었더니 얼마 지나지 않아 저와 가장 가까운 두 동료가 이 아이디어의 거대한 가능성을 이해하기 시작했습니다.

우리는 철강업에 대한 실질적인 이해를 바탕으로 이 아이디어를 바라보았습니다. 우리가 접한 이 원칙의 힘을 다 깨닫기 바로 전에 대화를 전환해 명확한 핵심 목표라는 결정체를 얻었습니다. 이로써 우리는 저의 첫 번째 벤처가 일상적으로 운영되기 위해 필요한 운영 자본을 조달할 수 있는 원천을 찾게 되었습니다.

우리가 사는 세상에는 냉소주의와 의심이 팽배합니다. 목사들은 보통 사람들이 알지 못하는 세상에 대해서만 이야기하기 때문에 교회에 다니지 않는다고 말하는 사람이 많습니다. 영혼의 구원을 위해 무언가를 하기 전에 굶주린 배를 먼저 채워야만 하는, 하루 벌어 하루 먹고 사는 세상에서 목사들의 생각이란 비실용적이고 쓸모없는 것입니다.

하지만 현명한 사람이라면 이런 생각에 호도되지 않을 것입니다. 교회는 생각의 불을 지피기 위한 연료를 찾을 수 있는 장소입니다. 목사들이 때때로 미래의 삶에 대해 너무 많이 말하고 속세의 삶에 대해서는 거의 다루지 않는 것은 사실입니다. 그럼에도 제가 교회 목사가 제 마음에 심어준 아이디어를 통해 가난에서 벗어나 부자가 되는 길을 발견했다는 사실에는 변함이 없습니다.

교회가 물질적인 문제의 해법을 찾는 과정에서 도움이 되는 타당한 아이디어를 얻을 수 있는 유일한 장소라고 말하는 것이 아닙니다. 또 교회가 항상 그런 영감을 얻을 수 있는 최적의 장소라는 뜻도 아닙니다. 그렇지만 원천이 무엇이든 마스터 마인드 원칙의 운영을 통한 호의적인 교류는 인간 정신의 발전과 성장에 반드시 필요합니다. 그리고 종교 모임은 대개 이 원칙을 펼치기에 유리한 환경을 제공합니다.

확장과 성장의 연료를 얻기 위해 모든 마음은 다른 마음과의 접촉이 필요합니다. 변별력이 있는 사람은 자신이 자주 접하는 사람의 인성에서 두드러진 부분을 닮아간다는 사실을 인지하고 가장 가까운 관계를 맺을 사람들을 가장 신중하게 선별합니다.

저라면 자신보다 더 많이 알고 더 영향력 있는 사람을 곁에 두려 하지 않는 사람에겐 관심을 갖지 않을 것입니다. 왜냐하면 사람은 자신이 가까이에 둔 사람들을 닮아가기 때문입니다. 그러므로 밤이 지나면 낮이 오듯 자신보다 우월한 사람을 곁에 두면 그를 따라 올라갈 것입니다. 반대로 자신보다 열등한 사람을 곁에 두면 그를 따라 추락하는 것이 진실입니다.

제가 철강 제작과 마케팅에 대해 저보다 많이 아는 사람들로 구성된 마스터 마인드로 제 주변을 채웠다는 것은 잘 알려진 사실입니다. 그렇게 하지 않았다면 저는 세계 제일의 철 생산자가 되지 못했을 것입니다.

힐: 카네기 씨의 설명은 충분히 알아들었습니다. 하지만 아직 설명하지 않은 것이 하나 있어서 계속 신경이 쓰입니다. 바로 자기보다 우월한 능력과 지식을 갖춘 사람들을 마스터 마인드 구성원으로 선택할 때 적용해야 하는 규칙입니다. 뛰어난 능력의 소유자들에게 그들보다 열등한 사람과 동지가 되라고 설득하기가 쉽지 않을 것 같습니다. 마스터 마인드를 구축하는 과정에서 이런 장애를 어떻게 극복할 수 있을까요?

카네기: 그 질문을 하다니 아주 기쁩니다. 이 점에 대해 정확히 이해

시킬 기회니까요. 우선 사람들이 해야 할 모든 일과 삼가야 할 모든 일에서 촉매제로 작용하는 아홉 가지 주요 동기를 다시 살펴봅시다. 사람들이 타인과 연대하는 이유는 거기서 얻을 것이 있으리라고 기대하기 때문입니다.

많은 분야에서 능력이 별로 없는 사람이 어떤 한 분야에서는 엄청난 경험과 지식을 보유한 경우가 더러 있습니다. 따라서 당신의 아이디어가 타당하고 이윤을 창출할 수 있음을 보여줄 수 있다면, 설령 동료들이 당신의 전문 지식 이외의 많은 분야에서 더 뛰어날지라도 당신의 아이디어를 추구하고 발전시키는 과정에 힘을 보태도록 유도할 수 있습니다.

제 경우를 예로 들어보겠습니다. 저는 평범한 노동자였으나 당시 철강업에서 사용되는 익숙한 방법보다 발전된 아이디어를 가지고 있었습니다. 철강 제작과 마케팅에 관한 제 아이디어는 참신했고 저는 그것을 다른 사람들에게 설득하는 능력이 있었습니다. 그래서 그 아이디어를 발전시키는 데 필요한 운영 자본을 기꺼이 공급해 줄 사람들과 연대할 수 있었고, 거기서 주도적인 입지를 얻게 되었습니다.

대체로 그들은 저보다 뛰어난 사람들이었습니다. 하지만 제 계획에 따라 철을 생산하는 일에서는 제가 그들보다 뛰어났습니다. 그건 그들도 인정했습니다. 그들의 전문 분야는 자본을 이용해서 수익을 창출하는 것이었습니다. 제 전문 분야는 개선된 방법으로 철을 생산하는 것이었습니다.

우리에게는 서로가 필요했습니다. 자본을 제공한 사람들은 철을 만들 수 없었지만, 저는 그들에게 기존의 방법보다 더 경제적으로 철을 만드는 법을 보여줄 수 있었습니다. 필요한 운영 자본이 손에 들어오자, 철의 생산에 필요한 기술적인 능력을 갖춘 사람들로 제 주변을 채우는 건 간단했습니다.

저와 연대한 사람들은 금진적 이득으로 동기가 부여되었습니다. 제가 그들을 필요로 하는 만큼 절실하게 그들도 저를 필요로 했습니다. 왜냐하면 그들은 자신의 재능을 돈으로 전환하기 위해 필요한 능력이 없었기 때문입니다. 제가 그 능력을 가졌으니 그들은 기꺼이 저와 손을 잡았습니다.

실용적인 아이디어를 가진 사람이 마스터 마인드 원칙을 통해 자신보다 뛰어난 능력을 가진 사람들을 동참시키는 또 다른 사례가 있습니다. 헨리 포드라는 사람이 있습니다. 그는 학교 교육을 거의 받지 못했고, 인성도 딱히 자랑할 만한 것이 못 됩니다. 하지만 그는 아이디어 하나로 기술적 능력과 운영 자본을 끌어와 누구나 알 만한 거대한 상업적 가치를 창출했습니다.

모두가 알고 있듯 그 아이디어는 자동차라고 알려진 자체 추진 운송 수단입니다. 그는 많은 시간과 생각을 그 아이디어에 쏟아부었으며, 그것이 상업적 가치가 있음을 증명할 때까지 계속 실험했습니다. 다음 단계로, 그는 지인 가운데 한 명을 설득해서 자동차 생산을 시작하기 위해 소액의 운영 자본을 제공받았습니다.

새로이 형성된 연대의 도움을 받은 그는 도지Dodge 형제와 기술력을 갖춘 사람들을 설득해서 그의 마스터 마인드에 동참시켰습니다. 아마도 많은 면에서 그의 동지들이 포드보다 더 유능했을 것입니다. 하지만 아이디어만큼은 포드의 것이었고, 그들은 포드에게 그룹의 주도적인 인물이 되는 특권을 주었습니다.

이것이 바로 사람들이 그들보다 더 뛰어난 능력을 가진 구성원들로 주변을 채우는 전형적인 방법입니다. 항상 그런 연대를 뒷받침하는 동기가 있습니다. 가장 흔한 동기는 금전적 이득에 대한 욕구입니다. 포드를 잘 관찰하길 바랍니다. 그는 미국의 자동차 산업을 지배할 인물이기 때문입니다. 그는 기계에 관해 가장 타당한 아이디어를 가진 인물이자 철학자입니다. 그래서 그를 자세히 관찰하면 어떻게 해야 타당한 아이디어 하나로 미국의 맨 밑바닥에서 시작하여 위대한 성취를 이룰 수 있는지 알 수 있습니다.

저는 아이디어가 세상을 지배한다는 사실을 강조하고 싶습니다! 아이디어는 모든 인간의 성취가 싹트는 씨앗입니다. 어느 분야에서든 타당한 아이디어를 생산할 수 있는 사람은 항상 그 아이디어를 발전시키고 추구하기 위해 필요한 타인의 자본뿐만 아니라 두뇌와 능력까지 모두 얻을 수 있습니다.

돈이란 그것을 능숙하게 사용할 줄 아는 자가 없다면 어떤 사업에서든 별로 가치가 없다는 것을 명심해야 합니다. 어떤 사업이든 진짜 자본은 돈으로 측정할 수 있는 물질적 자산과 그 자산을 관리하는 데 필요한 두뇌로 구성됩니다. 저는 후자를 강조하고 싶습니다.

자본의 성격에 대한 이 그림을 마음속에 잘 새기십시오. 타당한 아이디어를 가진 사람들이 아이디어를 통해 이윤을 얻기 위해 많은 방면에서 자신보다 뛰어난 사람들로 주변을 채우는 과정을 좀 더 잘 이해하게 될 것입니다.

일반적으로 아이디어란 아무리 타당하다 할지라도 자본이 뒷받침되어 상업적으로 활용되기 전까지는 가치가 별로 없다고 할 수 있습니다. 더군다나 한 사람이 상업적으로 타당한 아이디어를 만들어내는 능력을 갖고 있으면서 동시에 그것을 실행하는 데 필요한 자본까지 갖춘 경우는 거의 없습니다. 그렇기 때문에 상업적으로 타당한 아이디어를 가진 사람은 자신보다 뛰어난 능력을 갖추었으나 타당한 아이디어를 내놓을 창의력은 부족한 사람들로 구성된 마스터 마인드 그룹과 손을 잡기 쉬운 것입니다.

더러 타당한 아이디어를 가진 사람도 자본을 가진 사람에게 자기 아이디어의 상업적 가능성을 설득하는 데 큰 어려움을 겪습니다. 특히 아이디어가 완전히 새롭고 한 번도 시도된 적이 없다면 무관심과 반대에 부딪힐 가능성이 높습니다.

이런 종류의 어려움을 보여주는 사례를 소개하겠습니다. 하늘을 나는 기계를 제작했을 때, 라이트Wright 형제는 아주 타당하지만 완전히 새롭고 시도된 적이 없는 아이디어를 제시했습니다. 세상은 하늘을 날 수 있는 기계를 사람이 조종하는 것을 본 적이 없었습니다. 전례가 없었지만 라이트 형제는 그런 기계를 제작했고, 그들의 생각이 실제로 가능한 것임을 증명했습니다.

처음에 신문기자들은 대단히 회의적이어서 비행기를 조사하려 들지도 않았습니다. 그들은 그런 기계를 본 적도 들은 적도 없었기 때문에 비행기의 실용성을 의심했습니다. 만일 라이트 형제가 평범한 사람들이었다면 낙담하고 세상이 비행기를 받아들이기 전에 아이디어를 포기했을 것입니다.

하지만 그들은 평범하지 않았습니다. 그들은 성공 잠재력을 가진 사람들이었습니다. 그들에겐 명확한 핵심 목표와 그 목표를 끝까지 지켜낼 용기가 있었습니다. 마스터 마인드 원칙의 도움을 받는다면, 그들은 세상이 비행기를 받아들일 수밖에 없을 때까지 아이디어를 완벽하게 다듬고 발전시키기 위해 필요한 자본을 가진 사람들과 기술력을 가진 사람들을 끌어모을 수 있을 것입니다.

라이트 형제가 비행기를 만들어낸 것처럼 모든 인류의 진보가 이런 길을 거쳐 이루어졌습니다. 인간은 새로운 아이디어를 느리게, 마지못해 받아들입니다! 유비무환입니다. 성공철학을 공부하는 사람이라면 상황이 힘들어지는 순간 쉽게 포기하는 습관을 경계해야 합니다.

토머스 에디슨도 처음에는 힘들었습니다. 저는 에디슨이 처음에 전기로 불을 밝힐 수 있는 실용적인 백열전구를 완성했다고 발표했을 때, 세상이 그를 야유하고 경멸했던 것을 기억합니다. 에디슨은 새롭거나 개선된 아이디어를 가진 모든 사람이 겪는 것과 같은 경험을 했습니다. 하지만 그는 명확한 핵심 목표가 있는 사람이어서 1만 번의 실패와 좌절을 겪으면서도 목표를 꿋꿋이 지켜냈습니다. 그리고 마침내 두려움과 의심을 이겨내고 용기가 승리하는 것을 보게 되었습니다.

자기 마음을 다스릴 줄 아는 사람은 사실상
자신이 바라는 다른 모든 것을 다스릴 수 있다.

The man who controls his own mind may control practically
everything else he desires.

자신을 위해서가 아니라
모두를 위해서 일하라

힐: 인내라는 주제에 관해 카네기 씨의 조언을 듣게 되어 기쁩니다. 성취에 관한 새로운 철학을 세상이 받아들이도록 설득하기까지 오랫동안 그 조언을 따르게 될 것 같습니다.

카네기: 맞습니다. 당신에게는 훨씬 더 큰 인내심이 필요할 것입니다. 성공철학을 집대성하기 전까지 수년간 할 일이 많습니다. 또 당신의 노고가 낳은 결과물을 세상이 수용하게끔 하는 데도 인내심이 필요할 것입니다. 그것이 바로 제가 아이디어가 수용되기 전까지 회의주의와 의심에 맞닥뜨렸던 인물들의 경험에 주목하라고 강조하는 이유입니다.

당신의 일이 세상의 인정을 받을 때까지 계속해 나갈 수 있는 역량에 이 일의 성패가 달려 있습니다. 당신에겐 목적지에 도달할 때까지 계속하도록 북돋아 주는 다음의 동기가 있습니다.

첫째, 당신이 성공에 관한 최초의 실용적인 철학을 세상에 선사하면, 일반적으로 인정 욕구를 충족하기 위해 필요한 정도보다 훨씬 더 많은 대중의 존경과 인정을 받게 될 것입니다.

둘째, 당신의 업적으로 아주 많은 금전적 보상을 받게 될 것입니다.

셋째, 이 일을 통해 제공받을 서비스는 다른 방법으로는 찾을 수 없는 양과 질의 행복을 지속적으로 느끼게 해줄 것입니다. 힘들 때마다 이 생각을 떠올리세요. 그러면 당신의 앞길을 막는 모든 장애물을 제거하는 데 도움이 될 것입니다.

만일 이 일을 잘해낸다면, 당신의 영향력이 문명 세계 도처에 뻗어나가는 날을 보게 될 것입니다. 당신의 이름은 미국의 모든 마을과 도시에서 회자될 것입니다. 당신이 내놓은 결과물은 모든 언어로 번역될 것입니다. 당신의 업적은 플라톤과 그의 학파부터 랠프 월도 에머슨과 최근의 철학자들에 이르기까지 문명에 알려진 모든 추상적인 철학의 스승보다 더 실질적인 도움을 주어 길이길이 남을 것입니다.

이 점을 명심해야 하지만 그 생각에 휘둘려서는 안 됩니다! 자신을 너무 대단하게 생각하거나 세상에 당신이 없어서는 안 되는 존재라는 생각이 들기 시작하면, 필요 이상으로 오래 살았다는 뜻일 것입니다. 겸손한 마음으로 일에 임하십시오. 인간의 성취에 관한 원칙을 찾아 헤맬 능력도 의향도 없는 사람들에게 도움이 될 지식을 찾아 20~30년에 걸쳐 삶을 연구하는 학생에 불과하다는 생각을 마음에 새기십시오.

당신의 훌륭함은 스스로 얼마나 훌륭하다고 생각하는지가 아니라 다른 사람이 자신을 찾는 과정에 당신이 얼마나 도움을 주는지에 따라

정해질 것입니다!

죽기 전에 저는 당신에게 많은 문을 열어주어 훌륭한 업적을 이룬 많은 사람의 마음을 탐색할 기회를 무상으로 제공할 것입니다. 만일 이들에게 당신 자신이나 당신의 연구를 지나치게 대단한 것으로 여긴다는 인상을 준다면, 혹은 단지 당신 개인의 지위를 높이기 위해 이 일을 한다는 인상을 주는 언행을 조금이라도 남긴다면, 그들은 조개처럼 입을 굳게 닫고 협조하지 않을 것입니다. 반대로 표정과 마음으로 이 일을 하는 목적의 진실성을 보이며 그들에게 다가서면, 그들은 하던 일을 멈추고 연륜에서 얻은 지혜를 당신에게 아낌없이 알려줄 것입니다.

저는 당신을 장거리 전화를 발명한 알렉산더 그레이엄 벨 박사와 인간 정신의 작용에 관한 연구에 평생을 바친 위대한 과학자인 엘머 게이츠 박사에게 소개할 것입니다. 더불어 스무 명의 또 다른 위인들에게도 소개할 것입니다. 그들이 평생을 바친 연구는 열린 교과서가 되어 당신이 끌어와 쓸 수 있게 될 것입니다. 하지만 당신이 세상에 현존하는 것보다 더 훌륭한 성취에 관한 철학을 제시하기 위해 애를 쓰고 있다는 증거를 보여주지 않는 이상, 그들에게서 아무것도 얻지 못할 것입니다.

아직 태어나지 않은 사람들과 온 세상을 구하는 일이라면, 사람은 무엇이든 합당한 범위 내에서 원하는 것을 얻을 수 있습니다. 하지만 순전히 개인적인 이득을 위해 협조를 구함이 언행으로 드러나면 세상의 냉대와 무관심을 받을 것입니다.

제가 무례할 정도로 이 진실을 강조하는 것 같나요? 이런 일에 착수한 모든 사람이 인류의 이런 특성을 반드시 이해해야 합니다. 제가 이것을 당신에게 알려주는 이유는 당신만을 위해서가 아닙니다. 성공철학을 통해 이 진실을 다른 사람들에게도 전달하기를 바랍니다.

자신의 발전만을 목적으로 하지 않고 모두의 이익을 위해 일함을 공동체에 증명한 사람이 이 원칙을 실천할 때 어떤 일이 벌어질지 실제로 보여주는 예시를 원합니까? 그렇다면 썩은 정치에 정당한 분노를 느끼고 분연히 일어서 자신의 이익과 시간을 국민의 복지를 위해 희생하겠다고 약속하는 개혁 후보의 경험을 연구하십시오. 대개 그런 사람은 압도적인 표를 받아 공직에 오르게 됩니다.

얼마 전 미국의 한 대도시의 시장이 암흑 세력들과 결탁하는 바람에 그 도시의 특정 지역에서 심각할 정도로 범죄가 많이 발생했습니다. 그곳은 청소년과 아이들은 접근할 수 없을 정도로 위험한 우범지대로 전락했습니다. 국민은 정치인들에게 호소했지만 소용이 없었습니다.

마침내 한 목사가 이 사태를 해결하기 위해 나서기로 결심했습니다. 그 목사는 정치에는 문외한이었지만 유명 기업인을 시장 후보로 내세운 뒤 문제의 지역으로 찾아갔습니다. 그는 코트를 벗고 싸워 이기겠다는 의지를 불태우며 훌륭한 인물이 당선될 때까지 그곳에 머무르겠다고 단호히 말했습니다. 밤마다 그 지역을 돌아다니며 수레 위의 연단에서 연설했습니다. 그는 연설 마지막에 항상 이렇게 말했습니다.

"저는 제 이익을 위해서가 아니라 여러분의 자녀와 여러분 이웃의 자녀를 위해 여러분의 협조를 요청합니다. 아이들은 어른들이 제시하는 품위의 본보기를 보고 자랄 권리가 있습니다."

그가 내세운 후보는 그 도시의 역대 어느 시장보다 더 많은 표를 받고 시장에 선출되었습니다! 이 이야기는 모든 인간관계에서 통합니다. 세상은 자신을 잊고 타인의 이익을 위해 봉사하는 사람을 도우려 합니다. 이것은 2000년 전 다른 사람들의 삶을 개선하기 위해 자신의 목숨을 바친 어느 목수의 생각이기도 합니다. 예수의 영향력은 계속 확산되어 현재까지 세상에 알려진 가운데 선을 위한 단일한 영향력으로는 가장 크게 발전했습니다. 그의 철학은 그가 살아 있던 시대 못지않게 지금도 타당합니다.

저는 당신에게 설교를 하려는 것이 아닙니다. 하지만 유사 이래로 가장 훌륭한 철학자가 세상에 제시한 인간관계의 간단한 규칙을 알려주고 싶습니다. 그리고 당신이 그의 철학에 대한 저의 조언을 세상에 전하는 일을 소홀히 하지 않기를 진심으로 바랍니다.

만일 사람들이 너무도 냉정하고 지나치게 실리만 추구하게 되어 예수의 철학을 경멸하는 때가 온다면 세상은 정말 위험한 상태일 것입니다. 더불어 세상에 마스터 마인드 원칙의 타당성을 최초로 증명한 사람이 바로 이 평범한 목수였음을 잊지 말기를 바랍니다.

어떤 신학자들은 예수의 가르침에서 많이 벗어날 수도 있습니다. 따라서 재계에는 때때로 종교를 현대에 적용하는 것을 경영의 관점에서 비실용적이라고 볼 정당한 이유가 있습니다. 그러나 잘못된 해설자가 제시하는 신학과 신의 간결한 가르침은 완전히 별개의 것임을 세상은 기억해야 합니다.

저는 저 자신을 어떤 종교의 현대적 해석을 따르는 본보기로 내세운

적이 없습니다. 그러나 신이 인간관계에 대해 무슨 말을 했는지 알고 있습니다. 제 경험을 통해 그리고 사업가들이 사용하는 좋고 나쁜 방법을 관찰한 덕분에 예수의 철학이 그가 몸소 가르쳤던 시대 못지않게 지금도 타당하고 적용 가능하다는 것을 알고 있습니다.

모든 분쟁은 삼파전이다.

당신 편, 상대편 그리고 올바른 편 사이의 다툼이다.

There are three sides to all disputes: your side, the other fellow's side, and the right side.

성공을 만드는 가장 실용적인 원칙

앤드루 카네기가 아주 설득력 있게 말한 대로, 마스터 마인드 원칙은 개인이 타인의 교육과 지성, 경험을 끌어와 사용할 수 있게 하는 실용적인 도구다. 그러므로 이를 통해 개인이 핵심 목표를 달성하는 과정에서 부딪히는 모든 장애물을 극복할 수 있다.

이 보편적인 원칙을 적용하는 법을 이해한 사람은 이 모든 가능성을 누릴 수 있다. 따라서 이 원칙은 개인의 성취에 관한 철학에서 가장 중요하게 취급되어야 한다.

- 마스터 마인드 원칙의 도움을 받으면 우주비행사가 되지 않고서도 하늘의 별을 조사할 수 있다.
- 지질학자가 되지 않고서도 지구의 구조를 보고 이해할 수 있다.
- 생물학자가 되지 않고서도 유충에서 나비가 탄생하는 자연의 과정을 관찰할 수 있다.
- 화학자가 되지 않고서도 약물과 화학 물질의 성질과 사용법을 알 수 있다.
- 직접 살아보지 않아도 인류의 역사에 대해서 알 수 있다.

마스터 마인드 원칙에 대한 카네기의 철학에서 이 원칙이 갖는 역할에 관한 설명은 각색하지 않았다. 그의 요청에 따라 이 철학은 최대한 그가 말한 그대로 실었다. 다음은 나의 추가 설명으로, 초심자들이 마스터 마인드 원칙을 실제로 사용할 때 도움이 될 지침을 정리했다.

초심자를 위한 마스터 마인드 원칙
첫 번째 원칙: 어떤 실용적인 목표를 가졌든 두 가지 유형의 마스터 마인드 그룹이 있다고 생각하라. 첫 번째 그룹은 친지, 가까운 친구, 종교 활동을 통해 만난 조언자, 사교 모임의 지인들로 구성된 순전히 사적인 연대다. 이 그룹은 물질적 혹은 금전적 이득으로 전환할 의도가 전혀 없기 때문에 순전히 사교적 즐거움이나 교육적 목적으로 관계를 맺을 수 있다. 두 번째 그룹은 사업적 혹은 직업적 연대로, 전적으로 금전적·경제적 혹은 이윤을 얻기 위한 직업상의 발전을 이유로

선택된 사람들로 구성된다.

두 그룹 모두 성공하기 위해서는 조화가 필요하다. 두 집단 모두 구성원들의 동조, 충성, 지식, 경험, 창의력, 조화, 협력을 얻는 대가로 그에 상응하는 무언가를 내놓아야 한다.

두 번째 원칙: 두 그룹 모두에서 당신의 니즈를 가장 잘 충족하는 사람들을 구성원으로 선택하라. 당신의 명확한 핵심 목표에 계속 전적으로 동조할 가능성이 가장 큰 사람들을 택한다. 당신의 핵심 목표는 당신과 그 목표의 달성을 돕도록 선발된 사람들끼리만 아는 비밀로 유지한다. 구성원 가운데 잘 맞지 않는 사람을 발견하면 그룹에서 퇴출시키고 새로운 사람을 선발한다.

세 번째 원칙: 보통 6~7명이 조화로운 협력에 가장 유리하다. 구성원이 너무 많으면 때론 통제하기가 힘들다. (기술적 능력이 필수적인 사업상 업무를 철저히 배제한) 순전히 사교적인 그룹이라면 그보다 더 적은 수라도 충분하다. 어느 정도가 적절한 수인지는 그룹의 성격과 목적에 따라 달라진다.

네 번째 원칙: 마스터 마인드의 구성원들은 항상 서로 긴밀하게 소통해야 한다. 경영이 잘되는 기업의 이사회처럼 정기적으로 회의를 해야 한다. 그렇지만 모든 구성원이 모든 회의에 다 참석할 필요는 없다.

다섯 번째 원칙: 마스터 마인드 그룹의 공식적인 회의에서 명확한 핵심 목표 혹은 핵심 목표의 성취로 이어지는 작은 목적을 달성하는 방법과 수단은 모든 구성원이 참석한 토론에서 철저하게 분석되어야 한다. 그래야 최종 계획에 모든 구성원의 경험, 지식, 독창성, 전략, 상상력이 결합되어 반영될 수 있다. 하지만 그룹이 만든 계획을 실제로 수행하는 일은 전적으로 리더의 책임이다. 다른 구성원들이 당신에게 무엇을 언제 어디서 어떻게 할지 말해줄 것이라고 기대하지 마라. 스스로 진행하고 실시하라!

여섯 번째 원칙: 명확하게 제시되고 믿음이 뒷받침된 타오르는 열망은 모든 성취의 시작점이며, 마스터 마인드 원칙이 성공적으로 작용하는 구심점이다. 마음속 깊이 자리 잡은 명확하게 정의된 열망은 마스터 마인드가 적용될 수 있는 시작점이다. 개인이 자신의 노력으로 얻을 수 있는 것은 명확한 열망을 통해 얻는 것 외에는 아무것도 없다. 그러므로 인생에서 찾은 명확한 핵심 목표가 강박 수준의 열망이 되게 하자!

일곱 번째 원칙: 마음가짐은 전염성이 있는 에너지여서 마스터 마인드의 모든 구성원에게 닿고 영향을 미친다는 사실을 명심하라. 그러므로 핵심 목표를 달성할 것이라는 절대적인 믿음에 바탕을 둔 자립 정신을 가지고 마스터 마인드 회의에 참석한다.

믿음이라는 마음의 상태에 관해서는 '자기'와 타협할 수 없다. 일단 믿음이 각 구성원에게 지배적인 요인이 되면 그것은 구성원들의 마음을 하나로 묶는 보이지 않는 힘이 된다. 믿음과 두려움은 마스터 마인드가 내뿜는 에너지 축의 양끝이다. 하나는 축의 양극이며, 다른 하나는 음극이다.

나는 카네기가 강조하지 않은 마스터 마인드 원칙의 중요한 요소, 즉 믿음이라는 마음의 상태를 강조한다. 헤아릴 수 없이 숱한 경험으로 증명되었듯 신뢰를 바탕으로 한 화기애애한 분위기 속에 토론을 하는 습관을 들이면 두려움이 사라지고 믿음이 생긴다. 뛰어난 성취를 이룬 대부분의 사람은 이 사실을 발견해서 이것을 효과적으로 이용했다.

믿음이 하는 일

- 믿음을 가지면 신과 소통할 수 있는 거리 안에 들어갈 수 있다. 두려움은 신과 거리를 두게 하여 소통이 불가능해진다.
- 믿음은 한계를 모르는 비전을 가진 훌륭한 지도자를 만든다. 반면 두려움은 움츠린 추종자를 만든다.
- 믿음은 우리를 용감하고 명예롭게 만든다. 두려움은 우리를 거짓되고 미덥지 못하며, 음침하게 만든다.
- 믿음은 사람 안에 있는 최선을 찾게 하고 찾으리라 기대하게 한다. 두려움은 오직 결함과 부족함만을 발견하게 한다.
- 믿음은 사람의 눈에 비친 모습과 얼굴 표정, 목소리 톤 그리고 모든 행동을 통해 반드시 그 모습을 드러낸다. 두려움도 같은 방식으

로 모습을 드러내며, 모두가 그 존재를 인식할 수 있다.

• 믿음은 기꺼이 협조하려는 마음을 가진 사람들을 유인한다. 두려움은 사람들을 내몰아 누군가의 제안에 대해 소통하지도 반응하지도 않게 한다.

• 믿음은 건설적이고 창의적인 것만을 유인한다. 두려움은 파괴적인 것만을 유인한다. 어디서든 시험해 보라. 이 말이 타당함을 확신하게 될 것이다.

• 올바름은 믿음을 통해 작용한다. 악은 두려움을 통해 작용한다. 둘은 서로 다투며, 십중팔구 충분한 믿음을 가진 사람이 두려움으로 움직이는 사람을 이긴다. 두려움이 있으면 계획이나 목적도 없이 뛰어들게 되는 반면, 믿음이 있으면 명확한 목표를 향해 잘 짜인 계획을 바탕으로 움직이기 때문이다.

• 믿음과 두려움 모두 가장 실용적이고 자연스러운 수단을 통해 목적을 물리적인 현실로 드러내기 시작한다.

• 믿음은 무언가를 세우지만 두려움은 무너뜨린다. 이 순서는 절대 바뀌지 않는다.

• 믿음은 엠파이어 스테이트 빌딩을 세울 수 있고, 파나마 운하를 건설하고, 한 나라의 안보를 책임질 수 있다. 두려움은 크든 작든 모든 일을 없던 것으로 만든다.

• 믿음과 두려움은 결코 친해질 수 없다. 둘이 동시에 한 사람의 마음에 자리 잡을 수 없다. 둘 중 하나가 반드시 지배하기 마련이다.

• 두려움은 파괴적인 전쟁과 공황을 일으킨다. 믿음은 그런 어려움

에서 다시 헤어나게 한다.

- 믿음은 어떤 직업에서든 가장 낮은 지위의 사람이 위대한 성취를 이룬 최고의 자리에 오르게 할 수 있다. 두려움은 그런 성취를 불가능하게 만든다.

- 말이나 개조차 주인이 두려워할 때를 알며, 그 두려움을 행동으로 드러내어 두려움에 전염성이 있음을 증명한다.

- 믿음은 과학자들이 분리하거나 이해하거나 저항할 수 없는 신비스러운 힘이다. 믿음은 인간의 마음에 영적인 힘을 주는 자연이 행하는 비밀스러운 연금술이다.

- 두려움은 물과 기름이 섞이지 않듯이 영적인 힘과 섞이지 않는다.

- 믿음은 마음의 상태이며, 그것을 사용하는 일은 모든 사람의 특권이다. 한 개인이 완전히 통제할 수 있는 유일한 대상은 자신의 마음 상태라는 사실이 중요하다.

- 믿으면 마음을 구속하는 대부분의 실제 한계와 모든 상상 속 한계가 사라진다. 믿음의 힘에서 한계를 본 사람은 없다.

- 개인이 희망, 욕구, 목표, 목적을 이루겠다는 타오르는 열망으로 가득 찰 때 믿음이 그 마음을 소유하기 시작한다.

- 당연히 믿음은 정의와 친하다. 두려움은 부정과 친하다.

- 믿음은 정상적인 마음 상태다. 두려움은 자연스럽지도 정상적이지도 않다.

- 크든 작든 성공한 기업이 되려면 그 기업에 종사하는 모든 이와 그 기업의 재화와 용역을 소비하는 모든 이에게 믿음을 불어넣는 리

더가 반드시 있어야 한다.

- 더 이상 목표와 희망에 대한 믿음이 없을 때 당신의 기록 전체에 '끝'이라고 적어도 좋다. 당신이 누구든 직업이 무엇이든 당신은 거기서 발을 뺄 것이기 때문이다.

"너희에게 겨자씨만 한 믿음이라도 있다면,
이 산더러 다른 곳으로 옮겨 가라고 해도 그렇게 될 것이다."

*"For verily I say unto you, if ye have faith as a grain of mustard seed,
ye shall say unto this mountain. Remove hence to yonder place;
and it shall remove; and nothing shall be impossible unto you."*

↑ 혼자만의 마음으로는
완전할 수 없다

미국 산업계의 위대한 4인이 장기간 이 원칙을 이용한 건 잘 알려진 사실이다. 그들은 바로 헨리 포드, 토머스 에디슨, 하비 파이어스톤Harvey Firestone, 자연주의자 존 버로스John Burroughs이다. 매년 이들은 각자의 일을 내려놓고 세상과 동떨어진 산으로 가서 생각을 교류하기 위해 마스터 마인드 회합을 가졌다.

돌아올 때 이들은 자신이 가져갔던 모든 지식과 더불어 다른 세 명에게서 얻은 추가 지식을 가지고 돌아왔다. 이 사실을 아는 가까운 사람들에 따르면, 이 연례 회합에서 돌아올 때 이들 모두가 더 새롭고 깨어 있는 정신이었다고 한다.

앤드루 카네기가 아주 적절하게 말했듯 혼자만의 마음으로는 완전할 수 없다. 모든 위인의 마음은 다른 사람들의 마음과 소통하면서 강화되었다. 때론 순전히 운에 의해 강화되어 무슨 일이 어떻게 벌어지는지 알지 못하지만 참으로 위대한 마음은 마스터 마인드 원칙을 이해하고 의도적으로 이용한 결과물이다. 이것이 바로 참으로 위대한 인물이 극소수인 이유다!

마스터 마인드 원칙은 모든 사람이 다 아는 지식의 문제가 아니다. 이 사실을 알았기 때문에 카네기는 모든 성공의 철학을 정리해서 개인의 성취에 관한 철학으로 집대성하는 것을 도움으로써 자신이 가진 진정한 부를 사람들에게 선물하고 있다고 말한 것이다.

어디서든 성공한 사람들을 찾아보라. 그들의 인생 기록을 보면, 그들이 어떤 식으로든 마스터 마인드 원칙을 적용했기 때문에 성공했음을 알 수 있다.

아서 브리즈번Arthur Brisbane은 딱히 탁월한 성취라고 할 만한 것이 없는 신문기자였다. 그는 윌리엄 랜돌프 허스트William Randolph Hearst와 연대해서 허스트의 비밀 고문이 되었다. 둘의 관계는 믿음이라는 조용하고 보이지 않는 힘을 작동시켰다. 머지않아 브리즈번은 허스트가 소유한 모든 일간 신문의 1면에 실리는 「투데이」라는 칼럼에 이름을 올리는 유명인사가 되었다.

브리즈번의 인기는 계속 상승했고, 마침내 그의 이름은 전국에 유통되는 수백 가지 신문의 1면을 장식하게 되었다. 더불어 그의 재산도 불어났다! 허스트 역시 정신적인 힘과 물질적인 부를 모두 얻으며 성장했다. 이 둘의 연대는 모두에게 큰 이익이 되었다.

브리즈번이 사망하고 얼마 지나지 않아 허스트의 신문 제국이 마치 모래 위의 성처럼 무너져 내렸다. 허스트의 신문들을 발전시키고 계속 이윤을 창출하게 해준 총체적인 마스터 마인드가 브리즈번과 함께 사망한 것이다. 이런 정황은 단지 우연의 일치나 우연으로 설명될 수 없다. 이해력을 가진 사람이라면 그 이치를 깨달을 것이다. 재계와 산업 제국을 경영하는 사람들뿐만 아니라 소박한 인생을 좇는 사람들 가운데 찾아보면, 성공이 있는 곳에는 어디든 반드시 마스터 마인드 원칙이 있다.

케이트 스미스Kate Smith는 인생의 핵심 목표로 노래를 택했지만 시작이 좋지 못했다. 그녀의 노래를 기꺼이 들으려는 사람도 있었지만, 굳이 돈을 주고 들으려는 사람은 거의 없었다. 수개월간 좌절을 겪으며 청중이 있는 곳이라면 언제 어디서든 돈과 상관없이 노래를 불렀다.

그러다 테드 콜린스Ted Collins라는 에이전트와 마스터 마인드를 결성하고 나서야 변화가 생겼다. 비로소 인생의 운이 풀리기 시작했다. 이제 그녀는 미국 국영 라디오에서 정기적으로 노래한다. 노래를 한 번 부를 때마다 다른 가수들이 1년간 벌어들일 돈보다 더 많이 번다. 물론 미국에는 일이 없어 놀고 있는 가수가 무수히 많다. 그 가운데 다수는 아마 스미스보다 잘 부르거나 그녀에 못지않은 실력을 갖추었을 것이다.

에드거 버겐Edgar Bergen과 그의 활기 넘치는 파트너인 찰리 매카시

Charlie McCarthy는 수년간 미국의 브로드웨이를 여기저기 누비며 푼돈에도 마다하지 않고 일을 했다. 연극판의 사람들이 일이 없을 때를 말할 때 쓰는 표현을 빌리자면, 대부분의 시간에 그들은 '자유로웠다.'

운이 좋았건 무슨 이유에서건 루디 발리Rudy Vallee가 이 둘을 발굴해냈고, 둘은 이제 전국적으로 유명해졌다. 발리는 그들을 그의 라디오 프로그램에서 소개했다. 둘은 이제껏 가장 많은 관중 앞에서 공연을 했다.

그것이 전환점이었다! 마스터 마인드 원칙을 일시적으로 적용하자 발리와 버겐의 마음에 작용했다. 버겐에게 추진력이 생겼고 이제 모든 미국인이 그를 천재라고 인정하여 그의 주가는 하늘 높은 줄 모르고 치솟았다!

그는 세상이 알아보기 전에도 천재였지만 그것만으론 충분하지 않았다. 천재인 것만으로는 결코 충분하지 않다. 이웃보다 쥐덫을 더 잘 만들 수는 있지만, 마스터 마인드 원칙을 통해 우수성에 추진력이 더해지지 않는 한 세상은 그를 알아보지 못한다는 것을 명심해야 한다.

잭 뎀프시Jack Dempsey는 더러 권투 시합에 나가는 평범한 청년이었다. 그는 권투를 딱히 잘하지 않아 대부분의 미국인이 그를 몰랐다. 하지만 운이 좋게도 그는 잭 컨스Jack Kearns와 마스터 마인드를 결성했다. 그리고 얼마 지나지 않아 세계 챔피언이 되어 부를 거머쥐었다.

둘 사이의 마스터 마인드 협약이 끝나자 권투 선수로서 뎀프시는 인기와 기량을 잃었다. 이 이야기는 스포츠업계에서는 너무도 유명한 이야기여서 굳이 여기서 자세히 소개할 필요가 없다. 명심해야 할 중요한 사실은 마스터 마인드 원칙을 폐기하면 그것과 함께 영구적인 성공을 누릴 가능성도 사라진다는 것이다.

프랭크 크레인Frank Crane은 떠돌이 목사였다. 그는 자주 불평했듯 "설교로 먹고살기가 녹록지 않았다." 마스터 마인드 원칙을 이해한 어떤 사람의 제안으로, 크레인은 소규모 회합에서 설교하는 일을 중단하고 눈앞에 없는 대규모 청중을 대상으로 짧은 설교문을 작성해서 수백 개의 신문에 칼럼으로 싣기 시작했다. 마스터 마인드 원칙을 적용하여 크레인이 설교문을 팔도록 지원한 사람에 따르면, 몇 년 후 크레인이 사망한 시점에 그의 연 소득은 사실상 미국 대통령보다 많은, 7만 5000달러 이상이었다고 한다.

거대한 산업 제국을 경영하든 설교를 하든, 개인이 무엇을 인생의 명확한 핵심 목표로 삼든 간에 마스터 마인드 원칙을 적용해야만 뛰어난 성공을 이룰 것이다. 이 진실을 충분히 이해하면 전에는 알지 못한 종류의 성공의 시작점에 아주 가까워질 것이다.

미국 오하이오주에서 가장 큰 실적을 올린 한 생명보험 설계사는 원래 전차 운전수였다. 그는 가방끈이 짧았으나 남들에게 인정받고 유명해지고 싶은 욕구가 강했다. 그가 생명보험을 판매할 때 마스터 마인드 원칙을 적용한 방법은 흥미로우면서도 배울 점이 많다. 전차 운전수로 일할 때, 그는 성공철학을 공부했다. 실제로 배움을 끝내기 전에 전차 회사 일을 그만두고 보험 판매업에 뛰어들었다.

마스터 마인드 원칙의 정신과 의미를 제대로 이해한 그는 이 원칙을 독특하게 적용하여 새 일을 시작했다. 우선 할부로 가구를 판매하는 여러 소매점과 영구적인 연대를 맺었다. 그런 다음 이 점포들이 신혼집에 필요한 가구 일체를 구매하는 모든 신혼부부에게 1년 치 보험료가 선납된 생명보험을 들어주도록 했다.

또한 그는 여러 자동차 브랜드의 영업 사원들과 유사한 연대를 맺었다. 자신의 성공에 고무된 그는 여러 투자 회사와 연대해서 그 회사들이 집을 구매하는 모든 사람에게 생명보험을 들어주도록 했다. 그러고 나서 저축은행 세 곳과 유사한 연대를 결성해서 은행들이 최소 잔액을 유지하는 모든 신규 예금자에게 생명보험을 가입해 주도록 했다.

이렇게 영업을 한 첫해에 그는 전차 회사가 지난 10년간 그에게 지불한 급여보다 훨씬 많은 돈을 벌었다. 이제 그는 다른 지역에서 활동하는 여러 생명보험 설계사를 휘하에 두고 일한다.

이 남자에 관한 몇 가지 사실이 그의 성공을 설명하는 데 도움이 될 것이다. 그의 학력과 외모는 그에게 결정적으로 불리했다. 키가 작고 마른 모습이 볼품없어서 푸짐한 한 끼 식사가 가장 필요한 것처럼 보일 정도다. 거의 모든 면에서 평균 이하이며 그 자신도 이 사실을 잘 알았다.

하지만 여기에 그의 성공 비결이 있다. 그는 열등감을 인정과 명예에 대한 타오르는 열망으로 전환했다. 이것이 '불가능' 따위는 모르는 불굴의 정신으로 열심히 일하게 만든 주된 동기가 되었다.

그는 두려움을 전혀 모른다! 이것 역시 부족한 인품과 다른 면에서의 열등함을 상쇄하기 위해 마음속으로 자신을 키워온 결과다. 매일 항상 명확한 목표를 갖고 일하며, 자신이 정한 판매 할당량을 엄격하게 지킨다. 물론 그는 마스터 마인드 원칙을 백분 이용한다.

그 외에 그에게는 어떤 두드러진 특징이나 숨은 재능도 없다. 그와 같은 교육을 받은 6000명에 달하는 다른 생명보험 설계사도 그와 똑같이 성취할 수 있었다. 다만 차이가 있다면 그들은 마스터 마인드 원칙의 의미와 가능성을 간과하거나 제대로 이해하지 못했다는 것이다.

폴 웰시머Paul Welshimer 목사는 마스터 마인드 원칙을 아주 효과적으로 적용해서 회원 수가 5000명이 넘는 미국 최대의 주일학교를 만들었다. 그가 이 원칙을 적용한 방법은 간단하면서도 흥미롭다.

간략하게 설명하자면, 그는 교회와 주일학교의 모든 구성원을 그의 마스터 마인드의 적극적인 구성원으로 만드는 계획을 세웠다. 개개인에게 수행해야 할 역할과 그 역할을 충실히 수행해야 할 동기를 주었다. 교회와 주일학교 구성원 모두를 여러 위원회에 속하게 한 다음 각 위원회에 교회의 영향력을 확장하기 위해 수행해야 할 명확한 과업을 주었다. 웰시머의 성공 비결은 다음 한 문장으로 설명할 수 있다.

"노새가 발길질을 못 하게 막는 최선의 방법은 매우 바쁘게 수레를 끌게 하여 발길질할 짬이나 마음이 없게 만드는 것이다."

이 모든 조화로운 협력을 이끈 것은 일을 잘하고 성실하게 수행하여 인정받고 싶다는 구성원의 욕구였다. 인정은 넘치게 주어졌다. 교회에서 운영하는 출판사에서 매주 교회 신문을 발행했는데, 이 신문은 전적으로 교회와 주일학교 구성원들의 일과 사교 활동과 가족 활동에 관한 소식을 다루었다.

이것이 진심에서 우러나는 협력을 담보할 만큼 충분한 동기가 되었다. 모두가 교회 신문에 실린 자기 이름을 보며 희열을 느꼈다. 봉사를 가장 많이 한 사람들은 이름과 함께 실린 사진을 보고 신이 났다.

혹자는 웰시머를 보고 "훌륭한 목사로군!" 하고 말할 것이다. 자, 이 이야기의 아이러니는 그가 사실 목사라고 불릴 만한 능력이 없는 사람이라는 데 있다. 그는 유능한 연설가가 아니다. 그의 설교는 대개 무미건조하고 재미가 없다. 목회 사업을 시작하기 전에 그는 식용품 가게를 운영했다고 한다.

하지만 그는 조직화에 탁월하다. 그가 이룬 성취의 진짜 비결은 따로 있다. 그는 마스터 마인드 원칙을 이해하고 그것의 가치를 백분 활용하기 위해 노력한다. 나머지는 그를 따르는 사람들의 몫이다. 그들은 기꺼운 마음으로 일하고 큰 재미까지 느낀다. 원래 방 한 칸짜리 작은 교회 건물이 계속 확장해서 도시의 한 구역을 차지하게 되었다. 이제 거대한 대강당이 있고 주일학교 교실도 많아졌다.

목회자로서 웰시머의 명성은 널리 퍼졌다. 이제 미국 전역의 교회와 주일학교 지도자들이 그의 성공 비결을 배우려고 방문한다. 이제 그의 '비결'은 그것을 이용하고 싶은 교회 지도자라면 누구든지 가질 수 있다. 바로 마스터 마인드 원칙을 똑똑하게 적용하는 것이다. 다른 건 없다.

에드윈 반스는 고인이 된 에디슨의 사업 파트너다. 그는 에디슨의 구술 녹음기인 '에디폰Ediphone'을 시장에 판매하는 데 마스터 마인드 원칙을 독특하게 적용해서 큰 성공을 거두었다.

그가 이 원칙을 독특하게 적용하기 시작했을 때 영업 사원은 열두 명 정도였다. 그는 사무 가구 및 용품, 계산기와 타자기 같은 노동 절약형 사무기기를 시장에 판매하는 여러 기업과 마스터 마인드를 결성했다. 이로써 이 기업들의 영업 사원들은 사실상 에디폰의 영업 사원이 되었다.

그룹의 약속에 따라 에디폰의 영업 사원들과 사무기기 및 타자기 회사들의 영업 사원들은 서로 무상으로 상대 회사의 제품을 구매할 잠재 고객들의 명단을 주고받기로 했다.

이 약속을 실행하기 위한 계획은 단순했지만 효과적이었다. 반스의 회사에는 전화 교환원이 근무하는 교환소가 있었는데, 영업 사원들이 그곳에 전화로 매일 잠재 구매자들의 이름을 알렸다. 매일 영업을 하는 동안 사무기기와 타자기 회사의 영업 직원들은 에디폰이 필요할 만한 기업들, 특히 사업을 이제 막 시작한 신생기업들을 열심히 물색했다. 이렇게 잠재 고객을 찾은 영업 사원들은 즉시 교환소로 전화를 걸어 이 정보를 알렸다.

마찬가지로 에디폰의 영업 사원들은 사무기기나 타자기가 필요할 법한 기업들을 계속 찾았고, 그 정보를 전화로 알렸다. 이 계획하에서 마스터 마인드에 참여한 모든 기업은 자사의 직원 명부에는 없지만 대단히 수익성이 높은 영업 사원들의 서비스를 받고 있었다.

이 계획을 10년 동안 실행한 결과 큰 성공을 거두었고, 반스는 굉장히 많은 돈을 벌어 은퇴할 수 있었다. 물론 그와 연대한 다른 기업들도 마찬가지로 큰 성공을 누렸다.

제1차 세계대전이 끝난 직후 많은 급여를 받는 개인 비서였던 한 젊은 여성이 회사가 망하는 바람에 실직했다. 다른 일자리를 알아보았으나 그 전의 급여만큼 주는 회사가 없었다. 그녀는 새로운 일자리를 찾는 과정에서 미국인의 성취에 관한 철학을 공부하게 되었다.

마스터 마인드 원칙에 관한 강연을 한 번 들은 뒤 그녀는 어떤 아이디어가 떠올라 자기 사업을 꾸렸고, 개인 비서였을 때 벌었던 금액보다 열 배나 많은 돈을 벌게 되었다.

그녀의 아이디어는 퍽 간단했다. 비서로 일하는 동안 듣기 좋은 '전화 음성'을 갖게 된 그녀는 특정 기업들에 조건이 맞는 잠재 고객들을 소개하여 목소리로 이윤을 창출했다. 처음에 그녀는 생명보험, 자동차, 부동산 업계의 잠재 고객들을 소개했다. 나중에 백화점과 다양한 종류의 사업을 하는 다른 기업들까지 더해서 고객사의 명단을 확장했다.

전화번호 책을 가지고 일하면서 명단에 있는 모든 개인과 통화를 하며 꽤 많은 정보를 얻게 되자 고객사를 위해 잠재 고객이 될 사람들을 아주 정확하게 판단할 수 있게 되었다. 물론 그녀는 전화를 이용하는 판매 방법을 사용했다. 그 덕분에 어떤 사람이 어떤 고객사의 잠재 고객이 될지 확신할 수 있었다. 그녀가 작성한 영업 멘트는 모든 통화 대상을 잠재 고객이 될 법한 사람과 관심이 없는 사람으로 분류하도록 설계되었다.

어느 비 오는 날, 이 영리한 여성은 워싱턴 D.C.에 있는 나의 집으로 전화를 걸었다. 늘 그렇듯 '100만 달러짜리 전화 목소리'로 내게 그녀의 동료인 스미스 양을 우드워드 앤드 로드롭 백화점의 남성복 코너에 있는 12번 카운터에서 만나줄 수 있는지 물었다. 그곳에 가면 스미스 양이 내게 필요하다고 확신하는 무언가를 보여줄 테고, 나는 그것에 대해 분명 고마워할 것이라고 했다.

나는 알겠다며 스미스 양을 찾아가기로 했다. 이 젊은 여성의 영리하게 연출된 목소리와 전문적으로 준비된 영업 멘트 때문에 백화점 방문은 '반드시 해야 할' 일이 되어버렸다. 12번 카운터에 도착한 나는 열두 명이 넘는 남성들 뒤에 서서 기다려야 했다. 모두 스미스 양이 무슨 제품을 보여줄지 기다리고 있었다. 그 줄의 맨 앞에서 스미스 양이 분주하게 레인코트를 남성들에게 입히고 있었다. 물론 팔기까지 했다!

그날 스미스 양은 156벌의 외투를 팔았다. 물론 이 모든 것을 연출한 '100만 달러짜리 목소리'의 주인공인 영리한 여성도 큰 수익을 거두었다. 줄을 선 모든 남성이 즐거워하는 듯했지만 그중 한 명은 다른 사람들 모르게 이 어처구니없는 상황을 지켜보고 있었다. 그는 바로 이 젊은 여성에게 전화로 영업하는 기술을 훈련한 장본인이었다. 그의 이름은 '나폴레온 힐'이다. 이 학생에게 마스터 마인드 원칙을 너무도 잘 가르치는 바람에 학생이 놓은 '미끼'에 그 자신이 걸려들고 만 것이다.

이 여성은 전화로 잠재 고객들을 구분하는 법을 다른 여성들에게도 훈련해서 상인들이나 기업들과 맺은 마스터 마인드 연대를 확장했다. 이제 그녀의 사업은 여러 대도시에서 운영되고 있다. 그녀는 이 방법에 대한 독점권이 없기 때문에 다른 사람이 이 방법을 채택해도 무방하다. 아마 이미 그렇게 한 사람도 있을 것이다.

나는 이 방법을 대단히 효과적으로 사용해서 판매원 50명의 매출을 첫해에만 40퍼센트 이상 끌어올린 생명보험 회사의 총괄 설계사를 안다. 그의 지시에 따라 한 명의 전화 교환원이 아내들에게 계속 전화를 건다. 아내들의 도움으로 설계사들은 남편들에게 방문할 수 있게 된다.

에디슨의 파트너가 사용한 사업 모델을 분석하다가 전화 교환원의 영업 기법을 설명하는 것은 심한 비약으로 보일 수 있다. 하지만 이 장의 목적은 모든 직업에서 마스터 마인드 원칙이 어떻게 적용될 수 있는지 보여주는 것이다.

누구나 완전하게 통제할 수 있는 것은 자신의 생각뿐이다.
이것은 얼마나 심오하도록 중요한 사실인가!

The only thing anyone controls completely is his own thoughts.
How profoundly significant!

↯ 헨리 포드의
성공 비결

미국에서 가장 뛰어난 기업가인 헨리 포드도 마스터 마인드를 적용했다. 앤드루 카네기는 이미 30년 전에 포드가 뛰어난 성취를 이룰 것을 정확하게 예언했다. 포드가 마스터 마인드를 어떻게 이용했는지 전부 설명하려는 것은 아니다. 다만 그가 이 원칙을 적용한 두 가지 중요한 방법을 분석하려고 한다. 둘 다 공적으로 기록되어야 할 사안이다.

우선 포드가 맡은 일에 상관없이 모든 일용직 노동자에게 하루 5달러의 최저 임금을 지급하겠다고 발표해서 산업계 전체에 충격을 안겨준 1914년으로 돌아가 보자. 당시 포드가 고용한 노동자 대부분이 비슷한 일을 할 때 받는 임금이 하루 2달러 50센트 정도였다. 다른 산업계 지도자들은 포드의 최저 임금 정책에 반기를 들고 나섰다. 많은 사람이 이 정책으로 포드가 도산하게 될 것이라고 예언했다.

기록을 보고 포드의 정책이 실제로 그의 사업에 어떤 영향을 미쳤는지 살펴보자. 인건비가 오르기는커녕 줄어든 것이 아마도 가장 중요한 현상일 것이다. 최저 임금 정책이 도입되자 노동자들이 그 전에 습관처럼 하던 노동보다 훨씬 질 좋은 서비스를 더 많이 제공했기 때문이다.

또한 이 정책은 노동자들이 일할 때 갖는 '마음가짐'을 개선함으로써 전체 노동자들의 사기를 끌어올렸다. 이 조화로운 협력이라는 새로운 정신 덕분에 포드와 노동자들은 서로를 이해하게 되었다. 노조 지도자가 과감하게 요구할 수준보다 더 높은 임금과 더 나은 작업 환경을 포드가 이미 제공했기 때문에 실제로 노동 분쟁이 발생하지도 않았다. 물론 20년 후 파업 선동자들이 포드와 노동자 사이의 협력 정신을 깨뜨렸지만, 이는 큰 호응을 얻지 못했다.

포드가 최저 임금 정책을 통해 그리고 동시에 실시한 다른 방법들을 통해 노동자들과 맺은 마스터 마인드는 그가 이룬 거대한 성공의 가장 강력한 요인이었다. 이 정책으로 다른 자동차 제작업체들이 제품 가격을 올리던 시기에 포드만 제품 가격을 낮출 수 있었기 때문이다.

노동자들의 더 나은 협력을 확보하는 수단으로 마스터 마인드 원칙을 채택하기 훨씬 전에 포드는 이 원칙을 또 다른 방향으로 사용했다. 이 시도는 그의 사업 전체에 영향을 줄 정도로 엄청난 파장을 일으켰다. 그 덕분에 포드는 운영 자본을 얻기 위해 자금 시장에 의탁하지 않고서도 사업을 경영할 수 있게 되었다.

포드가 사업을 하는 모든 방법이 그랬듯 운영 자본을 조달한 방법도 실용적이면서 간단했다. 그는 자동차 대리점들과 마스터 마인드를 결성했다. 대리점들이 포드에게서 매해 정해진 수의 자동차를 도매가로 구매하는데, 자동차 가격에서 정해진 비율을 선불로 지급하고 나머지는 차량을 인도할 때 지불하기로 약정한 것이다. 이렇게 해서 선불로 지급된 자금만으로도 자동차를 생산할 때 필요한 운영 자본을 충분히 확보할 수 있었다. 그래서 포드는 운영 자금을 빌리거나 주식을 팔 필요가 없었다.

이러한 자금조달 방법은 머천다이징 측면에서 엄청난 가치가 있었다. 이것은 오직 소수의 사람만이 시간을 들여 분석해 보았을 법한 '영업 심리학'이라는 아주 미묘한 원리를 이용한 것이었다. 포드는 자신의 공장에서 생산된 모든 제품을 구매하는 바로 그 당사자들에게서 운영 자본을 조달했다.

이 계획하에 대리점들은 포드와의 파트너십에 상응하는 독특한 관계를 점했다. 즉 대리점들은 포드가 만든 제품의 구매자이자 판매자이면서 동시에 차를 생산하기 위해 필요한 운영 자본의 공급자가 되었다. 이런 자금 조달 전략 덕분에 포드는 비용이 많이 드는 영업을 하지 않아도 되었다. 그리고 전문 금융업자들의 영향력에 들어가지 않고서도 필요한 운영 자본을 구할 수 있었다.

내가 아는 한 '포드'는 자금 조달과 제품 유통을 연결 지어 이 중요한 두 요인을 같은 원천을 통해 관리하는 비전을 가진 유일한 대기업이다. 이것은 엄청난 경제적 중요성을 가진 마스터 마인드의 적용 사례다.

보통의 대규모 산업체와 기업들은 자금을 조달할 때 자금 조달자 및 제품 구매자와 독특한 관계를 맺는 포드의 이 유명한 방식을 간과한다.

포드의 방법을 사용할 때 발생하는 독특한 상황 덕분에 그는 경영에 필요한 조력을 최대한 확보할 수 있었다. 기업체 경영의 일반적인 절차는 (일반적으로 주식을 매각해서) 사람들로부터 운영 자본을 조달하고, 제품을 또 다른 사람들에게 판매하는 것이다. 이 경우 기업체의 소유주는 그 회사 제품을 구매하는 사람들과 접점이 거의 없다. 반면 포드의 계획에 따르면 이 사업에 어떤 식으로든 참여하는 모두가 그와 협력할 확실한 동기를 갖는다.

일부 대리점이 할당량을 정기적으로 구매하고 자동차 값의 일부를 선지불하는 그의 정책에 대해 불평을 했다는 말이 전해진다. 포드의 관점에서 이 불만에 대한 최선의 대응은 전 세계 모든 포드 대리점의 프랜차이즈(가맹점 영업권)가 언제라도 돈으로 전환될 수 있는 자산이라는 사실을 강조하는 것이었다. 그러므로 포드가 대리점들과 특수한 관계를 맺게 한 정책은 전체적으로 볼 때 포드뿐만 아니라 그들에게도 매우 수익성이 높은 방법이라는 결론이 나온다.

포드가 마스터 마인드 원칙을 적용한 방식은 대리점이나 노동자들과 맺은 연대를 넘어서까지 확장된다. 이 방법은 지구상 거의 모든 거주지로 뻗어나가 자동차를 소유하고 운전하는 무수한 사람들까지 포함한다.

대중과의 이 연대 때문에(대중 입장에선 자발적인 연대다) 아마도 미국인들의 마음속에 포드에 대한 친근함이 다른 어떤 기업인보다 더 클 것이다. 대중의 호의라는 자산은 단순히 은행 잔고, 자동차, 기계로 추정

될 수 없는 형태의 부라고 할 수 있다. 마음대로 현금화할 수 있으면서도 동시에 어떤 물질보다 더 위대하고 더 오래 지속된다.

설령 포드가 가진 모든 현금을 빼앗고, 그의 자동차 공장을 모두 불태우고, 그가 가진 전부를 빼앗아 오갈 데 없는 신세로 만든다고 해도, 그는 거부로 알려진 크로이소스보다 여전히 더 부자일 것이다. 포드는 전세계 수백만 친구에게 도움을 요청해서 자신에 대한 호의를, 재기에 필요한 자본으로 즉시 전환할 수 있기 때문이다. 그들은 필요하다면 마지막 한 닢까지 탈탈 털어 헨리 포드에 대한 신뢰에 투자할 것이다.

포드가 어떻게 그리고 왜 그토록 큰 성공을 거두었는지 시간을 들여 알아보려는 사람에게 그는 정말 소중한 교훈을 준 것이다! 오늘날 우리 대부분은 포드가 평생 벌어들인 재산 위에 서 있는 모습을 보고 '운 좋은' 사람이라고만 생각한다. 하지만 소수만 알고 있는 참된 진실이 알려지면, 포드가 이룬 업적은 행운이나 '좋은 운수' 혹은 다른 어떤 것이 작용한 결과가 아니라 성공철학을 똑똑하게 적용한 결과임을 알 수 있다.

카네기의 지속적인 요청에 따라, 나는 30년 전부터 포드와 그가 정립해 온 삶의 철학을 연구하기 시작했다. '자동차 왕'을 이렇게 개인적으로 관찰하는 일은 포드가 세계 최고의 산업계 지도자로서 인정받기 훨씬 전부터 시작되었다. 그러므로 나는 배움도 거의 없고, 뛰어난 능력에 대한 대중의 인정도 없이, 겨우 근근이 버틸 만한 돈으로 밑바닥부터 시작해서 미국에서 제1의 기업인의 지위에 오른 포드의 방법을 단계별로 관찰할 기회가 있었다.

사업가로서 포드의 인생 전반을 다룬 이 특별한 분석 때문에, 나는 포드의 철학을 공부하는 사람들에게 그의 사업 방식을 가까이서 조사하지 않고서는 결코 알 수 없는 철학의 핵심을 정확하게 설명할 수 있었다. 포드에 관해 출판된 어떠한 서적에서도 그가 이룬 놀라운 성공의 진짜 비결을 내가 설명한 것처럼 공개한 저자는 없다.

포드에게 결점이 없었던 것은 아니다! 그렇지만 그가 저지른 모든 실수에도 성공했다는 것이 중요하다. 또한 그의 실수는 항상 지나친 신중함과 보수주의 때문인 것으로 보인다는 사실을 유념할 만하다. 아마도 그가 저지른 주요한 실수라면 자동차 모델을 트렌드에 따라 인기 있는 유선형으로 변경하는 일을 미룬 것이라 할 수 있다. 하지만 그는 그런 실수의 여파에서 회복하는 능력이 너무도 탁월해서 재산에 큰 손실을 입거나 대중과의 관계 혹은 신뢰를 망치지 않고서 손실을 모두 흡수했다.

⌁ 마음을 합치면
더 큰 힘을 발휘한다

마스터 마인드는 여러 직업에 적용되었고 지금도 적용되고 있을 것이다. 이제부터는 미국의 위대한 과학자인 엘머 게이츠 박사와 알렉산더 그레이엄 벨 박사를 살펴보겠다. 앤드루 카네기는 미국인의 성취에 관한 철학을 정립할 때 도움이 될 것이라며 나를 그들에게 소개했다.

두 인물의 성취는 많은 사람에게 잘 알려져 있어서 그들의 업적을 굳이 자세히 설명할 필요는 없을 것 같다. 벨 박사는 장거리 전화의 발명가이지만, 그 밖의 뛰어난 발명들로 인류에게 엄청난 혜택을 안겨준 공을 인정받을 만하다. 게이츠 박사는 토머스 에디슨과 벨 박사를 포함해서 다른 어떤 미국인 발명가보다 더 많은 특허권을 보유한 인물이다. 그는 정신 현상에 관한 연구를 전문적으로 하여 세계가 이 주제에 대해 갖고 있던 얼마 안 되는 지식에 가치 있는 공헌을 했다.

3년이 넘는 시간 동안 이 훌륭한 인물들이 인간 정신의 미스터리에 관해 그들이 아는 모든 것을 알려주어 내가 이 철학을 집대성하는 데 도움을 주었다. 두 사람이 발견한 지식 가운데 다른 사람이 접근할 수 있는 것은 한정적이었다. 따라서 이들을 연구하도록 권한 앤드루 카네기의 선견지명이 없었다면, 이들이 발견한 인간 정신의 작용에 관한 소중한 지식의 많은 부분이 소실되었을 것이다. 심지어 이용할 수 있는 부분조차 오직 과학계에 몸담은 사람들만이 이해할 수 있는 용어로 쓰여 있었다.

이제 게이츠 박사를 만나볼 것이다. 그는 자신과 벨 박사를 대변하여 마스터 마인드와 다른 정신 작용의 원리들에 대해 분석할 것이다. 그가 내게 설명할 때 사용한 용어를 최대한 그대로 옮겨두었다.

힐: 게이츠 박사님, 재계와 산업계 지도자들의 경험과 박사님과 같은 과학자들의 발견을 토대로 개인의 성취에 관한 실용적이고 실천 가능한 철학을 알리기 위한 협조를 요청드립니다. 심리학이라는 과학적 지식이 없고 그중 일부는 고등학교 수준의 교육이 전부인 사람들을 위해 설명한다는 점을 염두에 두십시오. 정신 현상 분야에서 박사님의 연구 가운데 가장 주목할 만한 부분을 소개해 주시겠습니까?

엘머 게이츠 박사(이하 게이츠 박사): 꽤 큰일을 부탁하는군요. 하지만 제 능력이 닿는 데까지 소개해 보겠습니다. 어디서부터 시작할까요?

힐: 우선, 카네기 씨가 자신이 이룬 모든 성취의 주요 원천이라고 묘사한 마스터 마인드 원칙에 대해 박사님의 말씀과 제가 정리한 내용을 비교해 보고 싶습니다. 카네기 씨는 이 원칙을 "명확한 목표의 달성을 위해 완벽한 조화의 정신으로 작동하는 두 사람 이상의 마음의 공동 작용"이라고 정의했습니다. 카네기 씨가 설명했듯 이 원칙은 한 사람이 인류에게 주어진 영적인 힘의 거대한 보유고를 이용할 수 있는 유일하게 알려진 수단이자 타인의 지식, 경험, 교육 및 전략적 능력과 상상력을 끌어와 사용하는 원칙입니다.

게이츠 박사: 맞습니다. 저는 당신이 무엇을 원하는지 정확히 압니다. 벨 박사와 저는 수년간 이 원칙을 실험했습니다. 물론 우리가 이 원칙에 대해 깨달은 전부를 당신에게 알려줄 수 있다면 기쁠 것입니다.

하지만 시작에 앞서 경고할 것이 있습니다. 이 원칙에 관한 완벽한 그림을 얻기 전에 어떠한 결론도 쉽게 내리지 말아야 합니다. 벨 박사도 저도 이 주제에 관해 표면적인 지식 이상을 얻었다고 주장할 수 없습니다. 하지만 이 원칙을 적용해야만 이용할 수 있는 지식이 있습니다. 그 원천에 접근하는 방법을 이 원칙이 알게 해주었다고 확신할 수 있습니다. 또한 마스터 마인드 원칙에 대한 지식을 세상 모든 사람이 알아야 비로소 문명이 가장 높은 목표에 도달할 수 있다는 결론에 이르렀습니다.

이 경고에 놀라지 마십시오. 왜냐하면 저는 마스터 마인드라는 주제에 대해 내가 얻은 정보를 누구나 이해할 수 있는 용어로 알려주고 싶기 때문입니다.

우선 내가 생각하기에 마스터 마인드 원칙과 관련된 두 가지 흥미로운 특징을 설명하겠습니다.

첫째, 명확한 핵심 목표를 달성하기 위해 둘 이상의 마음이 모여 그 힘이 결합하면 각각의 마음을 자극하는 효과가 발생합니다. 그러면 각자의 마음이 독립적으로 작용할 때보다 더 깨어 있고 더 상상력이 풍부해지며 더 적극적으로 변합니다. 의심할 여지 없이 우리는 이것이 사실임을 압니다. 이 사실이 중요한 이유는 자기 마음의 힘을 한계를 모르는 지성으로 보완하는 실용적인 방법을 제시하기 때문입니다.

다른 마음과 조화로운 연대를 맺으면 추가적인 자극을 받을 수 있습니다. 연대의 목적에 대해 토론하거나 연대의 목적 달성으로 이어질 어떤 행동만 해도 그 자극은 크게 증가할 수 있습니다. 여러 사람의 마음이 모이고 분명한 목표 달성을 위한 명확한 행동이 수반되면, 내 안에서 성공에 대한 믿음이 생깁니다.

바로 이런 종류의 연대가 조지 워싱턴의 군대가 패색이 짙었음에도 승리하게 만든 불굴의 정신을 낳았습니다. 더불어 미국 정부에 모든 적에 대항하여 스스로를 유지하고 지킬 수 있는 거대한 힘을 선사했습니다. 또한 이런 연대가 미국의 위대한 산업 시스템과 은행 시스템 그리고 다른 모든 나라와 차별화하는 제도를 만들었습니다.

둘째, 마스터 마인드의 또 다른 특징은 한 사람이 자신의 인생에서 물질과 맺는 관계를 뛰어넘어 확장된다는 것입니다. 이것은 개인이 무한한 지성의 힘에 쉽게 닿을 수 있게 해줍니다.

개인은 무한한 지성을 통해 우리 눈에 보이지 않더라도 모든 자연법칙에 담겨 있는 지식의 원천을 이용할 수 있습니다! 이 '초지식'의 원천은 인류가 더 높은 수준의 지성으로 올라가는 데 스스로 보탬이 되려는 동기를 가진 사람들만이 이용할 수 있습니다. 그저 개인의 금전적 이득과 같은 물질적인 부를 확대하려는 욕구에 의해 동기 부여가 된 사람들은 절대 그것에 닿을 수 없습니다.

이 이론의 타당성을 뒷받침하는 증거가 있습니다. 전적으로 물질을 관장하는 법칙을 다루는 과학자들이 길의 끝에 다다라 물리적 법칙으로는 넘어설 수 없는 거대한 벽에 얼마나 자주 맞닥뜨리는지 주목하길 바랍니다. 오직 철학자, 형이상학자 그리고 더 높은 믿음의 법칙을 따르기 위해 물리적 법칙을 버린 사람만이 그 벽을 오를 수 있는 것처럼 보입니다.

때때로 저는 물리적 법칙을 따르는 과학자와 믿음을 지침으로 삼아 막다른 길의 벽을 뛰어넘는 철학자의 역할을 둘 다 맡습니다. 그러므로 제가 직접 관찰한 것을 토대로 인류가 믿음으로만 닿을 수 있는 지식의 원천이 있다고 말할 권리가 있습니다.

여기서 믿음을 '개인이 자신의 이성이나 의지력의 모든 한계를 벗어던지고 명확한 핵심 목표를 달성하기 위한 그의 노력이 신의 지시를 따르도록 마음을 활짝 연 상태'라고 정의해도 좋을 것입니다.

마스터 마인드 원칙에 대한 실험을 통해 저는 다른 사람의 마음과 조화를 이루며 일하는 개인이 홀로 일할 때보다 이성과 의지력의 한계를 뛰어넘어 정신력을 투사하는 상태에 더 빨리 도달할 수 있다는 확신을 갖게 되었습니다. 심지어 개와 같이 지능이 낮은 동물들조차 무리에 있으면 용기와 진취성을 얻습니다.

가령 개는 혼자서는 양을 죽일 생각을 하지 못합니다. 하지만 무리에 속하게 되어 무리의 우두머리가 양을 죽이고 싶어 하면 그 개는 주저 없이 양을 죽이는 일에 동참합니다. 이와 같은 경향성이 아이들에게는 물론 성인들 사이에서도 존재합니다. 조화의 정신으로 하나 되는 집단노동, 팀워크, 협업은 다른 이유로는 생기지 않는 행동을 북돋습니다.

⚜ 사람들의 마음을 얻는 법

게이츠 박사: 마스터 마인드의 원칙에는 분석할 가치가 있는 특징이 또 있습니다. 마스터 마인드 회의를 통해 다른 사람들의 마음과 소통하며 '강화된' 마음을 갖게 된 사람은 중독에 가까운 정신적 자극을 느끼게 됩니다. 이 상태는 대개 회의가 끝난 후 몇 시간 동안 지속됩니다.

그러면 마음이 쉽고 자연스럽게 열려서 믿음이 그 모습을 드러내기 시작합니다. 그 증거를 보고 싶다면 영업팀의 '사기 진작' 회의에 참석한 영업 사원들의 마음 상태를 관찰해 보십시오. 그런 회의에서는 활력이 넘치는 리더가 참석자들에게 엄청난 열의를 불어넣습니다. 그 결과 모두가 회의에 참석하기 전에 가졌던 수준을 훨씬 뛰어넘는 뚜렷한 용기를 얻고 돌아갑니다.

여기서 성공한 영업팀 관리자들이 어떻게 성과를 달성하는지 보여 주는 단서를 찾아볼 수 있습니다. 영업 사원들의 마음과 소통하는 법을 가장 잘 아는 사람이 항상 영업팀의 가장 유능한 관리자입니다. 그러나 영업 실적을 기준으로 볼 때 그 자신은 다른 직원에 비해 형편없는 직원일 수도 있습니다.

어떤 직업에서든 다른 사람들의 마음과 연대해서 자신의 영향력을 투사하고 싶다면 여기에 단서가 있습니다. 가장 재미있는 설교를 할 수 있는 목사가 반드시 교회의 가장 훌륭한 지도자가 되는 것은 아닙니다. 진정한 지도자는 신도들을 조화로운 협력의 정신으로 하나 되게 합니다. 이를 통해 한마음으로 생각하고 행동하게끔 유도합니다.

앤드루 카네기를 예로 들어봅시다. 그의 인성을 분석하고 학력을 조사하고 당신이 원하는 대로 그를 평가해 보십시오. 결국 어느 모로 보나 그가 보통 사람에 지나지 않는다는 결론에 이를 것입니다. 하지만 그가 마스터 마인드 구성원들과 관계를 맺는 방법을 관찰하면, 그가 가진 힘의 비결을 알게 될 것입니다.

그는 사람들이 조화롭게 한마음을 이루어 집단의 이익을 위해 개인의 관심과 생각을 완전히 포기하고 함께 일하게 하는 법을 압니다. 이것이 바로 카네기가 산업계 지도자로 뛰어난 성공을 거둔 비결입니다. 그는 모든 위대한 퍼스널 파워의 비결이 마음의 조화로운 연대에 있음을 깨달았습니다. 그렇기 때문에 철강업이 아닌 다른 어떤 분야에서도 지금처럼 유능한 지도자가 될 것입니다.

힐: 박사님께서는 마스터 마인드 회의에서 다른 마음과 접촉해서 정신적인 자극을 받게 된 사람이 회의가 끝난 후에도 한동안 그 자극의 효과를 계속 느낀다고 하셨습니다. 그렇다면 개인의 마음이 한동안 더 각성된 채 유지되어, 마스터 마인드 영향력에 들어간 뒤에는 혼자 행동한다 해도 마음을 더 효과적으로 사용할 수 있다는 뜻입니까?

게이츠 박사: 네, 그렇습니다. 어떤 경우에는 이 자극이 고작 한두 시간밖에 지속되지 않습니다. 반면 며칠이나 아주 드물게 몇 주간 지속되는 경우도 있습니다.

힐: 그렇다면 마스터 마인드의 리더는 그룹에서 소기의 혜택을 얻으려면 구성원들과 긴밀하게 소통해야겠네요?

게이츠 박사: 맞습니다! 그렇고말고요. 카네기와 그와 비등한 다른 재계 지도자들이 얼마나 자주 직원들을 만나는지 관찰해 보십시오. 지속적인 만남을 소홀히 하면 마스터 마인드는 유명무실해질 것입니다. 다른 사람들과 지속적으로 접촉하고 토론과 계획과 행동을 통해 계속 활성화해야 합니다. 오직 관계를 맺었다는 이유만으로 그들의 마음을 백분 이용할 수 있을 것이라고 단정해서는 안 됩니다!

자연 세계와 마찬가지로, 사용해야 발전하고 성장하는 것이 삶의 법칙입니다! 자연은 진공 상태와 무기력을 좋아하지 않습니다. 최고의 마음은 가장 많이 사용되는 마음입니다.

세상은 자신이 정확히 어디로 가고 있는지 아는 것을
행동으로 보여주는 사람을 기꺼이 따른다.

*The whole world willingly follows the man who shows by his actions
that he knows precisely where he is going.*

자기 마음의
주인이 되는 법

힐: 게이츠 박사님, 각 분야에서 그 정도의 지위에 오른 사람들이 보통 사람보다 우수한 두뇌를 갖고 태어났다는 것이 진실입니까, 아닙니까? 그것이 그들이 대다수의 인간보다 뛰어난 이유가 아닐까요?

게이츠 박사: '만일' '하지만' '아마도'와 같은 말들로 안전장치를 걸지 않고서는 현명하게 답할 수 없는 질문이로군요! 인간의 두뇌는 아주 복잡하고 신비스러운 기관이어서 아주 똑똑한 사람조차 정해진 표준 측정법으로 뇌의 능력을 분석한 경우는 없었다고 말하는 것이 이 질문에 대한 유일한 답변일 것입니다.

우리는 학교 교사들이 에디슨과 같은 인물에게 보통교육의 기초를 가르치려고 3개월이나 애썼음에도 소용이 없자 집으로 돌려보냈을 정도로 겉보기에 보통 이하의 지능으로 태어났다는 것을 알고 있습니다. 이 때문에 그는 "교육을 받을 수 있을 정도의 지각조차 없다"라는 말까지 들었습니다. 이 실화에 비추어 볼 때, 그가 훗날 같은 두뇌로 세상에 능력을 증명해 보였기 때문에 우리가 뇌에 대해 아는 것이 전혀 없다는 사실을 인정할 수밖에 없습니다!

당신의 질문에 거짓으로 답하거나 답을 회피하려는 것이 아닙니다. 그저 솔직하게 답하고 싶습니다. 하지만 간혹 (아주 어린 나이부터) 지식을 흡수하는 능력이 너무 뛰어나 신동으로 인정할 수밖에 없는 사람들이 태어나기도 한다는 사실도 못지않게 중요함을 언급해야겠습니다.

이런 부류의 두뇌는 보통의 두뇌가 획득하는 모든 것을 훨씬 뛰어넘어 계발되고 이용될 수 있습니다. 이 부류에 속해서 괄목할 만한 성취를 이룬 사람들을 살펴보십시오. 그들을 자세히 분석해 보면, 자기 마음의 주인이 되어 그 마음을 깊이 사용하게 만든 것은 어떤 동기가 준 자극이라는 사실에 감명받을 것입니다.

힐: 박사님은 지금 제가 아주 흥미를 갖는 문제에 대한 답을 거의 들려주고 계십니다. 분명 광범위하고 복잡한 삶의 문제들을 해결하는 과정에서 타고난 능력을 더 잘 사용하려고 애쓰는 많은 사람도 이 질문에 관심을 가질 것입니다. 자기 마음의 주인으로 성장해 타고난 능력을 생계를 꾸려가는 데 더 잘 이용할 수 있게 되는 시작점은 어디입니까?

게이츠 박사: 모든 성취의 시작은 특단의 노력을 기울이게끔 하는 올바른 동기나 유인에 바탕을 둔 명확한 핵심 목표입니다!

힐: 그토록 중요한 질문에 대해 간략하면서도 힘 있는 대답입니다, 게이츠 박사님. 자기 마음의 주인이 되려고 애쓰는 사람들에게 좀 더 확실한 지침이 되도록 더 자세히 설명해 주실 수 있을까요?

게이츠 박사: 아주 장황한 말과 예시를 들어 길게 답할 수 있겠지만 더 좋은 답을 주지는 않을 듯합니다. 진실은 이렇습니다. 사람은 자기가 할 수 있다고 마음먹은 것은 무엇이든 이룰 수 있습니다.

마음을 먹는 정도는 전적으로 동기에 달려 있습니다. 똑똑하거나 교육을 많이 받는 것보다 명확한 동기가 있어서 깊이 고무되는 것이 훨씬 더 중요합니다. 동기는 비전과 상상력, 진취성, 자주성, 명확한 핵심 목표를 선사합니다. 이러한 마음의 성질들을 갖춘 상태에서 타인의 교육과 경험과 능력을 빌릴 수 있는 마스터 마인드 원칙까지 사용하면 누구나 모든 한계를 뛰어넘어 발전할 수 있습니다. 말 그대로 마음먹은 목표는 무엇이든 달성할 수 있습니다.

한 가지는 분명합니다. 엄청난 부를 쌓거나 기업가로서 성공한 사람들의 대다수가 두뇌의 용량이나 지능의 관점에서 볼 때 평범한 사람이 아니라는 증거는 없습니다. 그런 사람들을 찾아 연구해 보세요. 그러면 이 말이 진실임을 확신하게 될 것입니다. 보통 천재성이라고 부르는 것은 미신 같은 것입니다. 면밀히 관찰해 보면, 소위 말하는 천재성은 강력한 동기가 뒷받침된 명확한 핵심 목표라는 것이 판명되곤 합니다.

모든 역경은 불운을 가장한 축복이다.

역경을 겪지 않으면 깨닫지 못할 교훈을 가르쳐주기 때문이다.

Every adversity is a blessing in disguise, provided it teaches some lesson
we would not have learned without it.

ꜛ 성공은
몇몇 천재의 것이 아니다

힐: 놀랍습니다. 그런 말씀은 스스로 보통 사람에 불과하다고 인정하는 사람들, 특히 교육 수준이 낮은 사람들에게 큰 안도감을 줍니다. 박사님이 하신 모든 말씀을 제가 인용해도 될까요?

게이츠 박사: 물론입니다. 인용하세요! 성공은 소수의 것이며, 그 소수는 어떤 신비스러운 우수한 능력을 타고났다는 잘못된 믿음을 극복하는 데 도움이 될 것입니다. 저는 신을 대변할 권한을 가진 대리인은 아닙니다. 다만 만일 신이 '보통 사람'이 세상의 축복을 가져다 이용할 수 있게 만들지 않았다면, 신은 보통 사람을 그렇게 많이 만들지 않았을 것입니다!

아울러 저는 문명에 알려진 가장 위대한 성취는 보통 사람들이 이루었다는 피할 수 없는 사실에 감동받은 경험이 있습니다! 역설적으로 보일지 모르지만, 참으로 위대한 인물은 자신의 마음을 발견하고 그것의 주인이 되는 보통 사람이라는 사실을 강조하지 않을 수 없습니다.

저의 솔직한 답변이 당신의 환상을 깨지 않았길 바랍니다. 만일 당신이 천재는 타고날 뿐 자기 마음을 발견하고 이용하여 만들어지는 것이 아니라는 말을 듣길 기대했다면, 그것이야말로 바로 제가 깨뜨리고 싶은 생각입니다.

힐: 박사님의 말씀에 기분 좋게 놀랐습니다. 하지만 박사님은 제 환상을 깨지 않으셨습니다. 왜냐하면 저는 인간 마음의 작용에 관한 박사님의 실험을 보고 정확히 박사님이 제게 말씀하신 것을 배우게 될 것이라고 기대했기 때문입니다.

강력한 동기가 뒷받침된 명확한 핵심 목표가 명석한 두뇌보다 중요하다는 것을 성취의 철학을 공부할 모든 사람에게 확신시켜 줄 수 있어서 기쁩니다. 이 말이 마음의 힘에 관한 다양한 실험을 하신 박사님의 입에서 나왔기 때문에 실의에 빠진 많은 사람에게 희망과 목적의식을 줄 것입니다.

이로써 엘머 게이츠 박사와의 인터뷰를 마무리한다. 박사의 설명은 마스터 마인드 원칙의 힘에 제격인 추천사이자 이 장에 제격인 맺음말이다.

다른 사람들이 행복을 찾도록 돕는 일만이

지속적인 행복을 얻는 방법이다.

NOTHING brings enduring happiness except that which helps others to find it.

3장

보수 이상의
노력

먼저, 더 많이
주는 사람이
성공한다

The Path to

PERSONAL POWER

어느 일에서나 없어서는 안 될 존재가 되는 사람은 일반적으로 자기 몸값을 스스로 정하고, 세상은 그것을 기꺼이 받아들인다.

이 장은 다른 무엇보다 없어선 안 될 존재가 되는 방법을 다룬다. 그러므로 이 장은 타인에게 서비스를 제공해서 생계를 꾸려나가는 모든 독자에게 대단히 값진 정보가 될 것이다.

특단의 노력을 기울이라는 말은 가장 단순하게 표현하자면, 개인이 받는 보수 이상으로 많이 그리고 훌륭하게 일하라는 뜻이다. 이것을 습관으로 만들면 '수확체증의 법칙'에 따라 많은 노력을 투입할수록 내가 받을 수 있는 보상 또한 기하급수적으로 커진다. 반면 이 원칙을 습관으로 삼지 않으면 '수확체감의 법칙'에 따라 보상이 두드러지게 줄어들어 불리해진다.

사람들은 누구나 자신의 서비스를 시장에서 유리하게 판매하려고 한다. 그런데 이를 지원하는 사업을 꾸려 잘나가던 사람이 있었다. 그는 보수 이상으로 일하는 습관을 엄격하게 지키는 것이 최고의 직책으로 올라서는 확실한 방법이라는 말을 남겼다.

앤드루 카네기는 미국에서 가장 큰 사업체인 US스틸을 설립했다. 이 회사는 그가 커리어를 지속하는 동안 직원을 가장 많이 고용한 회사였기 때문에, 이에 대한 그의 견해는 독자들에게 큰 도움이 될 것이다.

카네기가 가장 큰 고용주 가운데 하나였다는 것 외에도, 그가 미국에서 가장 신랄한 평가자 가운데 한 명이었다는 것 역시 널리 알려진 사실이다. 그는 직원들이 동료들과 맺는 관계는 물론 일과 맺는 관계까지 아주 효율적으로 지원해서 미국의 여느 기업가보다 많은 돈을 벌었다. 그리하여 그는 서비스를 최대한 유리하게 시장에 파는 방법에 관한 권위자가 되었다.

또한 성공철학을 집대성하는 데 협조한 재계와 산업계의 훌륭한 지도자 500여 명 모두 보수 이상으로 많이 그리고 훌륭하게 일하는 습관을 양심적으로 따르는 것의 가치를 강조했음에 주목해야 한다.

이 장을 시작하면서 이러한 사실을 강조하는 이유는 이 원칙을 역행하는, 즉 문책당하지 않을 정도의 질 낮은 서비스를 제공하며 시간을 때우는 경향이 널리 확산되고 있기 때문이다.

경제 법칙에 따라 장기적 관점에서 누구라도 어떤 일이나 기업에서 자신이 투입한 것 이상을 가져가는 것은 불가능하다. 이 법은 인간이 만든 법이 아니다. 이것은 자연법칙에 뿌리를 두고 있다. 거저 얻으려고 하거나 대가를 덜 지불하고 가져가려는 시도를 자연이 싫어한다는 증거를 자연 속 어디서나 찾을 수 있다.

이 교훈을 받아들이는 사람이라면 조만간 자신의 지혜에 대해 충분히 보상받을 것이다. 그 보상은 자신이 제공한 서비스의 실제 가치보다 훨씬 클 것이다. 물질적인 이득뿐만 아니라 성격의 강화, 마음가짐의 개선, 자립심, 진취성, 열의의 계발과 서비스에 대한 지속적인 시장을 만들어줄 평판을 얻게 될 것이다.

많은 사람에게서 거저 얻으려는 습관을 들이는 경향성이 커지고 있다. 이 위험한 추세는 제1차 세계대전이 끝나면서 시작되었다. 최근 몇 년간 이 경향성이 너무도 뚜렷이 강화되어 이제 삶의 방식이 통째로 약화될 위험에 처해 있다.

이 추세는 이미 고용의 주된 창출원인 미국 산업의 근간을 갉아먹기 시작했다. 사람들이 한데 뭉쳐 수적인 우세나 강압으로 임금을 올리고 서비스의 양과 질은 떨어뜨리면 어떤 산업도 성공적으로 운영될 수 없다. 이 관행을 지속하면 더 이상 버틸 수 없는 지점에 다다라 산업이 도산하게 되는데, 바로 얼마 전에 그 지점에 도달했다.

이 장이 집필되는 동안 미국은 165년 전 건국된 이래로 가장 큰 위기에 맞닥뜨리고 있다. 우리는 미국의 산업에 전적으로 의존하는 거대한 국방 프로그램을 시작했다. 이 프로그램은 형편없는 노동의 대가로 하루치 급여를 요구하는 이기적인 사람들로는 성공적으로 수행될 수 없다.

모든 성실한 미국인이 보수 이상으로 많은 일을 해야 하는 때가 있다면 바로 지금이다. 현재의 위기를 고려하면 이기적으로 자기 이익만

좇는 일은 접어두고 자유에 대한 권리를 수호하는 일에 온 마음을 다해 투신해야 한다. 모든 국민이 단순히 사적인 이익을 도모하기 위해서가 아니라 모두에게 개인의 자유라는 특권을 선사한 미국식 민주주의를 구하는 일에 이바지하기 위해 보수 이상으로 많이 일해야 할 때다.

보수 이상의 노력을 들이는 일, 즉 '특단의 노력'을 기울이는 습관은 언제나 그래왔고 지금도 그렇듯이 개인이 이루는 모든 발전의 중심이다. 괄목할 만한 성공 가운데 이 습관을 따르지 않고서 이룬 것은 없다. 이제 우리가 아메리카니즘을 구하기 위해 특단의 노력을 기울여야만 하는 때가 왔다.

문명이 시작된 이래로 우리에게 가장 높은 생활수준을 선사해 준 정부 시스템을 계속 향유하고 싶다면, 정부의 초석을 보호하고 안전하게 만들어야 한다. 이를 위해 특단의 노력을 기울이는 일은 바람직할 뿐만 아니라 절대적으로 필요하다.

스스로 발전하기 위해 보수 이상으로 많이 일하려는 마음이 없는 사람은 반드시 이 습관을 자기 보호의 수단으로 채택해야 한다. 호화스러운 삶까진 바라지 않더라도, 개인의 자유를 원하지 않을 정도로 바닥으로 떨어지고 싶지는 않을 것이다.

가치가 있는 모든 것이 그렇듯 자유에는 대가가 따른다. 최대한 적게 일하면서 그 대가로 자유의 결실을 요구할 수는 없다. 우리에게 자유를 주기 위해 자신의 목숨과 재산을 걸었던 선구자들의 정신을 받아들이고 따르거나 정의와 자유라곤 모르는 외세에 다시 속박당하는 처지가 되거나, 둘 중 하나를 택해야 할 때다.

이 문제에서만큼은 중간 지점도 회유도 타협도 있을 수 없다. 우리는 막다른 골목에 몰려 있으며 움직일 수 있는 길은 하나다. 그것은 바로 실패를 모르는 불굴의 정신으로 특단의 노력을 기울이는 것이다.

'세계에서 가장 부유하고 자유로운 나라'라는 특권을 누리는 대가를 지불하지 않고서는 이런 나라로 계속 남을 수 없다. 세상에 공짜는 없다. 우리는 원하는 것을 얻기 위해 대가를 지불하거나 주어지는 대로 받아들여야 한다!

그러므로 이 장을 읽으며 깊이 생각해 보라. 자신의 이익을 추구하는 것보다 훨씬 심오한 무언가를 위해 특단의 노력을 기울이겠다고 다짐하라. 그 과정에서 스스로 발전하는 법에 관한 커다란 교훈을 얻어 여생 동안 도움이 될 것이다. 그 교훈은 카네기를 비롯해 국가가 주는 기회를 부로 전환한 다른 모든 사람에게 도움이 되었다.

약속한 것보다 더 훌륭한 서비스를 더 많이 제공하라.
그러면 머지않아 실제로 일한 것보다 더 많은 대가를 받게 될 것이다.

Render more service and better service than you agree to render and very soon
you will be willingly paid for more than you actually do.

손이 아니라
마음을 써서 일하라

　그 교훈 이면에 앤드루 카네기가 발견한 성공의 비밀이 숨어 있다. 카네기는 이 비밀을 알게 된 사람들에게 성공에 꼭 필요한 자질을 갖춘 사람에게만 이것을 밝히라고 했다.

　이 철학을 집대성하는 데 기여한 위인들도 같은 비밀을 알고 있었다. 특단의 노력을 기울이는 습관 없이 이 비밀을 밝혀낼 수 있는 독자는 없을 것이다. 특단의 노력을 기울이면 비밀은 예상치 못한 때와 장소에서 불현듯 그 모습을 드러낼 것이다.

　20여 년 전 서리가 내리는 어느 이른 아침, 찰스 슈와브의 개인 열차가 미국 펜실베이니아주에 소재한 그의 철강 공장에 있는 트랙에 들어와 멈추었다. 그가 열차에서 내리자 한 청년이 그를 맞이하며, 이 철강 회사에서 일하는 속기사인데 슈와브를 도울 일이 없을까 해서 나왔다고 했다.

　"누가 자네에게 여기서 나를 맞이하라고 시켰나?"

　슈와브가 물었다.

　"제가 스스로 온 것입니다."

　청년이 답했다.

　"저는 전보를 취급하는데, 사장님이 오실 것이라는 내용의 전보를 받았기 때문에 이른 아침에 오실 줄 알고 있었습니다. 제가 노트를 가져왔으니, 사장님께서 보내고 싶으신 편지나 전보가 있으면 적겠습니다."

　슈와브는 이 청년의 사려 깊은 태도에 감사해했다. 하지만 당장은 필요가 없고 나중에 그를 부를 수도 있다고 했다. 그리고 실제로 그렇게 했다! 개인 열차가 그날 밤 뉴욕으로 돌아갔을 때 그 청년도 함께였다. 그는 슈와브의 요청에 따라 철강 재벌의 개인 사무실에서 일하게 되었다.

청년의 이름은 윌리엄스였다. 윌리엄스는 철강 회사에서 이 직책에서 저 직책으로 계속 승진하여 마침내 자기 사업을 차릴 수 있을 정도로 많은 돈을 벌고 모았다. 그는 자신이 사장이자 최대 주주인 제약회사를 차렸다.

이 짧은 이야기에서 딱히 극적이거나 흥미로운 점을 발견하지 못했는가? 이 질문에 대한 답은 전적으로 무엇을 '드라마'라고 부르는지에 달려 있다. 세상에서 진정한 자기 일을 찾으려고 애쓰는 모든 사람에게 이 이야기는 가장 심오한 드라마를 보여준다. 개인의 성공에 관한 원칙에서 가장 중요한 것을 실제로 적용한 사례이기 때문이다. 그것은 바로 특단의 노력을 기울이는 습관이다!

이 청년은 철강 회사에서 계속 승진했다고 했다. 이제부터 그가 어떻게 자력으로 성공의 사다리를 올랐는지 살펴보면서 그에게서 무엇을 배울 수 있을지 알아보자. 먼저 청년 윌리엄스가 철강 회사에서 일하는 다른 속기사들에 비해 어떤 능력이 뛰어났는지 살펴보자. 그 능력 덕분에 윌리엄스가 사장인 슈와브에게 발탁되어 그를 직접 모시는 일을 맡게 되었으니 말이다.

슈와브는 윌리엄스가 속기사로서 평균 이상으로 평가될 만한 특별한 자질을 보인 것은 아니라고 했다. 하지만 그에게는 한 가지 자질이 있었다. 그가 스스로 만들어 절대 어기지 않는 습관, 극소수의 사람만이 가진 자질이다. 바로 보수 이상으로 많이 그리고 훌륭하게 일하는 습관이었다.

그가 승승장구하게 된 것도, 슈와브의 관심을 끈 것도, 한 기업의 대표가 되게 한 것도 바로 이 습관 덕분이었다.

그리고 그 일이 벌어지기 수년 전 슈와브 자신이 카네기의 눈에 들게 된 것도, 회사의 대표 자리에 오르게 된 것도 바로 이 습관 때문이었다. 또한 활력 넘치는 카네기가 일용직 노동자에서 미국 최대 산업의 소유주의 자리에 오를 수 있게 된 것도 바로 이 습관 때문이었다. 철강왕이 된 그는 막대한 재산과 그보다 더 많은 유용한 지식을 축적했다.

특단의 노력을 기울이는 주제에 관한 카네기의 관점은 이 원칙을 스스로 발전하는 데 효과적으로 이용할 수 있는 실질적인 활용 기법을 독자들에게 제공한다. 이 주제에 대한 그의 분석을 성공철학으로 정립하기 시작할 때 그가 나에게 설명한 그대로를 여기에 옮긴다.

힐: 카네기 씨, 저는 사람들이 성공은 대개 운에 따른 결과라고 말하는 것을 종종 들었습니다. 많은 사람이 성공한 사람들은 인생에서 '운이 좋아서' 성공할 수 있었고, 그렇지 못한 사람들은 '운이 없어서' 실패했다고 믿는 것 같습니다.

부유한 페르시아의 철학자였던 크로이소스는 운에 대해 이런 말을 남겼습니다.

"인간사는 수레바퀴처럼 돌고 돌기 때문에 항상 운이 좋기만 한 사람은 없다."

카네기 씨는 사업가로서 경험이 풍부하니 그런 수레바퀴가 있다고 보십니까? 카네기 씨의 성공에서 어느 정도가 운 덕분이라고 생각하십니까?

카네기: 그 질문은 특단의 노력을 기울이는 습관에 대한 설명을 시작하기에 적합한 지점인 것 같습니다. 특단의 노력을 기울인다는 말은 보수 이상으로 많이, 훌륭하게 일하는 습관을 뜻합니다.

우선 저는 당신의 질문에 그렇다고 답하겠습니다. 실제로 인간의 운명을 좌지우지하는 인생의 수레바퀴가 있습니다. 다행스럽게도 이 수레바퀴가 나에게 유리하게 작동하도록 확실히 영향을 줄 수 있습니다. 그렇지 않다면 개인의 성취에 관한 원칙을 정립할 이유가 없을 것입니다.

힐: 개인이 이 인생의 수레바퀴를 어떻게 통제할 수 있는지 간략하게 설명해 주시겠습니까? 이 중요한 성공의 요인에 대해 사업을 막 시작한 청년들이 쉽게 이해할 수 있는 설명이면 좋겠습니다.

카네기: 적절하게 적용하면 자기 몸값을 스스로 정하고 바라는 것을 얻을 가능성도 보통 이상이 되는, 성공에 관한 원칙을 설명하겠습니다. 게다가 이 원칙은 매우 강력해서 서비스를 구매하는 사람들이 제기하는 심각한 반대로부터 당신을 보호합니다. 이미 말했듯 이 원칙은 특단의 노력을 기울이는 습관이며 보수 이상으로 많이 일하는 것을 뜻합니다. 여기서 제가 이 원칙을 설명할 때 중요한 단어 하나를 추가한 것에 주

목해야 합니다. 바로 '습관'이라는 단어입니다!

이 규칙을 적용해서 좋은 결과를 얻기 시작하려면 반드시 그것이 먼저 습관이 되어야 합니다. 그리고 항상 모든 일에 적용해야 합니다. 개인이 할 수 있는 최대한 많은 양의 서비스를 제공해야 하며, 그것도 친절하게 조화로운 방식으로 제공해야 한다는 뜻입니다. 아울러 개인은 당장 받는 보수가 얼마든 간에 이렇게 해야 하고, 심지어 당장 받는 보수가 전혀 없다고 해도 이렇게 해야 합니다.

힐: 카네기 씨, 하지만 제가 아는 대부분의 사람들, 임금이나 급여를 위해 일하는 사람들은 이미 받는 것보다 더 많이 일한다고 주장합니다. 이것이 진실이라면, 왜 그들은 인생의 수레바퀴가 그들에게 유리하게 작용하도록 영향을 미치지 못할까요? 왜 그들은 카네기 씨처럼 부자가 아닐까요?

카네기: 그 질문에 대한 대답은 아주 간단합니다. 하지만 당신이 그것을 이해하려면 그 전에 제가 많은 측면을 설명해야 합니다. 우선 임금 노동자들을 정확하게 분석하려면, 100명 중 98명에게 하루 치 임금을 위해 일하는 것보다 더 큰, 명확한 핵심 목표가 없다는 것을 알아야 합니다. 따라서 그들이 얼마만큼 일하든 혹은 얼마나 잘하든 인생의 수레바퀴는 그들에게 근근이 먹고살 수 있는 것 이상을 주지 않을 것입니다. 그들이 그 이상을 기대하거나 요구하지 않기 때문입니다.

이 진실에 대해 잠시 곰곰이 생각해 보세요. 그러면 제가 제시할 논리를 더 잘 따라갈 수 있게 될 것입니다.

근근이 먹고살 정도의 일당이라는 한계를 받아들이는 사람들과 제가 다른 점은 이것입니다. 저는 보수를 요구할 때 명확한 조건을 사용해 요구합니다. 제겐 재산을 얻기 위한 명확한 계획이 있습니다. 저는 제 계획을 실행하고 제가 요구하는 재산의 가치에 상응하는 것을 유용한 서비스로 제공합니다. 반면 다른 사람들은 그런 계획이나 목적이 없습니다.

삶은 제 방식대로 제게 보답하고 있습니다. 마찬가지로 일당만 요구하는 사람에게도 정확히 그렇게 하고 있는 것입니다. 보다시피 인생의 수레바퀴는 한 사람이 자기 마음속에 그린 정신적인 청사진을 따라갑니다. 그 바퀴는 정확하게 그 청사진에 상응하는 것을 물질이나 금전으로 돌려줍니다.

이 진리를 완전히 이해하지 못한다면, 중요한 부분을 놓치는 것입니다. '보상의 법칙'이라는 것이 있습니다. 이 법칙이 작용해서 당신은 자신이 축적한 물질적인 소유물을 비롯해 인생과 관계를 맺게 됩니다. 당신은 이 법칙이 작용하는 현실에서 도망칠 수 없습니다. 이것은 사람이 만든 법칙이 아니기 때문입니다.

힐: 카네기 씨의 견해를 이해했습니다. 이 문제를 달리 표현하면, 모든 사람은 자기 마음을 사용한 결과로 그 자리에 있는 것이고, 지금의 모습을 띤다고 말할 수 있지 않을까요?

카네기: 정확합니다. 가난에 찌든 삶을 사는 대부분이 겪는 주된 문

제는 자기 마음의 힘을 인식하지 못하거나 자기 마음의 주인이 되려고 하지 않는 것입니다. 손을 써서 할 수 있는 일 중에는 생계비 이상을 버는 일이 거의 없습니다. 하지만 마음을 사용하면 인생에서 바라는 것은 무엇이든 얻을 수 있습니다.

특단의 노력을 기울여라

카네기: 이제 특단의 노력을 기울이는 원칙에 대한 분석을 계속합시다. 저는 이 원칙의 실용적인 이점을 설명하려 합니다. 실용적이라고 말한 까닭은 타인의 동의 없이 누구나 누릴 수 있는 혜택이기 때문입니다.

우선 보수 이상으로 많이 일하는 습관을 가지면 나에게 기회를 줄 수 있는 사람들에게서 호의적인 관심을 받게 된다는 사실을 생각해 봅시다. 저는 이 습관을 들이지 않고서 직급과 급여가 더 높은 자리에 자력으로 오른 사람을 본 적이 없습니다.

이 습관은 타인에 대한 올바른 '마음가짐'을 계발하고 유지하는 데도 도움이 되어, 친절한 조력을 얻는 효과적인 수단이 됩니다.

분명 대다수의 사람이 이 원칙과 정반대로 행동하기 때문에, 즉 지적받지 않을 정도로만 일하기 때문에 이 원칙을 따르면 그런 사람들과 대비되어 더 큰 이익을 얻을 수도 있습니다. 대다수는 대충 때우고 넘어가려고만 하기 때문입니다!

보수 이상으로 많이 일하며 특단의 노력을 기울이는 원칙을 따르면 당신의 서비스에 대한 수요가 끊이지 않을 것입니다. 게다가 임금 수준이나 다른 형태의 보수에 더해 일과 작업 조건을 직접 선택할 수 있습니다. 아울러 서비스를 최대한 적게 제공하고자 하는 사람에게는 주어지지 않는 기회가 생깁니다. 그러므로 이 원칙은 임금 노동자에서 자기 사업을 소유한 사람으로 올라가는 효과적인 수단이 됩니다. 이 원칙을 지키면 일터에서 없어서는 안 될 존재가 되어 결국 자기 몸값을 스스로 정할 수도 있습니다.

한편 이 원칙은 자립심 계발에도 도움이 됩니다. 이 원칙이 주는 혜택 가운데 가장 중요한 것은 수확체증의 법칙에 따라 제공한 서비스의 실제 시장 가치보다 훨씬 큰 보수를 받게 된다는 점입니다. 그러므로 보수 이상으로 많이 일하는 습관은 순전히 개인의 이익을 도모하기 위해 이용한다 하더라도 건전한 사업 원칙입니다.

보수 이상으로 많이 일하는 습관은 타인의 허락을 구하지 않고 실천할 수 있는 습관입니다. 그러므로 이 원칙을 실천하느냐 마느냐는 전적으로 당신에게 달려 있습니다. 반면 다른 이로운 습관들은 타인의 동의와 협조를 통해서만 실천할 수 있습니다.

힐: 카네기 씨를 위해 일하는 모든 사람에게 보수 이상으로 많이 그리고 훌륭하게 일하라고 말합니까? 만일 그렇다면 얼마나 많은 사람이 자신에게 이로운 방식으로 이 특권을 이용하고 있습니까?

카네기: 그 질문을 받게 되어 기쁩니다. 왜냐하면 이 주제에 대해 중요한 관점을 제대로 알려줄 수 있는 기회이기 때문입니다. 우선 저를 위해 일하는 모든 사람(그리고 과거에 저를 위해 일한 모든 사람)은 보수 이상으로 일을 많이 하는 특권을 가집니다. 저 자신뿐 아니라 모두를 위해 그렇게 하도록 격려합니다.

저를 위해 일하는 수천 명 가운데 소수만이 보수 이상으로 많이, 훌륭하게 일합니다. 그래서 제게는 그들에게 보상해야 할 의무가 생깁니다. 감독 및 관리 그룹에 속한 사람들이 이 소수의 예외에 속하는데, 그들은 우리 회사 노동자들 대다수가 받는 것보다 훨씬 많은 급여를 받고 있습니다. 물론 제가 고용한 사람은 누구나 남의 동의를 받지 않고서도 이런 서비스를 제공할 특권이 있지만, 누구나 다 그렇게 하지는 않습니다.

찰스 슈와브와 같이 제 마스터 마인드 구성원 중 일부는 우리 사업에서 정말 절대로 없어서는 안 되는 존재가 되어 고정 급여 외에도 한 해에 무려 100만 달러나 더 받고 있습니다. 따라서 우리 회사에서 고소득층으로 올라선 사람들 가운데 적지 않은 수가 스스로 사업을 시작할 기회를 얻었습니다.

힐: 추가 보수로 연간 100만 달러나 지급해 준 사람들과 더 나은 협상을 할 수는 없었나요?

카네기: 오, 분명 저는 훨씬 적은 돈을 주고 그들의 서비스를 살 수 있었지만, 보수 이상으로 많이 일하는 이 원칙은 직원에게 이로운 만큼

고용주에게도 이롭다는 것을 명심해야 합니다. 그러므로 직원이 보수 이상을 벌어들이기 위해 애쓰는 것만큼이나 고용주도 직원이 벌어들인 전부를 그에게 지급하는 것이 지혜로운 행동입니다. 슈와브에게 그가 벌어들인 전액을 지급함으로써 저는 그가 제공하는 서비스를 잃지 않을 수 있었습니다.

힐: 카네기 씨는 보수 이상으로 많이 일하는 직원들에게 그들이 벌어들인 전부를 지급한다고 말씀하셨습니다. 만일 그렇다면, 그들이 받는 것보다 더 많이 일한다는 말에 모순이 있는 것 같습니다.

카네기: 당신이 모순이라고 착각하는 것이 바로 많은 사람이 이 주제에 대해 오해하는 부분입니다. 그것은 특단의 노력을 기울이는 습관에 대한 이해가 부족한 탓입니다. 이번 기회로 제가 이 주제에 대한 당신의 관점을 바로잡을 수 있게 되어 기쁩니다.

제가 직원들에게 그들이 벌어들인 전부를 준다는 것은 사실입니다. 물론 그래서 때때로 거액을 그들에게 지급합니다. 다만 당신이 간과한 점이 있습니다. 제가 그들이 벌어들인 전부를 지급하기 시작하기 전에, 그들이 먼저 보수보다 많이 일해서 없어서는 안 될 존재임을 증명해야만 한다는 사실입니다.

여기 대부분의 사람이 지나치는 중요한 점이 있습니다. 직원이 보수 이상으로 많은 일을 해내기 전까지 그가 제공하는 서비스에 대해 더 많은 돈을 받을 권리는 없습니다. 그는 이미 자신이 한 일에 대해서 제대로 보상받고 있기 때문입니다.

간단한 예를 들어 이 점을 설명해 보겠습니다. 농부는 자신의 노동에 대한 대가를 거두어들이기 전에 신중하게 머리를 써서 땅을 일구고 흙을 고르고 필요하면 비료를 주고 씨앗을 뿌립니다. 이때까지 그는 자신의 노동에 대해 얻는 것이 없습니다. 하지만 성장의 법칙을 이해하므로 자신이 심은 씨앗을 자연이 발아시키고 열매를 맺는 동안 노동을 멈추고 휴식을 취합니다.

여기서 농부의 노동에 '시간'이라는 요소가 포함됩니다. 때가 되면 자연은 씨앗과 함께 풍성한 여분의 작물을 돌려주어 농부의 노동과 지식에 대해 보상합니다. 만일 농부가 적절히 준비된 토양에 밀을 심는다면, 아마도 심은 만큼의 씨앗과 함께 보상으로 열 배에 달하는 밀을 거두게 될 것입니다.

여기서 수확체증의 법칙이 작용해 농부의 노동과 지식에 대해 보상한 것입니다. 자연이 정확히 뿌린 만큼만 돌려준다면 밀을 심는 의미가 없겠죠. 그렇다면 인간은 이 지구상에 존재할 수 없었을 것입니다. 자연이 수확체증의 법칙을 통해 낳는 잉여분 때문에 땅이 인간과 동물에게 필요한 식량을 생산할 수 있는 것입니다.

하지만 보수 이상으로 많이, 훌륭하게 일하는 사람이 동일한 법칙으로 이로운 입장이 되는 이치를 이해하려면 약간의 상상력이 필요합니다. 만일 어떤 사람이 보수만큼의 서비스만 제공한다면, 그는 그 서비스의 적정가 이상을 기대하거나 요구할 논리적인 근거가 없을 것입니다.

오늘날 존재하는 죄악 중 하나는 이 원칙을 역행하는 것입니다. 제공한 서비스의 가치보다 높은 보수를 받으려는 시도죠. 어떤 사람은 노동 시간을 줄이고 보수는 높이려고 애를 씁니다. 단연코 이런 시도는 해서는 안 됩니다. 사람들이 계속 자신이 제공하는 서비스의 가치 이상을 받아 가려 한다면, 결국 임금의 원천이 고갈되어 법으로 해결해야 하는 처지가 될 것입니다.

이 점을 분명하게 이해하길 바랍니다. 왜냐하면 이것을 제대로 알지 못해서 투입된 노동보다 더 많이 받아 가려는 관행이 고쳐지지 않을 경우, 미국의 산업 시스템이 무너지는 결과를 피할 수 없기 때문입니다. 이 관행을 바로잡을 사람은 바로 생계를 위해 노동에 의존하는 사람입니다. 그런 사람만이 건강하지 못한 관행을 깨뜨릴 진취성을 발휘할 수 있는 특권을 가집니다.

제가 하루 벌어 하루 먹고사는 사람을 무시해서 이런 말을 한다고 오해하지 마십시오. 저는 노동하는 사람에게 자신의 노동력을 시장에 파는 일과 관련해서 더 건강한 관계의 철학을 알려줌으로써 그를 돕고자 할 뿐입니다.

↯ 보수보다 더 많이 그리고 훌륭하게 일하는 습관

힐: 제가 제대로 이해했다면, 카네기 씨는 직원이 정당히 번 임금을 고용주가 제대로 지급하지 않는다면 그것은 직원이 보수보다 덜 일함으

로써 자승자박하는 것만큼 현명하지 못하다고 믿는군요. 그리고 설명을 들으니 카네기 씨의 논리가 건전한 경제학에 대한 이해와 수확체증의 법칙에 도대를 두고 있다는 결론에 도달했습니다.

카네기: 제 말을 완벽하게 이해했습니다. 축하합니다. 하지만 대부분의 사람은 보수보다 더 많이 일하는 습관을 따르는 사람에게 주어지는 엄청난 잠재적 혜택을 이해하지 못하는 것 같습니다.

저는 직원들이 "그것은 급여에 포함된 일이 아닌데요"라거나 "그것은 제 일이 아닌데요"라거나 "저는 보수가 없는 일은 절대로 하지 않을 거예요"라고 말하는 것을 자주 듣습니다. 당신도 들어보았을 것입니다. 누구나 듣는 말입니다.

누군가 이런 말을 한다면, 그 사람은 근근이 먹고사는 수준 이상은 벌지 못할 위인으로 치부해도 됩니다. 아울러 이런 종류의 마음가짐을 가지면 동료들도 그를 싫어하게 됩니다. 따라서 스스로 발전할 기회가 사라집니다.

제가 책임 있는 자리에 앉힐 사람을 찾을 때 가장 먼저 보는 자질은 긍정적이고 협조적인 마음가짐입니다. 왜 주어진 일을 처리하는 능력부터 살펴보지 않는지 궁금할 것입니다. 그 이유를 알려드리겠습니다!

부정적인 마음가짐을 가진 사람은 함께 일하는 모든 사람과의 관계에서 조화를 깨뜨립니다. 따라서 통합에 방해가 되기 때문에 어떤 유능한 관리자도 그런 사람을 원치 않습니다. 제가 올바른 마음가짐을 가장 먼저 찾는 또 하나의 이유는 이런 태도를 가진 사람은 일반적으로 기꺼이 배우려는 태도도 갖고 있기 때문입니다. 그러니 어떤 일을 할 때 필요한 능력도 계발할 수 있습니다.

찰스 슈와브가 처음 우리 회사에 왔을 때, 적어도 겉으로 봤을 때는 여느 일용직 노동자들이 지닌 능력 외에 딱히 별다른 능력이 없었습니다. 하지만 슈와브는 불굴의 정신과 모든 부류의 사람들과 친구가 될 수 있는, 상대를 무장 해제시키는 인성을 가지고 있었습니다.

더불어 그는 원래부터 기꺼이 보수 이상으로 많이 일하려는 태도를 가지고 있었습니다. 이 자질이 매우 두드러져서 그는 실제로 일을 배우기 위해 비상한 노력을 기울였습니다. 그는 특단의 노력을 기울였을 뿐만 아니라 그보다 한 발, 두 발 더 나아가 큰 노력을 했고, 얼굴 가득히 미소를 띤 채 올바른 마음으로 일에 임했습니다. 또한 주어진 일을 끝냈을 때 서둘러 와서 일을 더 달라고 했습니다. 굶주린 사람이 눈앞에 차려진 음식에 덤비듯이 열의를 가지고 어려운 일에 덤벼들었습니다.

이런 사람에게 통제권을 실컷 주고 그가 원하는 만큼 빠르게 달려가도록 놓아두는 것 외에 달리 무엇을 할 수 있겠습니까? 이런 종류의 마음가짐은 신뢰를 갖게 합니다. 이런 사람은 찡그린 얼굴과 불평이 가득한 마음을 가진 사람에게는 오지 않는 기회를 갖게 됩니다.

솔직히 말하면, 이런 종류의 마음가짐을 가진 사람을 막을 방법은 없습니다. 이런 사람은 자기 몸값을 스스로 정할 수 있게 됩니다. 그런 사람에게 충분한 보수를 제공하여 인정하지 않을 정도로 근시안적인 고용주가 있는가 하면, 바로 알아보고 더 좋은 일을 맡기는 현명한 고용주도 있습니다.

그러므로 수요공급의 법칙이 작용해서 그런 사람에게는 반드시 적절한 보상이 주어지게 됩니다. 그런 상황에서 고용주가 할 수 있는 일은 거의 없습니다. 수도권은 전적으로 그 직원이 쥐고 있습니다.

보수 이상으로 많이 일하는 지혜를 보여주는 이 사례가 고용주와 직원의 관계에만 적용될 수 있는 것은 아닙니다. 자영업자와 전문직 종사자에게도 똑같이 적용됩니다. 사실 타인에게 서비스를 제공해서 생계를 유지하는 모두에게 적용됩니다. 설탕 1파운드를 재면서 고객에게 유리하게 저울을 기울이는 식료품점 주인은 무게를 더 나가게 하려고 설탕에 물을 섞는 주인보다 단연 더 현명합니다.

계산할 때 '우수리를 잘라버리고' 돈을 거스를 때 고객에게 0.5센트를 더 주는 상인은 그렇게 하지 않는 상인보다 단연 더 현명합니다. 저는 돈을 거스를 때 0.5센트를 챙기는 인색한 습관 때문에 연간 수백 달러를 안겨줄 고객을 잃은 상인들을 압니다.

한때 저는 등에 큰 보따리를 짊어지고 머농거힐라 계곡을 오르내리며 물건을 파는 상인을 알고 있었습니다. 그의 작은 몸보다 보따리가 더 무겁다는 말도 들었습니다.

물건을 팔 때, 그는 보통 손님에게 감사 표시로 작은 선물을 덤으로 주었습니다. 금전적인 가치는 별로 없는 물건이었습니다. 하지만 그가 그런 친절한 마음가짐으로 대하기 때문에 고객들은 항상 모든 이웃에게 그를 소개했죠. 결국 그 상인은 돈만으로는 살 수 없는 무료 홍보의 효과를 누리게 되었습니다.

어느 날 이 상인이 항상 다니던 길에서 사라졌습니다. 고객들은 그에게 무슨 일이 있는지 묻기 시작했습니다. 그런 궁금증은 사람들의 표현대로 '큰 보따리를 짊어진 작은 남자'에 대한 진심 어린 애정에서 비롯된 것이었습니다.

한두 달 만에 상인이 다시 나타났습니다. 이번에는 큰 보따리를 메고 있지 않았습니다. 그는 고객들에게 자신의 상점을 열었다고 말했습니다.

그 상점은 이제 그곳에서 가장 크고 손님이 많은 가게가 되었습니다. 그 상점은 큰 보따리를 짊어진 작은 남자가 설립한 혼 백화점으로 알려져 있지만, '넉넉한 마음과 현명한 두뇌를 가진 작은 남자'라고 말할 수 있을 것입니다.

우리는 '성공한' 사람들을 보고 "얼마나 운이 좋은가"라고 말합니다. 하지만 그들의 '행운'이 어디에서 비롯되었는지는 묻지 않습니다. 만일 묻는다면, 그들의 행운이 "큰 보따리를 짊어진 작은 남자"의 사례처럼 보수 이상으로 많이 그리고 훌륭하게 일하는 습관에서 온다는 것을 금방 알게 될 것입니다.

찰스 슈와브는 운이 좋다는 말을 많이 들었습니다. 늙은 앤드루 카네기의 눈에 들어 카네기가 다른 모두를 제쳐두고 그를 가장 밀어주었기 때문입니다. 하지만 슈와브가 자신의 힘으로 성공했다는 것이 진실입니다. 제가 한 일이라곤 그를 방해하지 않고 달리게 놔둔 것입니다. 그가 받은 모든 '행운'은 그 자신의 진취성을 통해 스스로 만들었습니다.

개인의 성취에 관한 철학에서 이 원칙을 설명할 때, 이 말을 반드시 강조해야 합니다. 왜냐하면 이것이 인생의 수레바퀴에 영향을 주어 모든 불운을 상쇄해 주는 것 이상의 혜택을 줄 유일하게 안전하고 확실한 원칙이기 때문입니다.

당신이 이 철학을 세상에 알릴 때, 고용주와 고객에게 없어서는 안 될 존재가 되는 확실한 수단으로 이 원칙을 사용하는 법을 반드시 알려 주어야 합니다. 또한 이 원칙을 실천하면 보상의 법칙이 개인에게 유리하게 작용하게끔 만들 수도 있음을 설명해 주어야 합니다.

저는 랠프 월도 에머슨이 보상에 대한 에세이에서 보수 이상으로 많이, 훌륭하게 일하는 습관을 들이면 보상의 법칙이 개인의 노력을 뒷받침하는 효과를 낳는다는 사실을 더 명확하게 설명하지 않는 것을 대단히 안타깝게 생각합니다.

보수 이상으로 일을 많이 하지 않는다면,
이미 당신의 가치만큼 보상받고 있으니 더 요구할 권리가 없다.

*If you do not render more services than that for which you are paid,
you are already getting all you're worth, and you've right to ask for more.*

↯ 지식보다
경험이 중요하다

힐: 보수 이상으로 많이 일하는 습관을 따르지 않고 성공한 사람을 아시나요?

카네기: 어떤 직업이나 사업에서든, 의식적이든 무의식적으로든 이 습관을 따르지 않고서 성공한 사람은 알지 못합니다. 직업과 상관없이 성공한 사람을 조사해 보세요. 그러면 그가 정해진 근무 시간에 따라 일하지 않는다는 사실을 바로 알게 될 것입니다.

휴식 시간을 알리는 호각 소리가 들리자마자 곡괭이를 내던지는 사람들을 면밀히 연구해 보면, 근근이 먹고살 정도밖에 벌지 못한다는 것을 알게 될 것입니다. 이 규칙에서 예외가 되는 사람을 찾아 제게 데려오십시오. 그가 사진을 찍도록 허락한다면 그 자리에서 1000달러짜리 수표를 써주겠습니다. 만일 그런 사람이 존재한다면, 정말 희귀종이므로 저는 그의 사진을 박물관에 보관하겠습니다. 그래서 모두가 자연법칙을 '성공적으로' 역행한 사람을 보게 할 것입니다.

성공한 사람들은 짧은 근무 시간과 쉬운 일을 찾지 않습니다. 진정으로 성공한 사람이라면 그런 상황은 존재하지 않는다는 것을 알기 때문입니다. 성공한 사람들은 항상 근무 시간을 줄이기보다 늘리는 방법을 찾습니다.

힐: 카네기 씨도 보수 이상으로 많이 일하는 습관을 따르셨나요?

카네기: 만일 그러지 않았다면 저는 여전히 일용직 노동자로 일하고 있을 테니 당신은 성공 법칙을 배우기 위해 여기 있지 않았을 것입니다. 만일 제게 성취의 원칙들 가운데 무엇이 가장 도움이 되었는지 묻는다면, 저는 특단의 노력을 기울이는 것이라고 말할 수밖에 없습니다. 하지

만 이 원칙에만 의존하여 성공할 수 있다고 결론을 내려서는 안 됩니다. 다른 성공 원칙들도 있으며, 탁월하고 지속적인 성공을 이룬 모두가 그 원칙들을 결합하고 이용해서 성공한 것입니다.

이제 명확한 핵심 목표와 특단의 노력을 기울이는 습관을 결합하는 것이 얼마나 중요한지 살펴봅시다. 특단의 노력을 기울일 때 명확한 최종 목적지가 있어야 합니다. 저는 사람들이 왜 명확한 목표를 달성하는 과정에서 보수 이상으로 많이 일하는 것을 인생의 수레바퀴에 영향을 미치는 확실한 수단으로 삼지 않는지 이해할 수 없습니다.

만일 이 습관을 편리한 방편으로 따른다면 어떨까요? 정당한 방법으로 자신을 발전시키는 것은 누구나 가진 특권입니다. 특히 타인을 만족시키고 그들에게 이로운 방법을 통해 자신을 발전시키는 것은 누구나 가진 특권 중 특권입니다.

보수 이상으로 많이 일하는 습관에 대해서는 어떠한 정당한 반대도 있을 수 없습니다. 이것은 누구나 주체적으로 기를 수 있는 습관입니다. 만일 판매자가 약속한 것보다 많은 서비스를 제공한다면 어떠한 구매자도 반대하지 않을 것입니다. 또한 판매자가 친절하고 즐거운 마음가짐으로 서비스를 제공한다면 분명 어떠한 구매자도 반대하지 않을 것입니다. 이 모두가 판매자의 권리에 담긴 특권이기 때문입니다.

힐: 배움이 부족해서 육체노동을 하는 평범한 노동자에게 주어지는 기회밖에 얻을 수 없는 사람은 어떻습니까? 그래도 이 사람이 교육받은 사람들과 동등한 기회를 갖는다고 말씀하시겠습니까?

카네기: 아주 반가운 질문입니다. 나는 사람들이 교육의 문제에 관해 저지르는 흔한 실수를 바로잡고 싶습니다.

우선 '교육하다(educate)'라는 단어가 많은 사람이 믿고 있는 것과 완전히 다른 뜻이라는 것을 설명하고 싶습니다. 이 단어의 근원은 라틴어인 'educare'로, '끌어내다' '~으로부터 발전시키다'라는 뜻입니다. 교육된 사람은 자기 마음의 주인이며 체계적인 사고를 통해 마음을 계발하므로 삶을 살아가는 동안 매일 겪는 문제들을 해결할 때 마음이 그를 효율적으로 돕습니다.

어떤 사람들은 교육이 지식의 습득이라고 믿습니다만, 좀 더 진정한 의미에서 교육은 지식을 사용하는 법을 배우는 것입니다. 저는 걸어 다니는 백과사전임에도 그 지식을 잘 이용하지 못하여 생활비조차 벌지 못하는 사람들을 많이 압니다.

많은 사람이 저지르는 또 다른 착각은 학교 교육이 곧 교육이라는 믿음입니다. 학교 교육은 사람이 많은 지식을 습득해서 유용한 사실들을 알맞게 조합할 수 있게 하지만, 학교 교육만으로 한 인간이 진정으로 교육되었다고 말할 수는 없습니다. 교육은 스스로 습득하는 것입니다. 마음 혹은 정신을 계발하고 사용해야 진정으로 얻을 수 있습니다. 다른 방법은 없습니다.

토머스 에디슨을 예로 들어봅시다. 그가 받은 학교 교육이라곤 3개월 남짓에 불과합니다. 게다가 가장 효율적인 학교 교육도 아니었습니다. 그는 '위대한 경험의 학교'에서 진정한 '학교 교육'을 받았습니다. 이 학교에서 그는 자기 마음의 주인이 되어 그것을 사용하는 법을 배웠습니다. 이렇게 해서 그는 우리 시대에 가장 교육된 사람들 가운데 한 명이 되었습니다.

그는 발명을 하면서 필요한 기술적 지식을 마스터 마인드 원칙을 적용해서 다른 사람들에게서 얻었습니다. 발명을 하려면 화학, 물리학, 수학과 아주 다양한 기타 과학 분야의 지식이 필요한데, 그는 그런 지식을 직접 이해하지 못합니다. 하지만 그는 교육되었기 때문에 그의 연구에 반드시 필요한 여러 분야에 대한 지식을 어디서 어떻게 끌어와야 하는지 알고 있습니다.

그러니 지식 자체가 교육이라는 믿음을 버리십시오! 지식이 필요할 때 어디서 어떻게 가져와야 하는지 아는 사람이 지식을 가졌지만 그것으로 무엇을 해야 할지 모르는 사람보다 훨씬 더 교육된 사람입니다.

사람들이 교육을 받을 기회가 없었다고 주장하며 자신의 실패를 정당화할 때 사용하는 이 구닥다리 변명을 바라보는 또 하나의 관점이 있습니다. 미국은 무상 교육을 아주 충분히 제공하므로 누구라도 원하기만 하면 야간에라도 학교를 다닐 수 있습니다. 아울러 통신 교육을 제공하는 학교가 있어서 거의 어떤 분야에 대한 지식도 아주 적은 비용으로 얻을 수 있습니다.

학교 교육을 진심으로 원하는 사람은 누구나 학교 교육을 받을 수 있습니다. 그래서 저는 학교 교육을 못 받아서 성공하지 못했다고 주장하는 사람들을 견딜 수가 없습니다. 대부분 '학교 교육의 부족'이라는 잘못된 핑계를 단순한 게으름이나 야심의 결여에 대한 변명으로 사용합니다.

저는 가방끈도 짧고 여느 노동자들과 똑같은 조건에서 커리어를 시작했습니다. 저를 도와줄 '연줄'도 특별대우도 '부자 삼촌'도 없었고, 제 힘으로 인생에서 더 나은 경제적 지위에 오르도록 영감을 준 사람도 없었습니다. 전적으로 저 혼자만의 생각으로 더 나은 지위로 올라가야겠다고 다짐했습니다.

저는 그 일이 비교적 쉽다는 것을 발견했습니다. 그것은 제 마음의 주인이 되어 명확한 핵심 목표를 가지고 그것을 사용하는 것이었습니다. 저는 가난을 싫어했기 때문에 계속 가난하게 사는 것을 거부했습니다. 이 주제에 대한 저의 마음가짐이 제가 가난을 이겨내고 부자가 되게끔 저를 도운 결정적 요인이었습니다. 제가 고용한 수천 명의 노동자들 모두 그들이 원하기만 하면 저를 능가하지는 못할지라도 저에 버금갈 정도의 부를 축적할 수 있다고 진심으로 말하고 싶습니다.

힐: 교육에 관한 카네기 씨의 분석은 흥미로우면서도 깨달음을 줍니다. 제가 집필하는 성취의 철학에 관한 책에 이 내용을 반드시 포함할 것입니다. 왜냐하면 '학교 교육'과 '교육'의 관계에 대해 잘못된 개념을 가진 사람이 많기 때문입니다. 제가 올바로 이해했다면, 카네기 씨는 교육의 대부분이 실천에서 오지 단순히 지식을 습득하는 데서 오는 게 아니라고 믿는 것 같습니다. 제 말이 맞나요?

카네기: 아주 정확합니다! 제 밑에서 일하는 대졸자도 많지만, 대학 교육은 대부분 성공에 부수적인 도움만 주었습니다. 대학 교육과 실용적인 경험을 결합한 사람은 학위에 지나치게 의존하는 바람에 실용적인 경

험의 중요성을 경시하지만 않는다면, 머지않아 진정한 의미에서 교육된 사람이 될 것입니다.

제기 고용한 대졸자 중에 보수 이상으로 낳이 일하는 습관을 가진 사람들은 대개 급여가 더 높고 더 중요한 직책으로 고속 승진합니다. 반면 이 원칙을 소홀히 하거나 따르길 거부하는 사람들은 대학 교육을 받지 않은 보통 사람이 이루는 발전에 그칠 뿐입니다.

힐: 대학 교육이 보수 이상으로 많이 일하는 습관보다 가치가 떨어진다는 뜻인가요?

카네기: 그렇습니다. 그렇게 표현할 수도 있습니다. 하지만 보수 이상으로 많이 일하는 습관을 따르는 대졸자들이 이 습관으로 얻은 강점과 대학 교육을 결합하는 경우, 보수 이상으로 많이 일하지만 대학교를 나오지 않은 사람보다 훨씬 더 빠르게 승진하는 것을 보았습니다. 그래서 저는 대학 교육을 받지 않은 사람이 일반적으로 가질 수 없는 사고를 대학 교육에서 어느 정도 훈련받을 수 있다는 결론을 내렸습니다.

힐: 카네기 씨의 마스터 마인드 구성원들 대다수가 대졸자인가요?

카네기: 그렇지는 않습니다. 그들 중 3분의 2 정도가 대학 교육을 받지 않았습니다. 그들이 수행한 일을 평가해 볼 때 제게 가장 큰 도움이 된 사람은 보통교육조차 끝내지 못한 사람입니다. 흥미롭게도 보수보다 더

많이 일하는 습관을 스스로 키운 덕분에 그는 제게 가장 중요한 사람이 되었습니다.

제가 이렇게 말하는 이유는 그가 제 마스터 마인드에 속한 다른 구성원들에게 좋은 본보기가 되는 것 같기 때문입니다. 게다가 이 주제에 대한 그의 태도가 일반 직원들에게까지 확산되어 많은 이들이 그의 정신을 본받을 수 있었습니다. 덕분에 그들은 우리 회사에서 보수가 더 높은 직책으로 승진했습니다.

성공을 위한 요소, 호의와 신뢰

힐: 보수 이상으로 많이 일함으로써 얻을 수 있는 이점을 모든 직원에게 알려주기 위해 카네기 씨가 사용하는 방법이 있나요?

카네기: 그렇게 하는 직접적인 방법은 없습니다. 다만 더 좋은 직책으로 승진한 사람들이 보수 이상으로 많이 일하는 습관을 따랐다는 소식이 '입소문'을 통해 전파되긴 했습니다. 저는 우리가 직원들에게 보수 이상으로 많이 일할 때 얻는 이점을 더 적극적으로 가르쳤어야 했다는 생각을 자주 합니다. 우리가 대가를 지불하지 않고 직원들에게 더 많은 노동을 시키려 한다고 오해받을 수 있다는 걱정을 하지 않았다면, 아마 그렇게 했을 것입니다.

알다시피, 대부분의 노동자는 그들을 감화해서 성장시키려는 고용주의 노력을 무엇이든 의심하고 회의적으로 봅니다. 아마 저보다 더 똑똑한 누군가가 나타나 직원들의 신뢰를 얻어서 보수 이상으로 많이 일하는 습관이 고용주와 직원 모두에게 이로움을 확신시킬 방법을 찾아낼 것입니다.

물론 이 원칙은 양쪽 모두에게 이로워야 합니다. 직원이 이 원칙을 이해하고 의도적으로 그것을 적용할 때가 바로 그런 경우일 것입니다. 이 문제는 전적으로 직원들의 손에 달려 있습니다. 이것은 고용주와 상의 없이 직원이 스스로 판단할 수 있는 사안입니다. 현명한 직원은 이 원칙의 이점을 깨닫고 자발적으로 이를 적용할 것입니다!

제 마스터 마인드에는 보수 이상으로 일하는 습관을 통해 자력으로 높은 직위에까지 오르지 않은 사람이 없습니다. 솔직히 말하면, 이 습관을 자발적으로 따르는 사람은 머지않아 없어서는 안 될 존재가 되어 자신의 임금과 업무를 스스로 정할 수 있게 됩니다. 고용주는 보수 이상으로 일하겠다는 건전한 판단력을 가진 사람과 협력할 수밖에 없기 때문입니다.

힐: 하지만 보수 이상으로 많이 일하는 습관을 인정하고 그에 대해 보상하기를 거부하는 이기적인 고용주들도 있지 않습니까?

카네기: 물론 이런 직원에게 보상을 하지 않을 정도로 근시안적인 고용주들도 있습니다. 그러나 습관적으로 보수 이상으로 많이 일하는 사

람은 아주 드물기 때문에 고용주들 사이에 이런 직원을 얻으려는 경쟁은 아주 치열합니다.

보수 이상으로 많이 일할 때 얻는 이점을 이해하는 건전한 판단력을 가진 사람이라면 모든 고용주가 이런 종류의 도움을 원한다는 것도 이해할 것입니다. 심지어 그런 사람은 이런 사실을 모른 채 승진하기 위해 굳이 애쓰지 않는다 해도 머지않아 그런 서비스를 찾는 고용주의 눈에 반드시 들 것입니다.

물이 반드시 수평을 이루듯 모든 사람은 인생에서 자신이 응당 속해야 할 곳으로 이끌리기 마련입니다! 예를 들어 찰스 슈와브는 (제가 아는 한) 굳이 저를 찾아와 "보세요, 저는 받는 것 이상을 하고 있다고요"라고 말하지 않았습니다. 제가 그런 마음가짐을 찾고 있었기 때문에 제가 알아서 그를 발견한 것입니다.

철강업과 같은 대규모 산업에서는 그 어떤 고용주도 마음과 영혼 그리고 능력을 일에 쏟아붓는 직원들의 도움 없이 성공할 수 없습니다. 그러므로 저는 항상 이런 사람을 열심히 찾아 선발하고, 그 습관을 그가 꾸준히 따르도록 가까이서 지켜봅니다. 성공한 고용주들은 모두 이렇게 합니다. 이것이 그들이 성공한 이유입니다.

고용주든 직원이든 한 사람이 세상에서 차지하는 공간은 정확히 그가 제공하는 서비스의 질과 양 그리고 그가 타인과의 관계에 임하는 마음가짐에 따라 정해집니다. 랠프 월도 에머슨은 이렇게 말했습니다.

"실천하라, 그러면 힘을 얻으리라."

에머슨의 말 가운데 이보다 더 진실된 생각은 없습니다. 더욱이 이 말은 모든 직업과 인간관계에 적용됩니다. 힘을 가진 사람은 타인에게 유용한 존재가 됨으로써 힘을 얻게 되는 것입니다. '연줄'을 통해 돈이 되는 일을 읽은 사람들에 관한 말은 다 헛소리입니다. 연줄을 통해 좋은 일자리를 얻을 수 있을지는 몰라도, 그 일을 계속하려면 '노력'해야 하고 일에 더 큰 노력을 투자할 때 더 높이 올라갈 것입니다.

저는 친척 등의 영향력을 등에 업고 자신이 몸소 키운 장점과 능력에 비해 높은 지위에 오른 청년들을 압니다. 하지만 그들 가운데 이렇게 쉽게 얻은 기회를 백분 활용하는 사람은 좀처럼 보지 못했습니다. 예외가 있다면, 그것은 그들이 일에서 얻어 가려는 것보다 일에 더 많은 것을 투입하는 습관이 있어서였습니다.

힐: 임금 노동자가 아닌 사람은 어떻습니까? 소상인이나 의사, 변호사는요? 그들은 어떻게 보수 이상으로 많은 일을 해서 자기 자신을 발전시킬 수 있습니까?

카네기: 보수 이상으로 많은 일을 해야 하는 원칙은 임금 노동자에게 적용되는 것과 똑같이 그들에게도 적용됩니다. 사실 그런 서비스를 제공하지 못하는 사람들은 영세한 수준을 벗어나지 못하고 종종 완전히 망하기도 합니다. 성공한 사람의 인생에는 '호의'라고 알려진 요소가 있습니다. 이 호의가 없으면 어떤 직업에서든 괄목할 만한 성장을 이룰 수 없습니다.

호의를 키우는 방법 가운데 최고는 기대보다 더 훌륭한 서비스를 더 많이 제공하는 것입니다. 여기에 올바른 마음가짐마저 갖고 있다면, 분명 그를 선택하여 계속 후원해 줄 친구들을 사귀게 될 것입니다.

더 나아가 후원자들이 그에 대해 널리 알리게 되어 수확체증의 법칙이 그에게 유리하게 작용할 것입니다.

상인이 언제나 고객이 지불하는 금액보다 더 많은 물건을 넣어줄 수 있는 것은 아니지만, 정중한 서비스를 같이 제공하면 우정이 쌓이고 손님이 계속 찾아오게 됩니다.

호의와 신뢰는 모든 직업에서 성공하기 위해 꼭 필요한 요소입니다. 호의와 신뢰가 없다면 평생 평범한 삶에서 벗어나지 못합니다. 이러한 관계를 쌓을 때 보통 이상으로 좋은 서비스를 더 많이 제공하는 것보다 더 좋은 방법은 없습니다. 이것은 개인이 발전하기 위해 스스로 행할 수 있는 방법입니다. 그리고 대체로 이런 형태의 서비스는 다들 쉽게 흘려보내는 시간에 이루어지곤 합니다.

제 말의 핵심을 아주 잘 보여주는 사례가 있습니다. 몇 년 전 한 경찰관이 밤늦은 시간에 순찰을 돌던 중 작은 기계 상점에 불이 켜진 것을 보았습니다. 의심스럽게 생각한 그는 가게 주인에게 전화를 걸었고, 주인은 곧장 달려왔습니다. 경찰관은 총을 꺼내 들고 주인과 함께 문을 열고 들어가 안을 샅샅이 살펴보았습니다. 그들이 불이 켜져 있는 작은 방에 들어갔을 때, 주인은 직원 한 명이 기계 앞에서 일하고 있는 모습을 보고 깜짝 놀랐습니다.

직원은 자신에게 총을 겨누고 서 있는 경찰관과 주인을 보고 기계 작동법을 익혀서 주인에게 좀 더 도움이 되고자 밤에 다시 가게로 돌아오곤 했다고 황급히 설명했습니다.

저는 이 이야기를 신문에 실린 짧은 기사를 통해 접했습니다. 이 기사는 그날의 사건을 설명하며 이 직원을 웃음거리로 묘사하고 있었습니다. 하지만 제 눈에 이것은 특단의 노력을 기울이는 직원을 못 알아본 가게 주인이 웃음거리가 될 만한 이야기였습니다.

저는 그 직원에게 만나자고 청했고, 몇 분간 이야기를 나눈 후 그가 받고 있는 임금의 두 배로 그를 채용했습니다. 현재 그는 우리 회사에서 가장 중요한 공장 운영 부서의 관리자로, 제가 처음 그를 발견했을 때보다 네 배나 더 많은 급여를 받고 있습니다.

하지만 이것이 이 이야기의 끝이 아닙니다. 그는 아직도 더 높은 직책으로 올라가는 과정에 있습니다. 만일 그가 현재의 마음가짐으로 일을 계속한다면, 아마 공장에서 가장 좋은 자리에 오르거나 자기 사업을 차릴 수 있게 될 것입니다.

남는 시간 동안 더 좋은 서비스를 제공하기 위해 준비하는 이러한 사람들을 막을 방법은 없습니다. 마치 코르크 마개가 물 위에 뜨듯이 그들은 자신이 속한 업계에서 최고의 자리에 오르게 됩니다.

저는 약 200명의 회원으로 구성된 클럽에 속해 있는데, 대다수가 각자의 분야에서 성공한 인물들입니다. 몇 주 전 한 회원이 큰 연회를 개최해 저를 연사로 초대했습니다. 개인의 성취에 관한 원칙이라는 주제에 대해 연설을 할 수 있는 기회로 여겨져서 저는 참석자 개개인의 접시 위에 이 원칙들을 적은 종이를 올려두었습니다.

연설을 하는 동안 저는 참석자들에게 이 원칙들의 상대적인 중요성에 따라 순위를 매길 것을 요청했습니다. 현장에 있던 회원의 3분의 2 이상이 보수 이상으로 많이 일하는 습관을 목록의 최상단에 두었다는 사실을 알게 되었을 때, 저는 놀라지 않았습니다.

누구든 성공한 인물로 인정받는 사람을 골라 분석해 보면, 물론 많은 경우 무의식적으로 그러겠지만, 요구받는 것 이상으로 일하는 습관을 따른다는 사실을 알게 될 것입니다.

할 일이 없다면 세상이 당신을 필요로 할 이유를 모조리 적어라.
당신이 해야 할 일이 얼마나 많은지 보고 깜짝 놀랄 것이다.

When you run out of something to do, try your hand at writing down a list of
all the reasons why the world needs you. The experiment may surprise you.

어떤 관계에서든 기대 이상을 하라

힐: 카네기 씨, 어떤 직원이 그가 받는 보수 이상으로 많이 그리고 훌륭하게 일하지만 고용주가 그에 대해 알지 못한다면 어떻게 해야 합니까? 임금 인상을 요구하지 않은 채 계속 이런 서비스를 제공해야 합니까, 아니면 적절한 보상을 직접 요구하며 이 사실을 고용주가 알아차리게 해야 합니까?

카네기: 모든 성공한 인물은 유능한 영업 사원이기도 합니다. 이 점을 명심하세요! 보수보다 더 많이 일하는 것은 개인이 가질 수 있는 특권이며, 자신에게 최대한 유리하게 서비스를 판매하는 것은 그의 의무입니다. 만일 보수 이상으로 많이 일하고 있다면 임금 인상을 요구할 만한 타당한 이유가 있는 것입니다. 사실 보수 이상으로 많은 돈을 벌어들이고 있음을 보여주거나 보여줄 수 있어야 비로소 더 많은 보수를 요구할 명분이 생깁니다.

저는 사람들이 승진이나 임금 인상을 요구하면서 그런 요구를 뒷받침할 타당한 근거를 단 하나도 제시하지 못하는 경우를 많이 보았습니다. 어느 날 한 청년이 제 사무실로 찾아와 자신과 비슷한 일을 하지만 더 많은 급여를 받는 동료보다 자신이 더 오래 근속했다며 임금 인상을 요구한 적이 있습니다.

저는 두 사람의 업무 기록을 보여주는 것으로 그의 요구에 답했습니다. 그 기록을 보면 상대적으로 근속 기간이 짧은 사람이 임금 인상을 요구한 사람보다 업무를 더 많이 더 훌륭하게 해냈음이 분명했습니다. 저는 이 청년에게 "당신이 내 입장이라면 어떻게 하겠느냐"라고 물으면서 그와의 면담을 마무리했습니다. 그는 제 생각대로 아무것도 하지 않을 것이라고 답했습니다.

하지만 비슷한 상황에 처했을 때 모든 사람이 이 청년처럼 합리적인 것은 아닙니다. 많은 사람이 자신이 제공하는 서비스의 양과 질은 생각하지 않고 근속 기간이 길다는 이유만으로 더 많은 보수를 받을 권리가 있다고 믿습니다.

분명 거래와 상업에서 개인의 서비스를 사고파는 것은 여느 상품을 사고파는 일과 다르지 않습니다. 구매자는 그가 구매하는 서비스의 가치 이상을 지불하면서 사업을 계속 유지할 수 없습니다.

또한 협상에도 수요공급의 법칙이 작용합니다. 그것이 제품의 구매 및 판매에서와 마찬가지로 개인이 제공하는 서비스의 가격을 결정하는 요인이 됩니다. 서비스 판매자는 그와 유사한 서비스를 판매하는 다른 사람들과 경쟁하게 됩니다. 시장이 포화점에 도달하면, 판매가는 자연스럽게 하락합니다.

힐: 자신이 원하는 것보다 적은 돈을 받고 기꺼이 일하려는 사람들과 경쟁해야 하는 사람은 어떻게 해야 합니까? 그런 경쟁에 처하면 어떻게 해야 할까요?

카네기: 경쟁자보다 더 좋은 서비스를 제공하면 됩니다. 그것밖에 방법이 없습니다. 어떤 방법도 이 문제를 해결할 수 없습니다.

올바른 마음가짐으로 서비스를 제공하면 경쟁에서 크게 앞서갈 수 있습니다. 그 외에 시장에 서비스를 판매하기 위해 할 수 있는 유일한 일은 경쟁이 별로 심하지 않은 특정 분야에서 전문성을 쌓는 것뿐입니다.

그러기 위해서는 직업상 변화가 있을 수 있는데, 이는 제가 아는 많은 야심가가 택한 방법입니다. 만일 한 사람의 노동이 그의 니즈를 충족할 만큼 충분한 보상을 낳지 못한다면, 그가 할 수 있는 유일한 일은 서비스에 대한 보수가 더 높은 다른 분야로 이직하는 것뿐입니다.

이와 관련해서 임금 노동자들이 하는 흔한 실수에 대해 경고하고 싶습니다. 개인의 재정적 니즈와 임금에 대한 요구를 혼동하는 일이 비일비재하게 발생하고 있습니다. 사치하는 습관을 가져 가계를 형편없이 관리하는 바람에 이미 자신이 제공하는 서비스에 대해 충분한 급여를 받고 있는데도 더 높은 임금을 요구하는 사람들이 있습니다. 급여를 올려 부족한 돈을 충당하려는 것이죠.

저는 미국의 산업에서 고용주와 직원 모두 대체로 공정하고 합리적이라고 생각합니다. 합리적인 고용주라면 헐값에 개인의 서비스를 구매하길 원하지 않을 것입니다. 또 공정한 직원이라면 그가 제공하는 서비스의 가치보다 말도 안 되게 높은 급여를 기대하거나 요구하지 않을 것입니다. 하지만 개인의 서비스에 대한 공정 가격을 매기는 방법을 잘 모르는 고용주나 직원들도 있습니다.

힐: 고용주와 직원의 관계에 대해 말할 때 당연히 최대한 넓은 의미로 이 관계를 언급하셨다고 생각합니다. 가령 임금이 고정적인 전문직 종사자와 고객의 관계 그리고 상품을 판매하고 남는 이윤에서 임금이 나오는 상인과 손님의 관계를 비롯해, 개인의 서비스가 구매되는 모든 상황을 언급하셨죠.

카네기: 맞습니다. 하지만 한 사람이 다른 사람에게 서비스를 제공하는 모든 관계가 포함되도록 고용주와 직원의 관계를 확장할 수 있습니다. 기대보다 많은 일을 하는 습관은 한 사람이 어떠한 금전적 이득도 바

라지 않은 채 다른 사람에게 서비스를 제공하는, 순수하게 친목을 도모하는 관계에서도 아주 효과적입니다. 이 경우 그런 서비스를 제공하는 목적은 좀 더 오래 지속되는 우정을 키우려는 바람일 수 있습니다.

이 원칙은 가족 관계에서도 적용될 수 있습니다. 이 경우 가족 구성원 한 사람이 다른 구성원들에게 제공하는 서비스는 가족의 의무로 분류됩니다. 여느 관계에서 그렇듯 여기서도 통상적인 수준보다 더 좋은 서비스를 더 많이 제공하는 것이 이롭습니다. 무엇보다 올바른 마음가짐으로 서비스를 제공하는 것이 좋습니다. 상대방의 기대 이상을 제공하는 습관을 기쁜 마음으로 실천하면 가정불화의 절반은 해결할 수 있습니다.

성공은 타인과 관계를 맺는 방식에 달려 있다

힐: 말씀을 듣다 보니 보수 이상으로 많이 일하는 습관은 굉장히 광범위하게 적용될 수 있어서 모든 인간관계에 영향을 줄 수 있다는 결론에 도달했습니다.

카네기: 맞습니다. 서비스에 대한 문제가 포함되지 않고 서비스를 제공해야 할 의무가 존재하지 않는 단순한 지인 관계에서조차 이로울 수 있습니다. 낯선 사람들 사이에 주고받는 사교적인 인사가 관계의 전부인 상황도 있습니다.

한 사람이 보수 없이 제공하는 서비스, 즉 금전적인 성격의 직접적인 보수를 전혀 기대하지 않고 제공하는 서비스가 가장 이로운 서비스입니다. 왜냐하면 그런 서비스는 우정을 낳고 유상 서비스였다면 불가능할 방식과 정도로 상대방에게 의무를 부여하기 때문입니다! 사람들 사이에는 보복과 보답의 원칙이 작용합니다. 그래서 누구나 어떤 형태로든 자신에게 전해진 호의에는 감사를 표하고, 피해에는 분노를 퍼뜨립니다.

호의는 정중한 말 몇 마디에 불과할 수 있고 피해는 거리에서 지나친 지인에게 말을 걸지 않는 것에 불과할 수도 있습니다. 다만 두 경우 모두 그 여파는 널리 확산되고 심각해질 수 있습니다. 또한 단순히 말 몇 마디를 건네거나 건네지 않는 것만이 인간관계에 변화를 가져오는 것이 아닙니다. 말을 하는 목소리 톤마저도 친구나 적을 만들 수 있습니다.

제가 아는 성공한 사업가는 친절을 보이기 위해 반드시 목소리를 세심하게 가다듬고 나서야 직원들에게 말을 겁니다. 누구에게 말을 걸든 그가 원하는 감정이 전달되도록 반드시 목소리를 가다듬고 말을 건넵니다. 이 사람은 직원들에게 정중한 톤으로 말할 뿐 아니라, 일을 시킬 때도 일방적으로 요구하는 대신 의향을 먼저 물어봅니다. 이런 태도는 놀라운 결과를 낳습니다.

저는 어떤 직업이든 타인의 친절한 협조를 얻고 싶어 하는 사람들이 대부분의 사람처럼 퉁명스럽게 요구하는 대신 이렇게 친절한 목소리로 협조를 구하는 습관을 왜 들이지 않는지 의아합니다. 가족 구성원들이 투박하게 관심을 요구하기보다 다정한 목소리로 서로에게 부탁하면 모두에게 더 좋지 않을까요?

제 이웃 가운데 한 사람은 자녀들에게 절대 명령을 내리지 않습니다. 자녀들에게 무언가를 시키고 싶으면, 목소리 톤을 바꿔 깊은 애정을 실어 부탁하는 형식으로 자신의 바람을 표현합니다. "이것 좀 해줄래?" 혹은 "이렇게 하지 않으면 안 될까?"로 표현합니다. 결과는 즉각 나타납니다. 자녀들은 그를 따라 애정 어린 목소리로 응답하여 그의 요청을 기꺼이 들어주겠다는 신호를 보냅니다.

보답의 원칙이 실제로 어떻게 작용하는지 보여주는 또 다른 예는 많습니다. 사업에서든 친목 혹은 가족 관계에서든 특단의 노력을 기울이는 습관은 굉장히 이롭습니다. 특단의 노력을 기울여 직접적인 이득을 얻을 수 있는 인간관계가 얼마나 다양한지 알게 되면 놀랄 수밖에 없습니다.

힐: 특단의 노력을 기울이는 습관을 적용하여 얻을 수 있는 혜택을 아주 명료하게 설명해 주셨습니다. 이제 이 습관을 키우는 가장 실용적인 방법을 간략하게 설명해 주시겠습니까?

카네기: 성취의 철학을 구성하는 다른 모든 원칙과 마찬가지로, 특단의 노력을 기울이는 습관을 만들기 위한 원칙에서도 완벽은 부단한 연습을 통해서만 얻어집니다. 습관이라는 단어는 생각, 말, 행동의 반복을 뜻합니다. 어떤 습관이든 습관을 들이는 특별한 방법은 없습니다.

당신의 질문에 좀 더 구체적으로 대답하자면, 특단의 노력을 기울이는 습관을 키우는 최선의 방법은 모든 인간관계의 최선에서 한발 더 나아가 노력하는 것입니다. 우선 가정에서 가족 구성원들을 대상으로 시작

3장. 보수 이상의 노력

해 보면 좋겠습니다. 대부분의 가정에서 이 습관을 더 연습해야 합니다. 다음으로 사업이나 직업 활동에서 매일 만나는 동료들을 위해 특단의 노력을 기울이기 시작하면 아주 이로울 것입니다.

설령 직접적으로 돈이 되지 않는다 해도 우연히 알게 된 지인에게조차 정중한 말과 행동으로 특단의 노력을 기울인다면 아주 유용할 것입니다. 이런 종류의 정중함에서 스스로 발전할 엄청난 기회가 생깁니다.

마지막으로 타인과의 모든 관계에서 특단의 노력을 기울이는 습관을 들이고 의도적으로 따른다면, 오해의 소지가 거의 없고 실제로 스스로 발전할 기회가 사라질 위험도 없을 것입니다.

보수 이상으로 많이 일하는 것의 중요성은 아무리 강조해도 지나치지 않습니다. 그렇게 하는 편이 이롭다는 것이 분명한 마당에 일시적인 편의를 위해 잠시 보수 이상으로 많이 일하는 것만으론 충분하지 않습니다. 그렇게 하면 습관으로서 특단의 노력을 기울인다고 알려진 사람들만이 발견할 수 있는, 스스로 발전할 기회를 놓치게 되기 때문입니다. 이 습관은 보통 사람이 알아채지 못한 채 지나칠 기회를 끌어들입니다. 아울러 이 습관은 전에 기회가 없던 곳에 기회를 만드는 경향도 뚜렷합니다.

모든 습관에는 관련된 다른 습관이 생기게 만드는 이상한 특성이 있습니다. 보수 이상으로 많이 일하는 습관은 진취성, 인내력, 열의, 상상력, 자기 통제력, 명확한 핵심 목표, 자립심, 호감 가는 성품 그리고 성공에 필수적인 다른 많은 특성, 무엇보다 인류애를 키우는 데 도움이 됩니다.

그러므로 보수 이상으로 일하는 습관이 주는 혜택은 얼핏 보고서 알아챌 수 있는 것보다 훨씬 더 많습니다. 이 사실을 강조하는 이유는 명칭

이 단순하다는 이유로 이 습관의 중요성을 오판하는 실수를 저지를 수 있기 때문입니다. 인생의 큰일은 작은 일들을 모아둔 것에 지나지 않음을 명심해야 합니다.

성공에 이르는 행동과 확실한 실패에 이르는 행동의 차이는 대개 너무 미미합니다. 그래서 인간관계의 정황을 예리하게 식별할 수 있는 관찰력과 분석력을 가진 사람이 아니라면 알아채지 못합니다.

무엇보다 모든 성공이 타인과 관계를 맺는 방식에 달려 있음을 명심해야 합니다. 그러므로 인간관계는 인생에서 가장 중요한 주제입니다. 이것으로 인해 '내 운명의 주인이자 내 영혼의 선장'이 되거나, 반대로 실패해서 망각의 암흑 속으로 추락하게 됩니다.

실패한 사람들이 겪는 비극은 인간관계가 기존의 성공에 관한 규칙들을 통해 조작, 지시, 영향, 통제를 받는다는 데 있습니다. 그렇지 않다면 이 성취의 철학을 제시할 이유가 없을 것입니다.

습관적으로 보수 이상으로 많이, 훌륭하게 일하면 얻을 수 있는 또 다른 이점이 있습니다. 이 습관은 내면에 어떤 행복감도 느끼게 해준다는 것입니다. 이 자체만으로도 이 습관을 따를 충분한 보상이 됩니다.

저는 이 습관을 따른 사람들 가운데 낙천성과 쾌활함을 보이지 않는 사람을 본 적이 없습니다! 최대한 많은 사람에게 유용한 서비스를 제공하는 일을 매일의 습관으로 삼으면서 동시에 불평불만과 비관적인 마음가짐을 표현하기는 거의 불가능합니다.

특단의 노력을 기울이는 습관을 키우는 또 하나의 효과적인 방법은 이 습관을 따르는 사람들과 그렇지 않은 사람들을 자세히 분석하고 연구해서 이 두 집단이 성취한 것을 비교하는 것입니다. 한 달만 매일 관찰하면 기꺼이 즐거운 마음으로 특단의 노력을 기울이는 모두가 엄청난 기회를 얻을 수 있음을 확신하게 될 것입니다.

일을 잘해줄 사람을 찾는다면, 시간을 아주 체계적으로 관리하여
비상시에 대비할 시간마저 할애해 두는 바쁜 사람에게 가라.

If you want something done, and done well, go to a busy man
who so organizes his time that he has some to spare for emergencies.

보수 이상으로
일한 대가

힐: "보수 이상으로 많이 일한다"라는 표현은 크게 보면 부적절한 표현이네요. 애초에 받는 것 이상으로 일하기는 불가능하니까요. 카네기 씨도 그렇게 생각하십니까?

카네기: 제가 굳이 말하지 않아도 당신이 이 점을 이해했는지 지켜보고 있었습니다! 맞습니다. 모든 형태의 건설적인 노동은 어떤 식으로든 보상받게 되므로, 크게 보면 '보수 이상으로 많이 일할' 가능성이란 없습니다.

이제 (높은 사고력과 말하는 방식을 통해) 특단의 노력을 기울이면 어떤 구체적인 이득을 얻을 수 있는지 살펴봅시다. 보상으로 얻게 되는 이점들 가운데 좀 더 유용한 것들은 다음과 같습니다.

보수 이상으로 많이 일하면 생기는 이점

1. 특단의 노력을 기울이는 습관을 따르면—너무 많아서 여기서 다 설명할 수 없을 정도로 다양한 방식으로—수확체증의 법칙이 주는 혜택을 누리게 됩니다.
2. 뿌린 대로 거둔다는 보상의 법칙이 주는 혜택을 누리게 됩니다.
3. 저항과 사용을 통해 성장하는 혜택을 누리며, 이는 정신력의 계발과 신체 사용 능력의 향상으로 이어집니다. (몸과 마음 모두 체계적으로 훈련하고 사용하면 효율성과 기술을 얻게 되는데, 이를 위해서는 일시적으로 보수를 받지 않고 서비스를 제공해야 합니다.)
4. 진취성이라는 중요한 요인이 계발됩니다. 진취성이 없으면 어떠한 직업에서도 보통 이상으로 성취할 수 없습니다.
5. 마찬가지로 개인이 이루는 모든 유형의 성취에 꼭 필요한 자립심이 생깁니다.
6. 대부분의 사람이 보수 이상으로 많이 일하는 습관을 따르지 않기에 대비 법칙의 덕을 볼 수 있습니다. 사람들은 대개 최소한의 서비스를 제공하며 대충 '때우고 넘어가려' 애를 씁니다.
7. 하릴없이 빈둥거리는 습관을 없애 실패의 주범이 되는 습관을 억제하는 데 도움이 됩니다.

8. 성취의 제1원칙인 명확한 핵심 목표라는 습관을 키우는 데 확실하게 도움이 됩니다.

9. 호감 가는 성격을 계발하는 데 아주 큰 도움이 됩니다. 따라서 타인과 관계를 맺고 친절한 조력을 얻는 수단을 제공합니다.

10. 타인과의 관계에서 유리한 입지에 놓이게 됩니다. 그 결과, 없어서는 안 되는 존재가 되어 서비스에 대한 자기 몸값을 스스로 정할 수 있게 됩니다.

11. 지속적인 고용이 보장되므로 의식주 같은 삶의 필수 요소에서 부족함이 없어집니다.

12. 다른 사람보다 빠르게 승진합니다. 더 높은 직책과 더 많은 임금을 받게 되는 모든 방법 가운데 가장 훌륭합니다. 그리하려 이것은 자기 사업이나 산업을 소유할 수 있는 실질적인 수단이 됩니다.

13. 깨어 있는 상상력을 키워줍니다. 이 능력이 있으면 어떤 직업에서든 개인의 목표와 목적의 달성을 위해 실용적인 계획을 세울 수 있습니다.

14. 모든 인간관계에서 반드시 있어야 하는 좀 더 중요한 특성인 긍정적인 '마음가짐'을 키워줍니다.

15. 개인의 진실성과 전반적인 능력에 대한 타인의 신뢰를 얻는 데 도움이 됩니다. 신뢰는 어느 직업에서든 괄목할 만한 성취를 위해 필수 불가결한 요소입니다.

16. 개인이 자발적으로 채택해서 따를 수 있는 습관이므로 누군가에게 허락을 구할 필요가 전혀 없습니다.

보수 이상으로 많이 일하는 대가로 얻을 수 있는 이 열여섯 가지 이점을, 같은 습관을 통해 지구상의 다른 생명체들이 얻는 유일한 혜택, 즉 생존을 위해 필요한 식량을 얻는 것과 비교해 보십시오. 그러면 인간이 누리는 압도적으로 많은 혜택이 이 습관을 키우고 사용하는 데 충분한 보상이 된다는 결론에 이를 것입니다.

이렇게 비교해 보면 보수보다 더 많이 일하는 것이 불가능하다는 말이 옳음을 알 수 있죠. 보수 이상으로 많이 일하는 건설적인 행동을 통해 이미 그것을 당신이 바라는 것으로 전환할 힘을 얻을 수 있기 때문입니다.

이 분석은 랠프 월도 에머슨의 말, "실천하라, 그러면 힘을 얻으리라"에 더 큰 의미를 부여합니다. 이 분석을 자세히 따라온 사람이라면 한 개인이 보수 이상으로 많이 일하는 것이 불가능하다는 진실을 발견할 수밖에 없습니다. 보수는 경제적인 보상의 형태로 주어지는 물질적인 결과물뿐만 아니라 개인이 서비스 제공을 통해 얻은 자제력과 자기 발전으로 이루어지기 때문입니다.

힐: 보수 이상으로 많이 일하는 습관에 대한 카네기 씨의 분석은 이 습관이 개인의 성취에 관한 철학에서 '반드시 해야 할 일' 가운데 하나라고 제시하는 것 같습니다. 이 습관이 사업에 실질적으로 도움이 된 경우를 설명해 주시겠습니까?

카네기: 어려운 부탁을 하는군요. 우선 제가 가진 모든 물질적인 부

와 제가 누리는 모든 사업적인 이득은 제가 이 습관을 따랐기 때문에 얻었습니다. 하지만 제가 앞으로 나아갈 가장 큰 기회를 안겨준 경험을 구체적인 예시로 들겠습니다. 제가 이 경험을 언급하는 이유는 제 인생에서 가장 드라마틱한 경험 가운데 하나였고, 특단의 노력을 기울이기 위해 제가 감수한 가장 큰 위험 가운데 하나였기 때문입니다. 자신이 올바른 길을 가고 있음을 알지 못하면 결코 감수해서는 안 되는 종류의 위험이었고, 심지어 안다고 해도 대부분의 상황에서 스스로 발전할 기회를 잃을 수도 있는 위험이었습니다.

아주 젊은 시절, 저는 밤에 전신을 공부해서 전신기를 효율적으로 다루는 법을 배웠습니다(돈을 받지도, 누군가가 지시하지도 않았습니다). 노력에 대한 보답으로 저는 미국 펜실베이니아주 철도 회사의 피츠버그 구획 관리자였던 토머스 스콧Thomas Scott 씨의 눈에 들었습니다. 그는 제게 그의 개인 교환수이자 서기로 일할 기회를 주었죠.

어느 날 아침 사무실에 가장 먼저 출근했는데, 심각한 철도 사고로 철로가 막혀 구획 전체가 마비 상태였습니다.

제가 사무실에 들어섰을 때, 비상 차량 배치 담당자가 스콧 씨의 사무실에 미친 듯이 전보를 보내고 있어서 저는 무슨 일이 벌어졌는지 바로 알게 되었습니다. 전화로 제 상사인 스콧 씨에게 연락하려고 했지만, 그의 아내로부터 그가 이미 집을 나섰다는 말을 들었습니다. 저는 하필 그 시각에 그곳에 있던 바람에 자칫 판단을 잘못하면 이 회사에서 저의 명운을 망쳐버릴 것이 뻔한 엄청난 화산 위에 앉게 된 셈이었습니다. 제가 아무런 조치도 취하지 않는다 해도 결과는 마찬가지일 상황이었습니다.

저는 상사가 그 자리에 있었다면 무슨 일을 했을지 정확히 알았고, 제가 그런 중요한 비상사태에서 그를 대신해 조치를 취하는 위험을 감수한다면 그가 저에게 어떤 처분을 내릴지도 아주 잘 알고 있었습니다. 하지만 한시가 급했기에 행동하기로 결심하고, 열차에 상사의 이름으로 경로를 변경하여 혼잡을 해소하라는 명령을 보냈습니다.

사무실에 도착한 상사는 책상 위에서 제가 작성한 보고서와 함께 제 사직서를 발견했습니다. 저는 철도의 엄격한 규칙들 가운데 하나를 위반했으므로 상사는 저를 해고함으로써 그의 상관들 앞에서 체면을 세울 수 있었습니다.

약 두 시간이 지난 뒤 드디어 판결이 내려졌습니다. 저는 상사가 손으로 큼직하게 '사임 반려'라고 쓴 사직서를 돌려받았습니다. 그는 며칠 동안 이 상황에 대해 아무런 말도 하지 않았습니다. 며칠이 지나고 나서 이 주제를 꺼내어 그 나름의 방식으로 이야기하고 넘어갔습니다. 제가 규칙을 위반한 일에 대해 저를 추궁하지도, 그렇다고 잘했다고 공식적으로 인정하지도 않았습니다. 다만 그는 이렇게 말했습니다.

"살면서 절대로 성공하지 못하는 두 부류의 사람이 있네. 하나는 지시받은 일을 하지 못하는 사람이고, 다른 하나는 지시받은 일 외에는 아무것도 할 줄 모르는 사람이라네."

그는 이 말로 사건을 마무리하는 분위기였고, 이로써 저는 그가 저를 이 두 집단으로 분류하지 않았다고 판단할 수 있었습니다.

모든 사람은 직접적인 지시의 영역을 넘어서 요구받지 않은 서비스까지 제공하는 것을 목표로 삼아야 합니다. 하지만 제가 그랬던 것처럼 상사가 지시하지 않은 위험을 감수할 때는 극도로 조심해야 합니다. 무엇보다 자신이 올바른 판단을 하고 있다는 확신이 있어야 하며, 심지어 그럴 때라도 때론 어려움에 봉착할 수 있습니다.

뉴욕 증권 브로커의 개인 비서로 일하던 한 청년이 선의로 지시를 넘는 습관과 나쁜 판단을 오가다 해고당했습니다. 상사가 휴가를 간 동안 그는 일부 자금을 정해진 시간에 정해진 방식으로 주식 시장에 투자하는 일을 맡았습니다. 하지만 지시를 따르는 대신 완전히 다른 방식으로 자금을 투자했습니다.

이 거래로 그는 상사의 지시대로 했다면 거두었을 금액보다 훨씬 큰 수익을 올렸습니다. 그러나 회사는 이 청년이 구체적인 지시를 위반한 것이 그에게 건전한 판단력이 없다는 증거라고 보았죠. 그래서 그가 아주 위험한 상황에서 언제라도 다시 지시를 위반할 수 있다는 결론을 내렸습니다. 그 결과 그는 해고되었습니다.

그래서 저는 이렇게 강조하고 싶습니다. 보수 이상으로 많은 일을 하기 위해 규칙을 위반하기 전에 당신의 판단이 옳다는 확신이 있어야 합니다. 그리고 규칙을 위반한 당신을 처벌할 수 있는 사람과 맺은 관계에 대해서도 확신이 있어야 합니다. 건전하고 균형 잡힌 판단력을 대신할 수 있는 자질은 없습니다. 적극적이고 인내할 줄 알며 명확해야 합니다. 동시에 판단을 내릴 때는 신중해야 합니다.

무언가에 대항하는 것보다 그것을 위하는 것이 훨씬 더 이롭다.

It is more profitable to be for something than it is to be against something.

규칙을
어겨야 할 때도 있다

힐: 허락된 일 이상을 하려고 철도 회사의 엄격한 규칙을 위반하고 위험을 감수해 가며 카네기 씨가 얻은 이득이 무엇인지 설명해 주시겠습니까? 그렇게 해서 얻은 이득이 당신이 감수한 위험을 정당화한다는 말인가요?

카네기: 그러한 행보 덕분에 저는 철도 회사 관리자 외의 사람들 눈에도 들게 되었습니다. 그들은 후일 내가 철강 사업을 시작할 때 필요한 자금을 대주었습니다. 제가 아주 과감한 행보를 취했기 때문에 주목받을 기회가 생겨서 큰 도움을 받았던 것입니다. 물론 제가 제 권한 밖의 일을 해서 사고로 인한 교통 혼잡을 해결했을 때 이런 것을 염두에 두지는 않았습니다.

그 상황으로 저는 주목받았을 뿐만 아니라 규칙을 어겨야 할 때는 어길 수 있는 용기가 있음을 증명할 수 있었습니다. 또한 건전한 판단력

3장. 보수 이상의 노력

을 사용할 수 있는 능력이 있음을 입증했습니다. 제 판단력이 건전하지 않았다면, 후일 제게 큰 도움이 될 수 있는 사람들에게서 호의적인 관심을 받을 기회를 날려버렸겠죠. 그리고 회사에서도 해고되었을 것입니다.

그 사건이 있은 지 수년 후 저와 손잡고 첫 번째 철강 공장에 자본을 대달라고 초대한 사람들 가운데 토머스 스콧도 있었습니다. 그는 다른 사람들에게 투자금이 현명하게 쓰일 것이라고 설득해 주었습니다. 제가 사업을 하다가 위기에 빠져도 신뢰할 만한 방식으로 잘 대처할 수 있을 것이라며 그 철도 사고를 언급했습니다.

만일 같은 비상사태가 다시 발생한다면 저는 그때와 똑같이 할 것입니다. 건전한 판단력으로 비상사태에 대처할 수 없는 사람은 어떤 사업에서도 중요한 존재가 될 수 없습니다. 융통성 없이 원칙만 따르면서 사업에 성공할 수는 없습니다. 때로 규칙을 어겨야만 해결되는 문제도 있는 법입니다.

힐: 직원들이 보수 이상으로 많이 일하면서 회사가 내리는 지시의 범위를 넘어설 때, 자신의 판단력을 사용하라고 항상 장려하는 것이 카네기 씨의 정책인가요?

카네기: 어떤 자격으로든 저와 연관된 사람은 누구나 자신의 판단력에 따라 언제든지 진취성을 발휘할 특권이 있음을 알고 있습니다. 저는 저와 일하는 모두에게 이렇게 하라고 장려합니다. 하지만 구체적인 지시의 범위를 넘어설 때, 가령 건전한 판단력을 사용해야 할 때의 중요성을

강조하지 않을 수 없습니다. 전적으로 구체적인 지시에 따라 행동하는 한 결과가 좋든 나쁘든 저는 그를 지지합니다. 하지만 그것을 넘어서서 자신의 판단력에 따라 움직인다면, 그는 그가 저지른 실수에 책임을 져야 합니다. 이렇게 하지 않으면 부주의가 조장되어 회사와 직원 모두에게 파괴적인 결과가 초래될 것입니다.

힐: 카네기 씨, 보수 이상으로 많이 일하는 습관을 누군가에게 권할 수 없거나 권하는 것이 해가 되는 상황은 없었나요?

카네기: 그 질문에 대해서는 이렇게 묻고 싶습니다. 서비스를 파는 사람과 사는 사람 모두에게 이로운 습관이 어떻게 누군가에게 해가 될 수 있단 말입니까? 이 거래에는 당사자가 둘뿐입니다. 그러므로 보수 이상으로 많이 일하는 습관과 관련된 어떤 상황도 구매자나 판매자 혹은 다른 사람에게 해가 될 수 없습니다.

힐: 그렇다면 그 질문을 달리 표현해 보겠습니다. 보수 이상으로 많이 일하는 습관에 따라 제공된 개인의 서비스를 구매하는 쪽과 판매하는 쪽 가운데 누가 거래에서 더 좋은 것을 얻게 될까요?

카네기: 일반적으로 말하자면, 모든 당사자를 만족시키는 거래에서 '더 좋은 것'이란 없습니다. 하지만 이 특정 상황만 보자면, 판매자가 이 거래에서 더 좋은 것을 얻는다고 볼 수 있습니다. 서비스의 판매자에게

이로운 열여섯 가지 확실한 혜택은 이미 설명했습니다. 반면 같은 거래에서 구매자가 누릴 혜택은 훨씬 적습니다.

보수 이상으로 많이 일하는 습관은 평범한 노동자를 경제적인 안정에 오를 수 있게 해주고 스스로 발전하는 가장 신뢰할 만한 방법입니다. 이 사실을 고려하면 고용주보다 직원이 이것에 더 큰 관심을 가져야 한다고 생각합니다.

힐: 보수 이상으로 많이 일하는 것을 거부했다고 하더라도 카네기 씨가 이룬 성공을 달성할 수 있었을까요? 보수 이상으로 많이 일하는 습관과 같은 효과를 갖는, 대체할 만한 다른 습관은 없나요?

카네기: 특단의 노력을 기울이는 습관을 대체할 만한 것은 없습니다. 일부 아주 똑똑한 사람들이 이 규칙을 지키지 않고서 성공하려고 애써보았지만, 결국 만족스러운 결과를 얻지 못했습니다. 만일 제가 인생 초기에 보수 이상으로 많이 일하는 습관을 들이지 않았다면, 제가 이익을 그렇게 크게 키우기란 불가능했을 것입니다.

힐: 보수 이상으로 많이 일하는 습관이 카네기 씨의 사업에 크게 기여했던 마스터 마인드 원칙보다 더 이로웠다고 생각하는 것 같습니다.

카네기: 그렇습니다. 사실입니다. 덧붙이자면, 만일 보수 이상으로 많이 일하는 습관을 따르지 않았다면, 저는 아마 마스터 마인드가 제게

조금이라도 도움이 되는 지점까지 도달하지 못했을 것입니다.

제가 마스터 마인드의 구성원들과 맺은 관계에 대해 했던 말을 기억하십니까? 제가 그들이 제 도움 없이 벌었을 돈보다 더 많이 벌 수 있게 해주었기 때문에 저도 그들에게서 도움을 받았습니다.

특단의 노력을 기울이는 습관은 어떤 면에서는 직원 못지않게 고용주도 가질 수 있는 특권이자 고용주에게도 이득이 되는 특권임을 명심해야 합니다. 고용주의 관점에서 볼 때 직원에게 실제로 받은 것보다 서비스에 대해 더 많이 보수를 지급하는 습관은, 제대로 이해해서 실행하기만 한다면 직원의 충성심과 신뢰를 불러일으켜 엄청난 가치를 추가로 가져다줍니다.

힐: 그것이 바로 제가 말하려는 핵심입니다. 카네기 씨의 분석을 보면, 고용주와 직원 모두 받는 것보다 더 많이 제공하는 원칙을 토대로 서로를 대하면 이익을 얻을 수 있는 거죠. 그러한 정책을 따르는 거래에서 '고용주와 직원 중 누가 더 좋은 것을 얻느냐'는 마치 '닭이 먼저냐 달걀이 먼저냐'를 판단하는 것과 같겠군요.

카네기: 꽤 정확한 분석입니다. 이 정책을 어떤 각도에서 분석하든, 결국 고용주든 직원이든 그것이 영향을 미치는 모두에게 이롭다는 점을 인정하게 될 것입니다. 그리고 한 걸음 더 나아가 이 정책은 고용주와 직원이 서비스를 제공하는 대중에게도 이롭다고 할 수 있습니다. 이 정책과 관련해서 모두가 피해를 입는 상황은 발견할 수 없습니다.

반면 저는 이 정책을 지키지 않아 고용주와 직원, 대중 모두 돌이킬 수 없을 만큼 피해를 입게 되는 상황을 길게 열거할 수 있습니다. 이런 상황이 너무 명백하고 잘 알려져 있어서 그것을 설명하는 것은 시간 낭비이기 때문에 생략하겠습니다.

또한 성공하지 못하는 이유를 자기가 생각하는 만큼 급여를 주지 않는 탐욕스러운 고용주 탓으로 돌리는 사람들을 꾸짖고 싶습니다. 성공하지 못하는 대부분이 불운의 원인을 자신에게서 찾지 않고 다른 곳에서만 찾는다는 것을 당신도 알 것입니다. 이런 태도는 인간 본성의 특질이기도 하죠. 저로서는 치료법을 알려주고 싶지도 않아요. 치료법을 알려준다 해도 받아들이지 않을 것이기 때문입니다.

건강한 몸과 마음을 가진 사람은 성공하지 못한 이유를 타인의 탓으로 돌릴 정당한 권리가 없습니다. 민주주의에서 모든 국민은 인생에서 자신이 감당할 수 있는 어떤 지위로든 스스로 오를 특권을 가집니다. 기회가 없다는 불평은 대부분 무관심과 야심의 부족 혹은 명백한 게으름을 정당화하려는 얄팍한 핑곗거리에 불과합니다.

제 개인적인 경험과 관찰을 토대로 볼 때 미국에는 너무도 많은 기회와 자원이 있어서 건강한 몸과 마음만 있다면 가장 낮은 곳에 있는 사람조차 경제적인 안정을 달성할 수 있습니다. 건강한 신체가 없어도 자립을 달성한 사람 역시 많습니다.

가난한 사람을 돕는
최고의 방법

힐: 노조에 속해서 노조의 규칙에 따라 어쩔 수 없이 노동의 양을 제한하는 사람은 어떻습니까? 이런 사람이 보수 이상으로 많이 일하는 습관으로 이익을 얻을 가능성은 얼마나 됩니까?

카네기: 조만간 이 질문을 하리라는 것을 알고 있었습니다. 이왕 물었으니 이 문제에 대한 저의 견해를 솔직하게 밝히겠습니다.

먼저 저는 노동자들도 여느 집단과 마찬가지로 우호적인 협상을 위해 단체를 조직할 권리가 있다는 말을 대전제로 삼고 싶습니다. 이 문제에 대해서는 논쟁의 여지가 없습니다. 하지만 사람들이 개인의 서비스혹은 상품을 시장에서 팔려고 단체 협상을 하기 위해 힘을 한데 모은다는 단순한 사실만으로 그들에게 경제학이나 공공복지의 원칙을 무시할권리나 힘이 생기는 것은 아닙니다.

어떤 거래에서든 자신이 투입한 것 이상의 가치를 가져갈 수 있는사람은 없습니다. 이것은 경제학에서 이미 널리 인정되는 규칙입니다.

자, 이제 당신의 질문에 답하겠습니다. 보수에 비례하여 자신이 제공하는 서비스의 양을 제한하는 규칙에 따라 다른 사람들과 힘을 합친사람은 제한된 보수를 수용할 수밖에 없는 입장에 처하게 됩니다. 그는노조가 정한 임금표에서 가장 높은 곳에 있을 수 있지만 거기서 멈출 수밖에 없습니다. 어떠한 노조 연대도 그를 한 걸음 더 전진하게 할 수 없으며, 어떠한 노조 지도자도 그 이상을 보장할 수 없습니다.

그렇다면 개인이 기꺼이 노조의 규칙이 정해준 제한된 임금에 맞춰 살 의향이 있는지 결정해야 합니다. 이것은 모든 사람이 *스스로* 결정해야 하는 문제입니다.

힐: 카네기 씨의 사업적 성공으로 판단해 볼 때 저는 카네기 씨가 노조의 보호 없이 홀로서기를 택했을 것이라고 추측합니다. 왜냐하면 카네기 씨는 노조와의 연대를 통해 얻을 수 있는 것보다 더 큰 보수를 바라셨기 때문입니다. 맞나요?

카네기: 제 입장을 정확하게 표현한 말입니다. 동료들이 노조에 가입하자며 여러 차례 접근했지만 거절했습니다. 노조의 제한된 보호를 통해 제가 얻을 수 있는 것보다 부를 축적할 더 큰 기회를 잡을 수 있는 열린 시장에서 제 서비스를 판매하고 싶었기 때문입니다.

저에게는 홀로서기를 선택할 권리가 있었습니다. 미국 정부 또한 이 권리를 초석으로 삼아 설립되었습니다. 그리고 저는 다른 무엇보다 바로 이 특권이 미국을 세계에서 가장 위대한 국가로 만들었다고 생각합니다. 운영 자본도 없고 큰 영향력도 없이 맨손으로 시작해서 서비스를 제공하는 대가로 능력껏 부를 축적할 수 있는 나라는 많지 않습니다.

힐: 카네기 씨, 만일 모든 사람이 법에 의해서 한 사람이 수행하는 서비스의 양을 제한하는 노조의 규칙에 따라 개인의 서비스를 사고팔아

야 한다면 무슨 일이 벌어질까요? 그것이 대다수의 사람에게 도움이 될까요, 아니면 장애물이 될까요?

카네기: 만일 그런 일이 벌어진다면, 더 이상 우리에게는 자유 기업을 경영할 권리가 없게 됩니다. 또한 그 여파로 개인의 자유가 크게 줄어드는 일이 여러 형태로 나타날 것입니다. 따라서 미국의 자유는 공허한 표어에 그치게 됩니다. 저는 미국인들이 자기 결정권이라는 특권을 축소하는 일은 무엇이든 환영하지 않을 것이라고 믿습니다. 왜냐하면 미국인들이 이미 달성한 생활수준은 자유가 축소된 상태에서 유지될 수 없기 때문입니다.

힐: 하지만 만일 임금표와 노동 시간이 법으로 정해진다면 가난하고 힘없는 사람들에게 도움이 되지 않을까요? 그런 법은 미국의 부를 좀 더 고르게 분배하는 효과를 낳지 않을까요?

카네기: 제가 직접 관찰하고 사업가로서의 경험을 통해 법과 인간에 대해 알게 된 것에 비추어 대답하겠습니다. 우선 가난하고 힘없는 사람들에 대한 질문부터 아주 솔직하게 답해봅시다. 자연의 계획을 자세히 관찰해 보면, 자연이 약자를 보호해 주지 않음을 알게 될 것입니다. 자연은 아주 작은 벌레부터 인간에 이르기까지 살아 있는 모든 종에서 약자는 죽이고 강자를 북돋아 줍니다. 적자생존의 법칙은 이미 널리 인정되고 있으니 굳이 더 입증할 필요가 없을 것입니다.

힘없고 가난한 자들에게 줄 수 있는 가장 큰 도움은 그들이 자력으로 갱생할 수 있게 해주는 것입니다. 저는 이 사실을 염두에 두고서 개인의 성취에 관한 철학을 통해 제 재산의 상당 부분을 배분하겠다고 말한 것입니다. 왜냐하면 물질적인 부는 물이 언제나 수평을 이루며 흐르는 것처럼 확실하게 부를 축적하는 법을 아는 사람에게 흘러가게 되어 있기 때문입니다.

이 사실은 남북전쟁 당시 정부가 포로들에게 북군에 합류해서 서부로 가, 인디언이 일으킨 분쟁을 해결하는 데 도움을 주는 조건으로 자유를 얻을 특권을 부여했을 때 증명되었습니다. 많은 포로가 장기간 원정을 가기 때문에 몇 달 치 급여를 미리 받는다는 조건으로 이 제안을 수락했습니다. 군이 원정을 위해 출발했을 때 첫 주가 끝난 시점에 모든 선지급금이 카드 게임에서 이긴 대여섯 명의 병사들 손에 들어갔다는 말을 어느 지휘관에게서 들었습니다.

미국에 있는 모든 돈을 한곳에 전부 모아 사람들에게 똑같이 나누어 주어도 같은 일이 벌어질 것입니다. 아주 빠른 시일 내에 돈은 금전 개념이 뛰어난, 즉 돈을 모으는 법을 아는 사람들의 손에 들어갈 것입니다.

이것이 바로 제가 말하는 인간의 본성입니다. 힘없고 가난한 자들에게 무언가를 거저 주어 도와야 한다는 말은 정말로 그렇게 했을 경우 무슨 일이 벌어질지 실제로 알지 못하는 사람들이 하는 말입니다. 물론 저는 힘없고 가난한 사람들을 도와야 한다고 믿습니다. 그렇지 않다면 저는 비인간적일 것입니다. 하지만 저는 누군가를 영구적으로 돕는 유일한 방법은 무언가를 거저 주는 것이 아닌 그가 노력해서 자신의 문제를 해결하도록 돕는 것이라고 생각합니다.

아울러 저는 이것이 사람이 진정으로 바라는 도움의 전부라는 것을 경험을 통해 배웠습니다. 진짜 거지와 너무 게을러서 생계를 유지하기 위한 일조차 하지 못하는 나태한 사람들만이 다른 사람에게 무언가를 거저 달라고 요청할 것입니다. 이런 부류의 사람들은 항상 존재하지만, 자력갱생하려고 노력하지 않는 사람들에게 베풀 자선은 없습니다.

힐: 그렇다면 카네기 씨는 미국의 부를 분배하는 최선의 방법이 돈을 사용할 모두에게 돈을 버는 방법을 알려주는 것이라고 생각하십니까?

카네기: 그것만이 안전한 방법입니다. 그리고 '부'라는 단어에 관한 또 다른 사실에 주목해야 합니다. 바로 당신이 말하는 '미국의 부'는 지식이라는 지적인 자원과 이 나라가 보유한 물질적인 자원을 결합한 개념입니다. 물질적인 자원은 원주민들이 이 나라를 소유했을 당시에도 여기 있었습니다. 하지만 실용적인 교육을 받은 사람들이 그것을 넘겨받아 지식과 결합해서 돈으로 표현되는 가치를 부여하기 전까지 아무런 가치가 없었습니다.

이것이 힘없고 가난한 사람들을 돕는 것에 관한 저의 생각입니다!

이런 종류의 도움에 관해 언급하고 싶은 또 다른 사안이 있습니다. 현명하지 못하게 사용해도 잃거나 도둑맞거나 사라지지 않는 형태의 부가 있습니다. 그것은 바로 지식과 경험이라는 부입니다. 지식과 경험은 영원합니다. 은행이 도산해도 줄어들지 않고 어떤 공황이 와도 파괴되지 않습니다. 물론 상속받은 돈이 종종 자기 파괴의 수단이 되긴 합니다. 그러나 게으르고 낭비하는 사람이 지식과 경험을 물려받아 어리석게 사용한다 해도 파괴되지 않습니다.

돈을 주는 것은 대개 이롭기보다 해로운 결과를 초래합니다. 반면 지식을 주면 결코 해롭지 않고, 다양한 형태의 피해로부터 자신을 지킬 수 있습니다. 이 점에 의문이 든다면, 태어날 때부터 자신이 벌지 않은 돈을 상속받은 사람들에게 무슨 일이 벌어지는지 알아보세요.

돈을 버는 일과 관련하여 한 가지 더 강조하고 싶습니다. 돈을 버는 일은 한 사람이 성취에 대한 자부심을 갖게 되는 멋진 게임이 될 수 있습니다. 그리고 일반적으로 그렇게 됩니다. 또한 돈을 벌면 창의력이 계발됩니다. 그것은 나라에 비상사태가 발생할 때 큰 도움이 될 수 있는 유능한 리더십의 형태로 국가의 부에 보탬이 됩니다.

⚘ 스스로 경제적 자유를 이루는 즐거움

힐: 그렇다면 카네기 씨는 인간이 자발적으로 도전하는 선구자 정신을 믿습니까?

카네기: 제가 선구자 정신을 믿는 타당한 이유가 있습니다. 만일 미국에 그런 정신이 없었다면 천연자원을 개발한 위대한 산업체들도 없었

을 것입니다.

제임스 힐이 그레이트노던 철도 회사를 통해 동부와 서부를 하나로 연결하도록 영감을 준 것이 바로 이 선구자 정신입니다.

토머스 에디슨이 1만 번의 실패에도 마침내 백열전구와 100여 가지의 유용한 발명품을 만들어 수천 명에게 일자리를 만들어주고 미국에 수억 달러의 부를 창출해 준 것도 선구자 정신입니다. 미국에 워너메이커 백화점과 마셜필드 백화점이 생긴 것도 선구자 정신 덕분입니다. 미국에 자유를 안겨준 것도 선구자 정신입니다. 이 지도자들 모두 보조금을 바라지 않고 거저 얻는 것 따위는 인정하지 않는 선구자 정신에 이끌렸습니다.

미국의 위대한 기업과 산업 모두 자발적으로 움직이게 하는 자유를 행사하는 특권을 제외하곤 아무것도 요구하지 않은 사람들이 가진 선구자 정신 덕분에 탄생했습니다. 이러한 사람들 대부분은 처음에 극도로 가난했지만, 힘없고 가난하다는 이유로 무언가를 요구하지는 않았습니다.

저는 힘없고 가난한 사람들에 대해 많이 압니다. 이 나라에 처음 왔을 때 저 또한 가난했지만 약하지 않았습니다. 제가 바라는 물질적 부를 얻는 대가로 유용한 서비스를 제공해서 성공하겠다는 의지가 있었기 때문입니다.

'가난한 이민자 소년'이라는 이유로 저를 불쌍히 여겨 잘 대해준 사람이 없었다는 것에 감사합니다. 만일 누군가 그랬다면, 저는 다른 사람들이 그렇듯이 이 나라가 저를 먹여 살리리라는 잘못된 믿음을 갖게 되었을지 모릅니다.

저는 약하지 않았기 때문에 이 나라가 모든 국민이 가진 특권 외에는 제게 줄 것이 없고, 그 특권은 바로 유용한 서비스를 제공하고 그에 상응하는 대가를 재물의 형태로 받을 수 있는 권리임을 깨달았습니다.

힐: 제가 제대로 따라가고 있다면, 카네기 씨는 스스로 벌지 않은 무언가가 주어지면 서비스를 제공할 동기가 사라져서 그 사람에게 해를 끼칠 수 있다고 믿으시는 것 같습니다. 맞나요?

카네기: 그렇습니다. 그것이 제 생각입니다. 저는 평생 수천 명을 겪으면서 실제 경험을 통해 이 교훈을 얻었습니다. 가장 훌륭한 자산은 자신의 힘으로 무언가를 창출해 내려는 욕구입니다. 자신의 힘으로 경제적 자유를 얻는 것만큼 짜릿한 경험은 없습니다.

이렇게 획득한 재물은 노력 없이 얻은 재물보다 더 큰 즐거움을 줄 뿐만 아니라 오히려 더 쉽게 유지됩니다. 일반적으로 재산을 획득하는 법을 배운 사람은 동시에 그것을 사용하고 유지하는 법도 함께 배우기 때문입니다.

대개 부유한 부모는 자녀들에게서 유용한 서비스를 제공해야 할 필요성을 박탈함으로써 영원한 빈곤과 실패의 삶을 살게 합니다. 우리는 이런 사례를 이곳에서 지금 볼 수 있습니다. 해리 서Harry Thaw라는 청년은 대학교를 졸업한 후부터 해마다 8만 5000달러를 물려받았습니다. 그는 일을 해서 쓸모 있는 존재가 되는 대신, 뉴욕으로 가 브로드웨이에서 불로소득을 펑펑 쓰기 시작했습니다. 얼마 지나지 않아 그는 방탕한 생활

끝에 유명 건축가를 살해했고, 사형을 간신히 면한 채 현재 무기수로 복역 중입니다.

유감이지만, 그의 안타까운 역경은 그의 탓이 아니라고 생각합니다. 진짜 범인은 이 청년에게 불로소득이라는 선물을 주어 일하는 특권을 박탈하고, 게으르고 소모적인 삶을 살게 한 부모라고 생각합니다.

힐: 특단의 노력을 기울이는 원칙이 부모와 자식 사이에는 적용되지 말아야 한다는 뜻인가요?

카네기: 오, 아닙니다! 그런 뜻이 아닙니다. 부모는 자녀에게 선물을 주어야 하지만, 그것이 교육과 삶에 대한 준비라는 선물이어야지 돈이라는 선물이어서는 안 됩니다. 스스로 판단할 수 있는 능력을 갖출 준비를 시키는 것 이외의 목적으로 부모가 자녀에게 돈을 마구 쓰게 되면 그보다 더 큰 저주는 없습니다.

힐: 카네기 씨의 경험으로 볼 때 거대한 부가 행복을 가져다준다고 생각하십니까?

카네기: 유용한 서비스 외에 지속적인 행복을 가져다주는 것은 없습니다. 이 진리를 이해하면 보수 이상으로 많이 그리고 훌륭하게 일할 모든 이유 가운데 가장 건전한 이유를 갖게 되는 것입니다. 특단의 노력을 기울이는 사람은 다른 방식으로는 얻을 수 없는 만족감을 얻게 됩니다.

이것만으로도 보수 이상으로 많이 일하는 것을 충분히 정당화해 주는 보상이 될 수 있습니다. 이런 만족감은 지급을 보류할 수 없는 보수이자 박탈할 수 없는 형태의 재물입니다.

힐: 특단의 노력을 기울이는 원칙을 사용하는 사람이 그토록 적은 이유는 무엇일까요?

카네기: 이 습관이 주는 이점을 아는 사람이 너무 적기 때문입니다. 이 원칙을 가장 먼저 가르칠 곳은 바로 가정입니다. 모든 아이는 만족감을 제외하고 어떤 즉각적인 대가를 받지 못해도 유용한 서비스를 제공하는 것이 이롭다는 것을 배워야 합니다.

더 나아가 이 습관이 평생을 통틀어 훌륭한 자산이 될 수 있음을 아이에게 분명하게 보여주어야 합니다. 유사한 교육을 모든 공립학교 교과 과정에 포함해야 합니다. 그러면 아이들이 고등학생이 될 시점에 공부에 관한 다른 의무를 행하듯 이 원칙을 지키고 적용하게 될 것입니다.

자녀 교육이 등한시되는 다른 대부분의 경우에서처럼, 여기서도 아이들의 지식이 부족한 것은 모두 우리 어른들 탓입니다. 아이들을 제대로 지도해야 할 어른들이 아이들을 희생양으로 만들었습니다. 특단의 노력을 기울일 때 누리는 이점을 가르치는 일과 같이 중요한 사안에서 태만한 것은 범죄 행위와 크게 다를 바 없습니다.

성공의 지름길을 만드는 원칙

자연은 무언가를 거저 얻는 것과 같은 현실은 없도록 우주를 설계했다. 모든 것에는 그 대가 혹은 그에 상응하는 무언가가 따른다. 간혹 사람들은 어리석게도 운동의 법칙을 피해 가려고 영구적으로 움직이는 기계를 발명하려고 애쓴다. 하지만 그런 노력을 해보았자 큰 실망으로 끝나고 만다.

마찬가지로 어리석게도 대충 일하고서 하루 치 급여를 모두 받아 가려는 사람들이 있다. 노조로 힘을 합쳐 수적인 우세로 한 번은 성공할 수 있다. 하지만 머지않아 그들은 서비스를 판매할 시장을 잃게 되어 어리석음에 대한 대가를 치르게 된다. 어떤 사람들은 이 진실을 결코 깨닫지 못하는 것 같지만 결국 자연을 거역할 수는 없을 것이다.

이 장에서 카네기는 일상적인 인간관계에 적용되는 인간 행동의 여러 원칙을 누구나 이해하기 쉽게 설명해 주었다. 그의 설명은 솔직하고 명확했다. 미국 산업의 인정받는 지도자의 설명답게 그의 분석은 확실히 인상적이다.

이 원칙들에 대해 우리가 할 수 있는 가장 중요한 일은 이것을 타인과 맺는 관계에 직접 적용해 보는 것이다. 만일 명확한 핵심 목표를 염두에 두고서 의도적으로 시험해 본다면 더욱 유익할 것이다.

다행히도 나는 높은 경지의 성취에 오른 사람들과 패배해서 추락한 사람들을 모두 관찰할 수 있는 드문 특권을 누렸다. 약 20년 전《황금률 매거진The Golden Rule Magazine》의 편집자가 팔머대학교에 연사로 초대되었다. 그는 평소대로 강연비 100달러와 여행 경비를 받기로 하고 초대를 수락했다.

편집자는 그 학교에 머무는 동안 잡지 사설에 쓸 만한 여러 이야기들을 수집했다. 연설을 마치고 시카고로 돌아가려는데, B. J. 팔머B. J. Palmer 박사가 지출 내역서를 제출하고 급여를 받아 가라고 요청했다. 그는 잡지에 쓸 자료를 구해서 이미 충분히 대가를 받았으니 연설이나 경비에 대한 돈은 받지 않겠다며 거절했다. 그는 여행에 대한 보답을 아주 잘 받았다고 느끼며 기차를 타고 시카고로 돌아갔다.

그다음 주부터 그의 잡지에 대한 구독 신청이 많이 들어오기 시작했다. 그 주가 끝날 무렵에는 현금으로 6000달러가 넘는 구독 신청이 들어왔다. 그러고 나서 편집자는 팔머 박사에게 돈을 거절한 편집자의 이야기를 들은 학생들이 구독 신청서를 보낸 것이라는 설명이 담긴 편지를 받았다.

그 후 2년 동안 팔머대학교의 재학생과 졸업생들이《황금률 매거진》에 5만 달러가 넘는 구독 신청서를 보냈다. 이 이야기는 매우 인상적이어서 영어권에 유통되는 한 잡지에 실렸고, 그 후 여러 나라에서도 구독 신청이 이어졌다.

편집자가 100달러 가치의 서비스를 무상으로 제공한 덕에 수확체증의 법칙이 그에게 유리하게 작용했고, 결국 투자액의 500퍼센트가 넘는 수익까지 달성한 것이다. 대가를 바라지 않고 열심히 했을 때 보상이 따르는 것은 꿈같은 이야기가 아니다. 반드시 그 대가를 받게 되며, 그것도 굉장히 많이 받게 된다!

게다가 이 습관은 노력에 대해 보상해 주어야 함을 결코 잊지 않는다! 다른 유형의 투자와 마찬가지로, 이렇게 특단의 노력을 기울이는 습관은 대개 평생에 걸쳐 배당금을 준다.

특단의 노력을 기울일 기회를 간과할 때 무슨 일이 벌어질 수 있는지 살펴보자. 어느 비 오는 오후, 한 자동차 영업 사원이 뉴욕 지점의 책상에 앉아 있었다. 문이 열리더니 한 남성이 지팡이를 흔들며 의기양양하게 걸어 들어왔다.

영업 사원은 석간신문을 읽던 중에 고개를 들어 손님을 얼핏 살펴보고 그가 브로드웨이에서 흔히 볼 수 있는, 시간만 축내는 '구경만 하는 손님'이라고 판단했다. 그는 자리에서 일어나지도 않은 채 신문을 계속 읽었다.

지팡이를 든 남성은 전시장을 돌아다니며 자동차를 한 대씩 살펴보았다. 마침내 영업 사원이 앉아 있는 곳으로 걸어가 지팡이에 몸을 기대고 무심하게 자동차 세 대의 가격을 물었다. 영업 사원은 신문에서 눈도 떼지 않은 채 가격을 알려주었다.

지팡이를 든 남자는 아까 봤던 세 대의 자동차로 다시 가더니 그중 한 대의 타이어를 발로 차보고 책상에 앉아 신문을 읽느라 바쁜 직원에게 이렇게 말했다.

"흠, 이것을 사야 할지 저것을 사야 할지, 아니면 세 대를 모두 사야 할지 잘 모르겠소."

앉아 있던 영업 사원은 히죽거리며 아는 체하는 듯한 표정으로 "그러게 말입니다!"라고 말했다.

그러자 지팡이를 든 남자가 이렇게 말했다.

"한 대만 사야겠소. 노란색 휠을 가진 차를 내일 집으로 보내주시오. 그런데 말이오, 저 차가 얼마라고 했소?"

그는 수표책을 꺼내더니 수표 한 장을 적어 영업 사원에게 건네고 걸어 나갔다. 수표에 적힌 이름을 본 순간, 영업 사원은 얼굴이 벌게졌고 거의 실신할 뻔했다. 그는 바로 미국의 대부호, 휘트니 가문의 찰스 페인 휘트니Charles Payne Whitney였다. 그제야 자리에서 일어나기만 했어도 별 수 고 없이 세 대를 모두 팔 수 있었음을 깨달았다.

경영진의 귀에 이 소식이 들어가자 그 영업 사원은 바로 해고되었다! 경미한 처벌이었다. 하마터면 팔지 못한 차 두 대에 대한 수익 손실 을 보상해야 했을 수도 있지만 다행히 그런 일은 없었기 때문이다. 할 수 있는 최선의 서비스를 하지 않으면 큰 대가가 따른다.

많은 사람이 이 사실을 뒤늦게 깨닫는다. 개인의 진취성을 발휘할 권리는 너무 무심하거나 게으른 사람에게는 별 가치가 없다. 많은 사람 이 이 부류에 속한 채 자신이 부를 축적하지 못하는 이유를 깨닫지 못하 고 산다.

40년 전 철물점에서 일하는 한 젊은 판매원은 어느 날 가게에 구닥 다리라 팔리지 않는 잡동사니가 너무 많다고 여겼다. 시간이 남아돌던 차에 그는 탁자를 만들어 가게 중앙에 설치했다. 그러고 나서는 팔 수 없 는 상품들을 올려놓고 하나에 10센트라는 할인 가격을 적어두었다. 그와 가게 주인이 놀랄 만큼 전시된 제품들은 금세 팔렸다.

이 경험에서 바로 울워스의 파이브앤드텐센트 잡화점이 시작되었다. 현실에 안주하지 않고 주도적으로 아이디어를 내어 가게에 큰 보탬이 된 청년은 바로 프랭크 울워스였다.

그가 죽기 전까지 이 아이디어는 5000만 달러로 추정되는 어마어마한 재산을 안겨주었다. 게다가 이 아이디어는 다른 사람들까지도 부자로 만들어주었다. 바로 이 아이디어를 적용해 미국의 여러 수익성 좋은 머천다이징 시스템이 생겨났기 때문이다.

아무도 청년 울워스에게 진취성을 발휘할 권리를 행사하라고 시킨 적이 없었다. 아무도 그가 그렇게 한 것에 대가를 지불하지 않았다. 하지만 그의 행동은 노력에 대한 수확체증의 법칙으로 이어졌다. 일단 아이디어가 실행으로 옮겨지자 수익이 놀라울 정도로 계속 증가했다.

보수 이상으로 많이 일하는 이 습관은 자는 동안조차 당사자에게 유리하게 작용한다. 일단 작용하기 시작하면, 재물을 아주 빠르게 쌓아 올려 마치 알라딘의 램프에서 황금 주머니를 매고 나타나는 요정 지니가 도움을 주듯 이상한 마법이 작용하는 것처럼 보인다.

무지개를
따라가는 법

특단의 노력을 기울이는 습관이 임금 노동자들에게만 보상을 주는 것은 아니다. 직원과 마찬가지로 고용주에게도 효과가 있다. 고맙게도 내가 아주 잘 아는 한 상인이 증명해 주었다.

그의 이름은 아서 내시Arthur Nash로, 그는 직접 제작한 의류를 판매하는 가게를 운영하고 있었다. 20여년 전, 내시는 파산 직전이었다. 제1차 세계대전과 그가 통제할 수 없는 다른 문제들 때문에 파산 직전까지 내몰렸다. 가장 심각한 문제는 직원들까지도 패배주의에 물들어 일하는 속도도 느리고 불만도 많았다는 것이다. 상황이 몹시 절박했다. 계속 사업을 영위하려면 무언가 특단의 조치를, 그것도 아주 빨리 취해야 했다.

절박한 마음에 그는 직원들을 한데 모아놓고 회사가 처한 상황을 설명했다. 그런데 말하는 동안 어떤 아이디어가 떠올랐다. 그는 편집자가 서비스를 제공하고 그에 대한 보수를 받지 않자 구독 신청이 자발적으로 몰려 와 6000달러 이상을 벌게 되었다는《황금률 매거진》에 실린 이야기를 해주었다. 그와 모든 직원이 그런 정신을 본받아 특단의 노력을 기울이면 망해가는 사업을 살릴 수 있을 것이라고 말했다.

그는 직원들에게 임금과 근무 시간을 잊고 설령 노동에 대한 보수를 받지 못하게 될지언정 협력해서 최선을 다하는 실험에 동참해 준다면 어떻게든 사업을 끌어나가 보겠다고 약속했다. 만일 급여를 줄 수 있을 정도로 사업이 유지된다면 모든 직원은 밀린 임금에 더하여 보너스까지 받게 될 것이라고 했다.

직원들은 그의 아이디어를 마음에 들어 하며 한번 해보자고 했다. 다음 날 그들은 얼마 안 되는 저축을 가져와 내시에게 자발적으로 빌려주었다. 모두가 새로운 마음으로 일에 임하자 사업은 다시 생기를 띠기 시작했다. 곧 다시 급여를 줄 수 있게 되었다. 그러더니 장사가 전례 없이 잘되기 시작했다. 10년이 지난 후 내시는 엄청난 부자가 되었다. 직원들도 어느 때보다 주머니 사정이 좋아져서 모두가 행복해했다.

내시는 세상을 떠났지만 그의 사업은 여전히 미국에서 가장 성공한 의류 제작·판매업체 가운데 하나다. 내시가 사임하자 직원들이 그 사업을 인수했다. 그들 가운데 한 명에게 특단의 노력을 기울이는 일이 무엇인지 물으면 아마 바로 대답을 들을 것이다! 또한 내시의 판매원들과 대화해 보라. 어디서 마주치든 열정과 자립심을 보게 될 것이다.

'특단의 노력'이라는 자극제가 한 사람의 마음에 들어오면 그는 다른 종류의 인간이 된다. 세상이 다르게 보인다. 자신이 달라졌으니 당연히 세상이 달라 보이는 것이다!

지금이야말로 보수 이상으로 많이 일해서 특단의 노력을 기울이는 습관의 중요성을 다시 언급하기에 좋은 시점이다. 특단의 노력은 노력을 기울이는 당사자에게 이상한 영향력을 미친다. 이 습관이 주는 가장 큰 이점은 서비스를 받는 사람들에게 있지 않다. 바로 변화된 마음가짐이라는 형태로 서비스를 제공하는 사람에게서 나타난다. 이 태도를 가지면 타인에 대한 영향력이 더 커지고, 자립심과 진취성도 더 커지며, 열정, 비전, 명확한 핵심 목표가 생긴다. 이 모든 것이 바로 성공한 사람의 자질이다.

랠프 월도 에머슨은 "실천하라, 그러면 힘을 얻으리라"라고 말했다. 오, 그렇다. 실천을 하면 힘을 얻는다! 이 세상에서 힘이 없다면 무엇을 할 수 있단 말인가? 그 힘은 사람들을 내쫓는 힘이 아니라 끌어당기는 힘임에 틀림없다. 한 사람의 행동이 몇 배가 되어 돌아오는 자연법칙에서 탄력을 얻는 힘임에 틀림없다.

보수 이상으로 많이 일하는 습관에서 혜택을 얻으려면 "뿌린 대로 거두리라"라는 성경 구절의 숨은 의미를 이해해야 한다. 어떤 종류의 씨앗을 뿌리는지가 중요하다! 우리가 뿌리는 서비스의 모든 씨앗은 그 종류에 따라 다른 작물을 가져다주기 때문이다.

임금 노동자라면 이 씨뿌리기와 거두기에 대해 좀 더 배워야 한다. 그러고 나면 부적절한 서비스의 씨앗을 뿌려서는 제대로 성장한 작물이라는 보수를 거둘 수 없음을 이해하게 될 것이다. 형편없이 일을 해놓고 하루 치 급여를 전부 요구하는 습관을 버려야 함을 알게 될 것이다.

사람이 한 번은 강제로 순무에서 즙을 많이 짜낼 수 있을지 몰라도, 자연은 너무 똑똑해서 그것의 계획을 위배하는 짓을 장기간 눈감아 주지 않는다. 머지않아 무심해서든 고의적으로든 자연의 계획을 위배한 자에게 무섭게 보복한다.

임금 노동자가 아니더라도 더 잘살고 싶은 사람에게 해줄 말이 있다. 왜 현명하게 바뀌어 원하는 것을 쉽고 확실하게 얻지 못하는가? 인생에서 원하는 것이 무엇이든 스스로 발전하여 그것을 얻을 수 있는 쉽고 확실한 방법이 있다. 특단의 노력을 기울이는 사람들은 그 비밀을 다 안다. 그 비밀은 특단의 노력이라는 포장에 싸여 있기 때문에 다른 방식으로는 꺼낼 수 없다.

무지개 끝에 있는 황금 단지는 단순한 환상이 아니다! 특단의 노력을 기울인 끝이 바로 무지개가 끝나는 곳이며, 그곳에 바로 황금 단지가 숨어 있다.

무지개 끝까지 가는 사람은 거의 없다. 무지개가 끝나는 지점이라 생각하고 가보면 아직도 더 가야 한다. 우리 대부분의 문제는 무지개를 따라가는 법을 모른다는 것이다. 이 비밀을 아는 사람들은 오직 특단의 노력을 기울여야 무지개에 도달할 수 있다는 것을 알고 있다.

❧ 사소한 행동이 만드는 성공의 연줄

약 25년 전 어느 늦은 오후, 제너럴모터스의 설립자인 윌리엄 듀런트William C. Durant가 영업시간이 지난 후 은행에 들어가 영업시간에만 요청해야 하는 부탁을 했다. 그 부탁을 들어준 사람은 바로 은행 직원인 캐럴 다운즈Carrol Downes였다. 그는 듀런트의 부탁을 신속하게 처리해 주었을 뿐만 아니라 한발 더 나아가 정중하게 대접했다. 그는 정말 기쁜 마음으로 듀런트를 응대하는 것처럼 느끼게 해주었다. 이 사건은 사소해 보였고 그 자체로는 별로 중요하지도 않았다. 당시 다운즈는 몰랐지만 그의 정중한 태도는 엄청난 파급효과를 낳았다.

다음 날 듀런트는 다운즈에게 자신의 사무실에서 보자고 청했다. 그는 다운즈에게 자신의 회사에서 일할 것을 권했고 다운즈는 수락했다. 그는 100여 명이 일하는 듀런트의 사무실에 배치되었고, 근무 시간이 8시 반에서 5시 반까지라는 말을 들었다. 처음에 급여는 평범한 수준이었다.

첫날이 끝날 무렵 하루를 마감하는 종소리가 울리자 다운즈는 모두가 모자와 외투를 들고 부리나케 퇴근하는 모습을 보게 되었다. 그는 다

른 사람들이 모두 나갈 때까지 가만히 앉아서 기다렸다. 모두 사라지고
난 뒤 책상에 앉아 그들이 일과가 끝나자마자 서둘러 사라지는 이유가
무엇인지 곰곰이 생각했다.

15분 후 듀런트가 방문을 열고 나와 아직 남아 있는 다운즈를 발견
했다. 그는 5시 반이 퇴근 시간인 것을 모르냐고 물었다.

"아, 압니다."

다운즈가 답했다.

"하지만 서둘러 나가는 사람들 틈에 끼어 치이고 싶지 않았습니다."

그리고 나서 그는 듀런트를 위해 무언가 해줄 일이 없는지 물었다.
그러자 듀런트는 연필을 하나 찾아달라고 했다. 다운즈는 연필을 연필깎
이로 깎은 뒤 그에게 주었다. 듀런트는 고맙다며 작별 인사를 했다.

다음 날 퇴근 시간에 다운즈는 모두가 썰물처럼 빠져나간 후에도 또
책상에 앉아 있었다. 이번에는 미리 생각해 둔 목적이 있어서 기다리고
있었다. 잠시 뒤 듀런트가 자기 사무실에서 나와 5시 반이 퇴근 시간임을
모르냐고 다시 물었다.

"압니다."

다운즈가 웃으며 대답했다.

"다른 사람에게는 퇴근 시간이지만, 하루 일과가 공식적으로 끝난
후에 사무실을 반드시 떠나야 한다는 말은 들은 적이 없어서 사장님께
작은 도움이라도 되고 싶어 남아 있기로 했습니다."

"굉장히 특이한 사람이로군!"

듀런트가 탄식했다.

"어떻게 그런 생각을 하게 됐나?"

"매일 마감 시간에 이곳의 모습을 보자 그런 생각이 떠올랐습니다."

다운즈가 대답했다.

듀런트는 꿍얼거리며 무언가 말했으나 다운즈는 제대로 듣지 못했고, 듀런트는 사무실로 돌아갔다.

다운즈는 그 후로도 계속 퇴근 시간에 자리에 남아 듀런트가 모자와 코트를 입고 사무실을 떠날 때까지 기다렸다. 추가 근무에 대한 보수는 없었다. 아무도 그에게 그렇게 하라고 시키지 않았다. 그가 남아 있는 것에 대해 무언가를 약속하지도 않았다. 평범한 관찰자의 시점에서 보자면 그는 시간 낭비를 하고 있었다.

몇 달이 지난 후 다운즈는 듀런트의 사무실에 불려가 최근에 매입한 새 공장에서 공장 기계 설비를 감독하는 일을 맡으라는 말을 들었다. 상상해 보라! 전직 은행원이 단 몇 달 만에 기계 전문가가 되어야 했다.

다운즈는 아무런 불만 없이 인사이동을 수락하고 공장으로 갔다. 그는 "사장님, 저는 기계 설비에 대해 아는 것이 전혀 없는데요?"라든가 "그것은 제 일이 아닙니다" 혹은 "기계 설비는 제 급여에 포함되지 않은 일인데요"라는 말 따위는 하지 않았다. 그는 공장에 일을 하러 갔고, 지시받은 일을 해냈다. 심지어 그는 즐거운 마음가짐으로 새 일에 임했다.

석 달 뒤 기계 설비가 끝났다. 아주 잘 끝나서 듀런트는 다운즈를 사무실로 불러 기계에 대해 어디서 배웠는지 물었다. 다운즈는 이렇게 대답했다.

"아, 저는 배운 적이 전혀 없습니다. 둘러보니 그 일을 어떻게 하는지 아는 사람들이 있어서 그들에게 시켰습니다."

"대단하군!"

듀런트가 외쳤다.

"이 세상에는 두 유형의 값진 인재가 있네. 하나는 너무 많은 일이 주어져도 불평하지 않고 잘 해내는 사람이네. 다른 하나는 불평하지 않고 다른 사람들이 주어진 일을 하게끔 할 줄 아는 사람이네. 자네는 두 유형이 하나로 결합된 경우로군."

다운즈는 칭찬에 감사 인사를 하고 사무실을 나오려고 했다.

"잠시만."

듀런트가 말했다.

"자네가 이제부터 기계를 설비한 그 공장의 새로운 관리자라네. 급여는 한 해에 5만 달러부터 시작하지!"

듀런트와 관계를 맺은 후 10년간 다운즈는 1000만에서 1200만 달러 정도를 벌었다. 이후 그는 자동차 왕의 가까운 조언자가 되었고 부자가 되었다.

많은 사람이 가진 문제는 성공한 사람들을 보고 그들이 성공한 방법이나 이유를 애써 찾아보지도 않은 채 오직 성공을 거둔 시점의 모습으로만 평가한다는 것이다.

다운즈의 이야기에 대단히 극적인 것은 없다. 위에서 언급한 사건들은 일과 중에 벌어졌지만, 다운즈와 함께 일한 평범한 사람들은 눈치채지 못했다. 내 생각에 다운즈가 듀런트의 총애를 받았기 때문에 많은 동료가 그를 시기했을 것이다. 그들은 다운즈가 어떤 연줄이 있었거나 운이 좋았거나 어떤 식으로든 듀런트의 눈에 들었으리라 생각할 것이다. 그들은 성공하지 못한 사람들이 자신의 실패를 정당화할 때 쓰는 변명을 늘어놓았을 것이다.

솔직하게 말하자면 다운즈는 듀런트와 연줄이 있었다! 그는 자신의 힘으로 그 연줄을 만들었다. 그저 연필을 찾아달라는 말에 깔끔하게 깎아서 가져다주는 아주 사소한 행동으로 특단의 노력을 기울여서 연줄을 만들었다. 매일 5시 반 분주한 퇴근 시간이 지난 후에도 듀런트에게 도움이 되고자 자리에 남아 있어서 연줄을 만들었다. 듀런트에게 기계 설비를 아는 사람을 어디서 어떻게 찾는지 묻는 대신 직접 그런 사람들을 찾는 진취성을 발휘해서 연줄을 만들었다.

이 사건을 단계별로 짚어보면 다운즈의 성공이 전적으로 그의 진취성 덕분이라는 것을 알 수 있다. 게다가 그의 성공은 그가 올바른 마음가짐으로 잘해낸 소소한 일들로 구성되었다.

아마도 듀런트에게 다운즈만큼 할 수 있는 직원은 100명쯤 있었겠지만, 그들의 문제는 무지개의 끝을 찾으면서도 매일 5시 반에 달려 나가느라 무지개에서 멀어지고 있다는 것이다.

이 사건이 있고 오랜 세월이 지나 나는 다운즈에게 듀런트와 함께할 기회를 어떻게 잡았는지 물었다. 그러자 그는 겸손하게 답했다.

"저는 사장님이 반드시 저를 볼 수 있게 했습니다. 무언가를 해줄 사람을 찾을 때, 사장님은 제게 부탁하셨습니다. 유일하게 눈에 보이는 사람이니까요. 시간이 지나면서 사장님은 저를 찾는 습관이 생겼습니다."

바로 그거다! 듀런트는 다운즈를 찾는 '습관을 들였다'. 게다가 그는 다운즈가 특단의 노력을 기울여 책임을 맡을 능력이 되고, 실제로 그렇게 한다는 것도 알게 되었다. 사람들이 더 큰 책임을 맡으려는 이 정신을 조금도 닮지 않으니 얼마나 애석한 일인가. 또 많은 사람이 우리 생활방식에서 서비스를 제공하는 특권에 대해 주로 말하는 것이 아니라 이 나라에 기회가 부족하다는 말을 더 많이 하니 얼마나 애석한 일인가.

다운즈가 법에 의해서든 집단의 규칙에 의해서든 퇴근 시간에 몰려 나가는 동료들과 마찬가지로 5시 반에 일을 끝냈다면 훨씬 더 잘됐을 거라고 진지하게 주장할 수 있는 사람이 오늘날 미국에 있을까? 만일 그렇게 했다면 그는 그가 수행하는 업무에 대해 표준 임금 이상은 받지 못했을 것이다. 더 받을 이유가 없지 않은가?

다운즈의 운명은 그가 직접 만든 것이다. 그의 운명은 모든 미국인의 특권이어야 하는 이 하나의 특권에 의해 결정되었다. 바로 개인이 진취성을 발휘하여 항상 특단의 노력을 기울이는 습관을 들이는 권리다. 그것이 전부다. 다운즈의 성공에 그 외에 다른 비결은 없다. 그도 이 점을 인정하고, 그가 가난에서 벗어나 부자가 된 정황을 잘 아는 모두가 그렇게 생각한다.

아무도 모르는 것 같은 한 가지가 있다. 다운즈와 같이 보수 이상으로 많이 일하는 것의 힘을 발견하는 사람이 왜 이리 적을까? 그 안에 모든 위대한 성취의 씨앗이 담겨 있는데도 말이다. 이는 모든 괄목할 만한 성공의 비결이지만, 그것을 이해하는 사람이 너무도 적다. 대부분의 사람은 그것을 고용주들이 직원들에게서 더 많은 노동을 착취하려는 영악한 속임수로 치부한다.

거저 얻으려 할 때가
가장 위험하다

한때 헨리 포드의 회사에 지원했던 어느 '아는 체하는 사람'은 특단의 노력을 기울이는 습관에 대한 무관심을 아주 극명하게 보여주었다. 포드는 그 남자에게 그의 경험과 습관과 다른 루틴에 대해 물었고 그 대답에 만족했다.

그리고 나서 포드는 "급여로 얼마를 원하시오?" 하고 물었다.

남자는 답을 교묘히 피했다. 그러자 포드는 이렇게 말했다.

"그렇다면 당신이 출근하여 무엇을 할 수 있는지 보여주시오. 그러면 우리가 당신을 써본 후 당신의 가치에 맞게 급여를 주겠소."

그는 그 제안을 거절하며 이렇게 설명했다.

"저는 현재 다니는 직장에서 그보다 더 많이 받고 있습니다."

나는 그의 말이 진실이라고 생각한다.

그러나 이것이 그토록 많은 사람이 인생에서 성공하지 못하는 이유를 설명해 준다. 그들은 현재 있는 곳에서 '자신의 가치보다 더 많이 받고 있으며' 더 가치 있는 사람이 되어 발전하는 법을 배우지 못하는 것처럼 보인다!

미국-스페인 전쟁이 끝난 직후 엘버트 허버드Elbert Hubbard는 『가르시아 장군에게 보내는 편지』라는 책을 집필했다. 그는 윌리엄 맥킨리William McKinley 대통령이 로완이라는 이름의 젊은 병사를 시켜 미국 정부가 행방을 알 수 없는 쿠바 반군의 대장 가르시아에게 보내는 메시지를 전달하는 과정을 간략하게 묘사했다.

이 병사는 메시지를 가지고 광대한 쿠바 정글을 헤치고 나아가 마침내 가르시아를 만나 편지를 전달한다. 그것이 이야기의 전부다. 한 이등병이 임무를 행하지 못한 채 돌아와 변명을 늘어놓은 것이 아니라 난관을 극복하고 명령을 성공리에 수행해 내는 이야기다.

이 이야기는 전 세계적으로 독자들의 상상력에 불을 붙였다. 지시받은 일을 잘해낸 간단한 행동이 대단히 중요한 뉴스가 되었다. 『가르시아 장군에게 보내는 편지』는 출판되었고 만년 베스트셀러가 되어 1000만 부 이상 팔렸다. 이 이야기 하나로 허버드는 부자가 되었을 뿐만 아니라 유명 작가가 되었다.

이 이야기는 여러 언어로 번역되었다. 일본 정부는 이 이야기를 인쇄해서 모든 일본 병사에게 배포했다. 미국 펜실베이니아주 철도 회사도 이 책을 수천 명에 달하는 직원들에게 배포했다. 미국의 거대 생명보험 회사들도 영업 사원들에게 배포했다. 1915년 허버드가 탄 루시타니아호가 침몰하는 바람에 그가 사망한 후에도 『가르시아 장군에게 보내는 편지』는 오랫동안 미국 전역에서 베스트셀러로 남아 있었다.

이 이야기가 인기 있는 이유는 무언가를 아주 잘해내는 사람에게는 무언가 마법과도 같은 힘이 있는 것처럼 보이기 때문이다. 전 세계가 그런 사람에게 열광하고 있다. 모든 직업이 그런 사람을 필요로 하고 원한다. 미국의 산업은 특단의 노력을 기울여서 책임을 맡을 수 있고, 올바른 마음가짐으로 일을 완수하는 사람에게 늘 최고의 대접을 해주었다.

앤드루 카네기는 약 40명의 사람을 아주 낮은 지위인 일용직 노동자의 신분에서 벗어나 백만장자의 자리에 오르게 해주었다. 그는 기꺼이 특단의 노력을 기울이려는 사람들의 가치를 이해했다. 카네기는 그런 사람을 발견할 때마다 자신이 '발굴한 인재'를 사업의 내부자로 만들어 '그가 지닌 모든 가치만큼' 벌 기회를 주었다.

찰스 슈와브는 단지 특단의 노력을 기울였다는 이유로 철강왕의 눈에 들게 된 인물이다. 처음 카네기와 일을 시작했을 당시 그는 말뚝을 운반하는 일용직 운전사라는 낮은 직급의 신분이었다. 그러나 그는 한 단계씩 올라가 결국 최고의 자리에 도달하여 카네기의 오른팔이 되었다. 그의 소득은 보너스만 100만 달러 이상에 달할 때도 있었다.

이 보너스는 그가 특단의 노력을 기울인 것에 대한 보상이었다! 그 외의 급여는 그가 실제 수행한 노동에 대한 대가였다. '큰돈'은 항상 직접적이든 간접적이든 특단의 노력이 가져오는 결과임을 잊지 말자!

미국은 현재 개인의 자유를 심각하게 위협하는 거대한 국가적 위기를 겪고 있다. 자유가 있어야 어떤 직업에서든 사람들이 진취성을 발휘하여 특단의 노력을 기울이는 것이 가능하다. 이 위기의 주된 원인은 널리 확산된 거저 얻으려는 태도이며, 이것은 특단의 노력을 기울이는 원칙과 정면으로 대치된다.

✦ 누군가는 당신의 노력을
　보고 있다

　인간의 탐욕이 유용한 서비스를 통해 인간적인 친절을 베풀려는 바람을 대체했다. 특단의 노력을 기울이는 원칙은 덜 일하고 더 많이 받으려는 요구와 정반대된다. 수천 명의 사람이 자신의 힘으로 잘살아 보려는 노력을 버리고 공적 부조에 의지하며 자기 자신을 해한다.

　미국의 미래 전망은 실로 어둡다. 이런 난관에도 불구하고, 나는 미국인들이 자기 파괴의 심연에 빠지기 직전임을 깨달을 수 있도록 분연히 일어나 바른말을 하는 상식을 갖춘 사람들이 이 나라에 충분히 많이 남아 있다고 믿는다.

　사람들이 무언가를 하거나 하지 않게 만드는 것은 바로 동기다. 그리고 특단의 노력을 기울이는 습관을 갖게 하는 가장 건전한 동기는, 이 습관을 따르는 사람이라면 누구나 셀 수 없는 방식으로 지속적인 배당금을 제공받는다는 사실이다.

　미국인들은 이 나라의 방대한 자원에 대해 각자 더 많은 몫을 원한다. 이것은 건강한 욕구다. 부는 충분히 많으니 그것을 잘못된 방식으로 얻으려는 어리석은 시도를 중단하자. 무언가 가치 있는 것을 제공하는 대가로 부를 얻자. 그것이 바로 앤드루 카네기, 토머스 에디슨, 헨리 포드를 비롯한 성공한 사람들이 자신의 몫을 찾은 방법이다.

　우리는 성공을 달성하는 법칙이 무엇인지 안다. 이러한 법칙들을 끌어와 똑똑하게 사용해서 우리가 원하는 개인적인 재산을 획득하고 국부가 창출되는 데도 이바지하자.

누군가는 이렇게 말할 것이다.

"나는 이미 내가 받는 보수 이상으로 많이 일하고 있지만, 고용주가 너무 이기적이고 욕심이 많아서 내가 제공하는 서비스를 인정해 주지 않을 것이다."

거저 얻으려는 심보를 가진 탐욕스러운 인간들이 있음을 우리 모두 안다. 그들은 자신이 벌어들이는 것 이상을 원한다. 이기적인 고용주들은 옹기장이의 손안에 있는 진흙 덩어리와 같다. 그들의 탐욕을 이용하여 그들이 보수 이상으로 많이 일하는 사람에게 보상하도록 유도할 수 있다.

욕심 많은 고용주들은 특단의 노력을 기울이는 습관을 가진 직원의 서비스를 잃고 싶어 하지 않는다. 그런 직원들의 가치를 알기 때문이다. 그렇다면 여기 그런 고용주를 탐욕으로부터 느슨해지게 만들 수 있는 쇠 지렛대와 지주가 있다. 영리한 사람이라면 이 쇠 지렛대를 어떻게 사용해야 하는지 알 것이다. 자신이 제공하는 서비스의 양이나 질을 낮추는 게 아니라 더 올리면 된다.

이 방식으로 욕심 많은 고용주들의 약점을 인식하고 이용해서 그들의 마음을 조종하는 것을 적어도 100번은 보았다. 때론 고용주가 기대만큼 빨리 바뀌지 않지만 그것은 고용주 자신에게 불행이다. 그의 직원은 경쟁업체의 고용주 눈에 들어 몸값을 흥정하고 스카우트되기 때문이다.

특단의 노력을 기울이는 습관을 따르는 사람을 속일 방법은 없다. 설령 한쪽에서 적절한 인정을 받지 못한다 해도, 대개 가장 예상치 못한

때에 다른 쪽에서 자연스럽게 인정받게 된다. 받는 것 이상으로 일하면 반드시 그렇게 된다.

올바른 마음가짐으로 특단의 노력을 기울이는 사람은 금세 취업한다. 일이 항상 그를 찾고 있기 때문에 취업하기까지 오래 걸리지 않는다. 경제 공황이 왔다가도 가고 사업이 잘되다가도 안되고 나라가 전쟁 중일 수도 평화로울 수 있다. 하지만 보수 이상으로 많이 그리고 훌륭하게 일하는 사람은 누군가에게 없어서는 안 될 존재가 되어 실업자가 될 리 없다. 우리나라의 사회보장제도에서 발견되는 오류는 이 제도가 특단의 노력을 기울이는 원칙을 너무 자주 간과한다는 사실에 있다. 이 제도는 법에 의한 이기적인 보호에 기초한다.

높은 임금과 필수 불가결한 존재가 되는 것은 불가분의 관계다. 이 제껏 항상 그랬으며 앞으로도 그럴 것이다!

누군가에게 없어서는 안 될 존재가 될 정도의 사람은 집단의 요구로 강제로 얻는 임금보다 훨씬 많이 받으며, 고용이 계속 유지될 만큼 충분히 똑똑하다.

헨리 포드는 필수 불가결한 존재가 되는 것의 가치를 이해했다. 또한 특단의 노력을 기울이는 것의 가치도 안다. 그것이 바로 수년 전 그가 자발적으로 노동자의 임금을 하루 5달러라는 역대 최고의 최저 임금으로 상향 조정한 까닭이다. 그렇게 함으로써 그는 어떠한 노조 지도자도 그에게 강제로 시킬 수 없는 일을 직원들에게 해주었다. 이런 행보가 25년이 넘게 노동자들의 동조와 협조를 보장해 주었으니 현명한 처사였다.

앤드루 카네기는 특단의 노력을 기울이는 것의 가치를 이해했다. 이 법칙을 일터에 적용함으로써 그는 5억 달러가 넘는 재산을 축적했다. 그는 욕심이 많다는 비난은 받았을지언정 사람을 잘 못 다룬다는 비난은 들은 적이 없다.

정말 그가 욕심이 많았다고 해도, 그는 일부 직원들(특단의 노력을 기울여 카네기에게 없어서는 안 될 존재가 된 사람들)에게 연간 100만 달러에 달하는 돈을 추가의 보너스로 지급했다. 그는 욕심이 많은 결함을 역으로 이용하는 현명한 행보를 보였다. 보수 이상으로 많이 일해서 그에게 없어서는 안 될 존재가 되게끔(가장 낮은 지위의 노동자가 언제라도 누릴 수 있는 특권이었다) 장려했다. 그러고 난 후 그들의 실제 가치에 해당되는 보수를 전액 지급해서 그들이 사업에서 그의 경쟁자가 되는 일을 방지하는 것을 정책으로 삼았다.

특단의 노력을 기울이는 원칙을 인정함으로써 이 훌륭한 인물들은 이 나라에 수십억 달러에 달하는 부를 추가로 창출해 주었다. 수백만의 사람들에게 돈이 되는 일자리를 주었고(경제 공황 중에도 내내 고용을 유지했다), 직접 쓸 수 있는 거대한 재산까지 축적했다.

미국 역사에서 지금만큼 보수 이상으로 많이 일하는 습관으로 혜택을 볼 수 있는 때는 없었다. 그토록 많은 사람이 거저 얻으려고 애를 쓴다는 사실이 바로 이처럼 만연한 취약점에 굴복하지 않는 사람들에게 전례 없는 기회를 제공한다. 특단의 노력을 기울이는 습관을 채택하고 적용하는 극소수는 오히려 그렇지 않은 사람들과 대비되어서 이득을 얻는다.

특단의 노력을 기울이는 원칙이 어떤 의미를 갖는지 제대로 이해해야 한다. 그리고 국가에 대한 개인의 충성이 유용한 서비스로 가장 잘 증명될 수 있는 이 국가적 위기의 시기에 그 원칙을 백분 활용해야 한다. 현재 직면한 위기 때문에 뛰어난 노동력을 제공해서 자력으로 높은 지위에 올라가는 것을 가능하게 해주는 제도가 파괴되려 한다.

그러므로 특단의 노력을 기울이는 것은 당사자에게 이로운 특권일 뿐만 아니라 절대적으로 필요한 일이다. 특단의 노력을 기울이는 원칙은 민주주의의 전형을 보여주며 동시에 민주주의가 유지되는 데 대단히 중요하다.

당신의 성공을 만들 퍼스널 파워를 얻는 길

미국은 더 좋은 삶을 얻는 대가로 유용한 노동력을 기꺼이 제공하려는 모든 사람에게 '기회의 땅'이다. 우리가 사심 없는 마음으로 유용한 노동력을 제공함으로써 이 특권을 누릴 만한 사람이 되는 한, 미국은 '인간 자유의 요람'으로 남을 수 있다.

국민이 탐욕과 이기심을 제쳐두고 서로의 공동선을 위해 노력하지 않으면 멸망하는 때가 모든 국가의 역사에 있었다. 전 세계적으로 오늘날 사람들은 폭력과 권력에 대한 탐욕이라는 난국에 대처해야만 한다! 그런 위기가 이 나라에서 발생할 때마다 국민은 이기심을 버리고 자발적으로 특단의 노력을 기울임으로써 성공적으로 이겨냈다.

미국이 '가장 부유하고 자유로운' 나라로 알려진 분명한 까닭이 있다. 그 까닭은 우리의 산업과 경제 발전을 이루는 데 선도적인 역할을 한 인물들의 유능함에서 기인한다.

아메리카니즘의 초석인 산업은 보수 이상으로 많이 일하는 선견지 명이 있는 사람들 덕분에 번성했다. 이러한 지도자들은 엄청난 부를 축적했다. 하지만 그들의 부는 대다수가 임금 노동자인 사람들에게 일자리를 제공하는 방식으로 사용되었다. 그러므로 그들 개개인의 재산은 국부의 일부가 되었다.

헨리 포드의 예를 살펴보자. 그는 엄청난 재산을 축적했다. 하지만 포드처럼 수백만의 사람들에게 일자리를 제공하는 인물이 많았다면, 이 나라가 오늘날 더 잘사는 나라가 되었으리라는 것을 누가 부인하겠는가? 직간접적으로 포드가 고용한 사람은 최소 600만 명에 달한다고 추정된다. 미국인의 삶의 방식에 그가 미친 영향력은 추정할 수 없을 정도다.

포드 덕분에 훌륭한 고속도로 망이 생겼다는 것을 우리는 안다. 고속도로가 있어 우리는 빠른 교통수단인 자동차로 방방곡곡을 돌아다닐수 있게 되었다. 포드의 산업 때문에 주 정부와 연방 정부가 해마다 거두는 세수는 추정할 수 없을 정도로 많다.

포드의 성공은 우연이 아니다. 절차에 대해 명확한 법칙을 적용한 결과다. 우리는 이러한 법칙들의 성격을 알며, 그중 가장 훌륭한 것이 바로 특단의 노력을 기울이는 원칙이다.

나는 과학적 발견과 자연법칙을 엄격하게 따르며 살아왔다. 과학 분야 어디서도 진취성을 최대한 발휘하지 못하게 하는 규제적인 법칙을 정당화하는 근거는 찾을 수 없지만, 특단의 노력을 기울이는 습관을 정당화하는 명확한 근거는 찾을 수 있다.

그 근거는 이 원칙을 실천하지 않고서 성공한 산업이나 개인을 어디서도 찾아볼 수 없다는 사실에 있다. 반면 특단의 노력을 기울이길 소홀히 하거나 거부하면 패배하고 개인적으로나 사업적으로 실패하는 경우를 숱하게 목격했다.

과학과 교육 분야의 종사자들은 각자의 분야에서 권위자가 된 사람들의 경험에서 배우는 안전한 방법으로 결론을 도출하고 계획을 설계한다. 훌륭한 도서관은 문명이 사람들의 경험에서 거두어들인 지식의 기록을 모든 국민에게 제공하는 것을 주된 목적으로 한다.

생각하는 사람, 성공한 사람은 삶에서 자신의 관심사와 관련해서 과거의 경험에 대한 기록을 체계적으로 연구하고 그것에서 반드시 교훈을 얻었다. 자기 분야에서 다른 사람들이 무엇을 배웠는지 알려고 하지 않는 사람은 자신에게 유용할 수도 있는 지식을 놓칠 수 있다. 그것은 큰 특권을 놓치는 것이다.

경제 공황은 강제로 일하는 것보다 더 나쁜 것이 있다는 것을
가르쳐주었다. 바로 강제로 일을 못 하게 되는 것이다.

The Depression taught us that there is something worse than being forced to work.
It is being forced not to work.

이 철학을 완성하기 전에, 세상에 알려진 가장 유능한 사상가와 철학자로 인정받는 인물들의 기록을 20여 년에 걸쳐 공들여 조사했다. 똑똑한 조사 전문가들이 도서관들을 꼼꼼히 다 뒤져 거의 모든 분야에서 지도자로 인정받는 인물들의 경험을 담은 실제 기록을 찾아냈다. 그 자료가 이 철학에 녹아 있다.

인간 경험의 역사에 대한 조사에 더해, 미국인에게 잘 알려진 성공한 인물 500여 명이 자기 분야에서 시행착오를 통해 얻은 지식의 정수를 제공함으로써 오랫동안 협조해 주었다. 아울러 모든 직업에 종사하는 수천 명의 남녀에 대해 개인적으로 면밀한 분석을 실시했다.

이들은 미국인과 미국의 생활양식을 보여주는 단면으로, 이들에게서 나는 성공의 원인뿐만 아니라 실패의 원인까지 발견했다. 이 광범위한 연구의 결과로 이 철학이 집대성되었다. 그러므로 내가 독자들에게 제시하는 성취로 가는 명확한 로드맵을 보고, 그것이 독자보다 앞서 그 길을 여행한 사람들의 발자국을 그린 지도라고 확신해도 좋다.

특단의 노력을 기울이는 원칙, 명확한 핵심 목표에 관한 원칙, 마스터 마인드 원칙을 적용하는 것이야말로 당신의 성공을 만들 퍼스널 파워에 이르는 확실한 방법이다.

찾아보기

옮긴이 이현

한국외국어대학교 통번역대학원 한영과를 졸업하고 금융, 법률 등 다양한 분야에서 산업 번역사로 활동하다 오랜 세월 목표로 했던 출판번역가가 되었다. 현재 출판번역 에이전시 '글로하나'에서 인문, 경제경영, 자기계발 등 다양한 분야의 영미서를 번역하고 리뷰에 힘쓰면서 출판번역가로 활발하게 활동하고 있다. 옮긴 책으로는 『업타임』 『잃어버린 집중력 구하기』 『프리즘』 『정원의 철학자』 『AI 2041』 『게으르다는 착각』 『최고의 체력』 『우리는 모두 돌보는 사람입니다』 등이 있다.

나폴레온 힐 더 석세스
성공 잠재력을 깨워줄 퍼스널 파워를 얻는 법

초판 1쇄 인쇄 2024년 12월 18일
초판 1쇄 발행 2024년 12월 19일

지은이 나폴레온 힐
옮긴이 이현
펴낸이 김선식

부사장 김은영
콘텐츠사업본부장 박현미
책임편집 최유진 **책임마케터** 박태준
콘텐츠사업9팀장 차혜린 **콘텐츠사업9팀** 강지유, 최유진, 노현지
마케팅본부장 권장규 **마케팅1팀** 박태준, 오서영, 문서희 **채널팀** 권오권, 지석배
미디어홍보본부장 정명찬 **브랜드관리팀** 오수미, 김은지, 이소영, 박장미, 박주현, 서가을
뉴미디어팀 김민정, 고나연, 홍수경, 변승주
지식교양팀 이수인, 염아라, 석찬미, 김혜원, 이지연
편집관리팀 조세현, 김호주, 백설희 **저작권팀** 성민경, 이슬, 윤제희
재무관리팀 하미선, 임혜정, 이슬기, 김주영, 오지수
인사총무팀 강미숙, 이정환, 김혜진, 황종원
제작관리팀 이소현, 김소영, 김진경, 최완규, 이지우, 박예찬
물류관리팀 김형기, 김선민, 주정훈, 김선진, 한유현, 전태연, 양문현, 이민운
외부스태프 디자인 데일리루틴

펴낸곳 다산북스 **출판등록** 2005년 12월 23일 제313-2005-00277호
주소 경기도 파주시 회동길 490 다산북스 파주사옥
전화 02-704-1724 **팩스** 02-703-2219 **이메일** dasanbooks@dasanbooks.com
홈페이지 www.dasan.group **블로그** blog.naver.com/dasan_books
종이 스마일몬스터피앤엠 **인쇄** 상지사피앤비 **코팅·후가공** 제이오엘앤피 **제본** 상지사피앤비

ISBN 979-11-306-6077-6 (04190)
ISBN 979-11-306-5948-0 (세트)

• 책값은 뒤표지에 있습니다.
• 파본은 구입하신 서점에서 교환해드립니다.
• 이 책은 저작권법에 의하여 보호를 받는 저작물이므로 무단 전재와 복제를 금합니다.

다산북스(DASANBOOKS)는 책에 관한 독자 여러분의 아이디어와 원고를 기쁜 마음으로 기다리고 있습니다. 출간을 원하는 분은 다산북스 홈페이지 '원고 투고' 항목에 출간 기획서와 원고 샘플 등을 보내주세요. 머뭇거리지 말고 문을 두드리세요.